JN222931

認定支援機関のための

業種別

経営改善計画の作り方

製造・建設業編

中小企業診断士 **長谷川 勇** [編著]

ぎょうせい

はじめに

　税理士業界をめぐる外部環境は，近年大きなうねりにさらされています。税理士の事業基盤である中小企業の事業者数は，長期的に減少の一途を辿っています。事業承継が国家的課題であるように，今後も減少が予想されています。一方，税理士登録者数は，過年度を下回った年はなく，毎年増加を続けています。

　このような環境下にあって，税理士の基幹業務である「税務」と「会計」の分野では，RPA（Robotic Process Automation）の実用化が進展し，会計・経理業務の定型業務の自動化が進んでいます。認定支援機関を始めとして，税理士の方々にとって財務情報を活用した「経営助言」が注目されています。

　経営助言活動として，経営改善支援センター事業である経営改善計画策定支援事業があります。本事業は，伝統的な税理士業務に加えて経営コンサルティングのノウハウが求められます。経営コンサルティング業務は業種横断的な経験ではなく，現場経験に基づく業種特有のアドバイスが必要です。

　さらに，金融庁は，「金融検査マニュアル」を廃止し，金融機関に過去の経営実績である財務3表に基づく企業格付けを廃止して，事業の将来性・継続性に着目した企業融資，「事業性評価」を行うよう方針を転換しました。

　金融庁の指導方針に従って，過去からの惰性で求めていた経営者保証を，経営者保証ガイドラインに従って廃止することは当然です。さらに，積極的に経営者保証をなくすために，経営改善計画で金融機関から事業性評価を得るための経営改善計画の作成を支援することも，経営助言活動の重要な役割です。

　経営助言活動のお役に立てるべく，この度「認定支援機関のための業種別　経営改善計画の作り方」（製造・建設業編，卸・小売業編，サービス業編）の3冊の出版を企画しました。本書は，税理士・公認会計士だけでなく，下記の先生方・業種での活用も念頭に置いて執筆・編集をしています。

○認定支援機関：経営改善計画策定支援
○中小企業診断士：経験のない新業種の経営コンサルティング
○弁護士：相続関連の業務
○金融機関：融資・事業性評価・経営者保証ガイドライン審査
　世に多くの業界情報・業界事典が出版されていますが，日本標準産業分類（小分類）での業界情報と経営コンサルティング手法を公開している類書はないと自負しています。実務経験豊富な中小企業診断士のノウハウが，広く活用されることを祈念しています。

　令和元年10月

中小企業診断士・彩マネジメント研究所
代表　　長谷川　　勇

目　次

建　設　業

製 造 業

① 農業法人のモデル利益計画

Ⅰ 業界の概要

① 農業法人とは

「農業法人」とは，自然人ではなく「法人」の形態で農業を営む法人のことで，農協法に基づく「農事組合法人」と，会社法に基づく「会社法人」がある。

農業法人は，農地法の区分として農業経営を営むための農地を取得できる権利を有する「農業生産法人」と，農地を利用しない「一般農業法人」がある。

② 農業生産法人

「農業生産法人」とは，農地の所有権・賃貸権を取得して農業を営む法人で，次の4要件を満たす必要がある。

(1) **法人形態要件**

・株式会社（譲渡制限株式発行会社に限定）

・特例有限会社，合名会社

・合資会社，合同会社

(2) **事 業 要 件**

・主たる事業が，農業及び農業に関連する農産物の加工・販売などであること

(3) **構成員要件**

・その法人に，農地を提供（売却・賃貸など）している個人

・その法人の農業に年間150日以上従事

・その法人に農地などを現物出資した農地保有合理化法人

・地方公共団体，農協，農協連合会

・産直相手の消費者など，法人の行う事業と継続的取引関係にある個人・法人（3年以上）

(4) **業務執行役員（経営責任者）要件**

・株式会社では取締役，合名・合資・合同会社では業務執行役員，農事組合法人では理事（農業従事者である組合員）であること

・業務執行役員の過半は，この法人の農業及び関連事業に常時従事（年間150日以上）し，かつその過半数は実際の農業に年間60日以上従事すること

3 ● 農業法人の推移

　農業の産業化・成長産業化が緊急の課題である。農業の国際競争力のなさが，TPP や EPA 等の輸入関税引下げ交渉のネックであり，日本全体の国際競争力の低下原因の一つとなっている。

　農業は，人知では制御できない自然環境に大きく制約される産業である。狭隘な土地での日本の農業と，諸外国の大平原での大規模農業との対等な国際競争には限界がある。

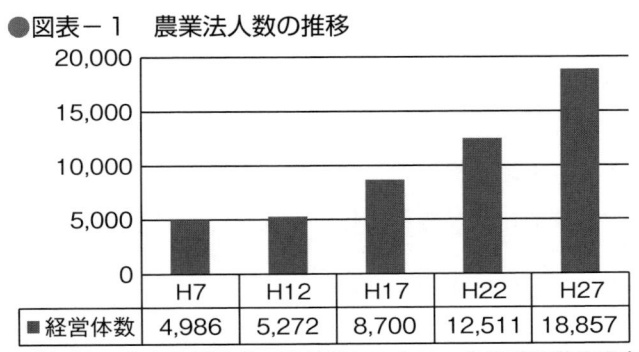

●図表－1　農業法人数の推移

	H7	H12	H17	H22	H27
■経営体数	4,986	5,272	8,700	12,511	18,857

　（出典）　農水省統計部　農林業センサス，農業構造動態調査

●図表－2　農業法人の農地利用面積比率（%）

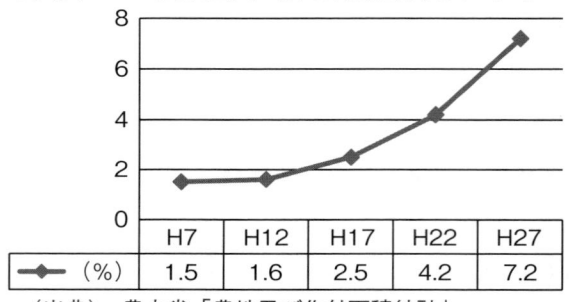

	H7	H12	H17	H22	H27
◆ （%）	1.5	1.6	2.5	4.2	7.2

（出典）　農水省「農地及び作付面積統計」

　しかし，戦前の不幸な小作農の再現防止を目的としている感のある，各種の岩盤規制を撤廃することは日本の消費者利益でもあり，経営の効率化と食の安全を両立させる仕組みとして，農業法人に期待が高まっている。

　このような期待に応えて，農業法人は年々増加の一途を辿っている。

　規制緩和のあった平成12年から平成27年までの16年間で，5,272社から18,857社へと3.6倍に増加している。

④　農業法人増加の要因

　農業法人数の増加に伴い，農業法人の全農地面積に占める利用面積の比率は，平成12年の1.6%から平成27年の7.2%へと，16年間に4.5倍に増加している。

　農業法人の増加の背景には，後継者不在による耕作放棄地の増加，細分化された農地による非効率的な農業経営がある。これらの課題の解決策として，農地の集約化と経営の大規模化，資本の集中，従業員の組織化で効率的な経営を可能にする農業法人が必要とされている。

⑤　企業経営上の法人化メリット

　個人営農を法人化することにより，多くのメリットを享受すること

ができる。

(1)　**経営管理上のメリット**

・経営者意識が向上する。

・家計と経営が分離され，経営管理が容易になる。

(2)　**対外信用力向上のメリット**

・財務諸表の開示で信用力が向上する。

・法人化でイメージが向上し，取引や従業員の採用が有利になる。

(3)　**人材の確保と育成上のメリット**

・法人に就職することで，経営能力・農業技術を習得することが可能
　となり，就農研修者の受け皿となる。

・社会保険の充実，福利厚生の向上，有能な人材の確保が可能となる。

・意欲と能力のある従業員から，後継者を確保することが可能となる。

６　農業法人化の制度上のメリット

(1)　**税制上のメリット**

・役員報酬を給与所得とすることで，課税が軽減される。

・欠損金は，９年間繰越控除できる（個人は３年間）。

・経営者への退職金支給が可能となる。

・経営者の生命保険の掛け金は，経費に算入できる。

(2)　**農地の権利取得**

・農業生産法人は，農地の権利取得が可能になる。

(3)　**資金調達**

・長期低利な制度資金（スーパーL）の融資限度額が拡大する。

７　農業法人化の制度上のデメリット

　赤字であっても，県民税・市町村民税の均等割税額の納税義務が生
じる。

複式簿記による記帳・決算書作成（損益計算書・貸借対照表・キャッシュフロー計算書）が義務化され，事務処理の負担が増加する。

⑧ 農業法人化支援策

基幹的農業従事者145万人のうち，農業以外の産業では，引退している65歳以上の農業従事者が全体の68％を占めている。農業担い手の高齢化や後継者不足や耕作放棄地の増加など，将来展望を描けない地域・集落が多数存在し，農地の集約化・担い手の集団化に向けて，国の各種支援策が講じられている。

(1) 人・農地プランの作成

持続可能な農業を実現できるよう，集落・地域単位で話し合い，人と農地の問題を一体的に解決する未来の設計図である「人・農地プラン」の作成を支援している。人・農地プランの話合いを通して担い手への農地の集約，新規就農・経営承継の促進，集落営農・農業法人の育成など，農業の体質強化を目指している。

(2) 集落営農の促進

集落営農とは，集落を単位に農作業に関する取決めにより，地域ぐるみで農作業の共同化や農機具の共同利用をして，経営の効率化を目指す組織のこと。

集落営農には，「任意組織の集落営農」と「法人組織の集落営農」があり，法人組織の方が，総収入や経営規模，収入の増加割合が高い。集落営農の法人化に際しては，定款作成，登記申請手続，会計経理知識の習得，契約書の作成，設立準備会の費用などを助成している。

(3) 地域連携推進員の支援活動

農業普及員 OB や引退した高齢農業者等の地域連携推進員は，人・農地プランの見直し，集落営農の組織化，新規営農者の定着化等の支援活動をしている。

⑨ 農地中間管理機構による支援

日本農業の問題の一つに，農地の細分化・分散化があり，農業経営の効率化を阻害し，規模の利益を失っている。

農地中間管理機構は，域内に分散している農地を整理して担い手への農地の集積・集約をすることで農地利用を最適化し，農業の構造改革と生産コストの削減を図っている。農業法人を側面から支援する組織である。

しかし，1法人当たりの平均農地面積は，平均17.1haで，75%以上は4.2haと小規模で，経営の効率化，国際競争力の強化を阻害している。

●図表－3　経営体数と農地面積（H27）

		20ha 未満	20ha～50ha 未満	50ha～100ha 未満	100ha 以上	合計
経営体数	経営体数	14,258	3,030	1,075	494	18,857
	(%)	76	16	5	3	100
農地面積	万 ha	6.0	9.5	7.2	9.5	32.2
	(%)	19	29	22	30	100
	平均 ha/体	4.2	31.4	67.0	192.3	17.1

（出典）　農業経営の法人化の推進について（農水省）

個人経営であれ法人経営であれ，農地の集約化による規模の利益を享受できる環境整備が緊急の課題である。

耕作放棄地を意欲のある農業経営者に委ねることで，農地の有効活用と食料自給率の改善が期待できる。このような課題の解決策として各都道府県に第3セクターである農地中間管理機構が設けられ，出し手から農地を借り受け，農地をまとめて農業の担い手に貸し付けることが基本的な役割である。必要に応じて，農地の大区画化や農業担い手の希望に応じて農地を集積・集約化して貸付けもしている。

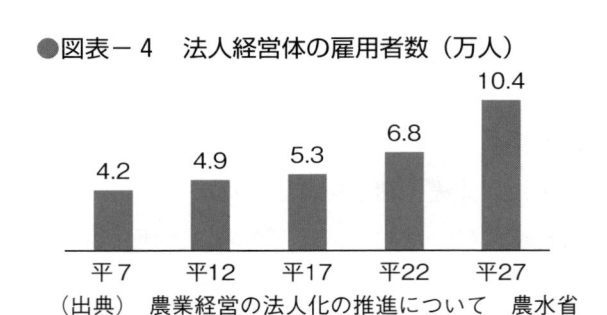

●図表－4　法人経営体の雇用者数（万人）

（出典）　農業経営の法人化の推進について　農水省

●図表－5　農地中間管理機構の仕組み

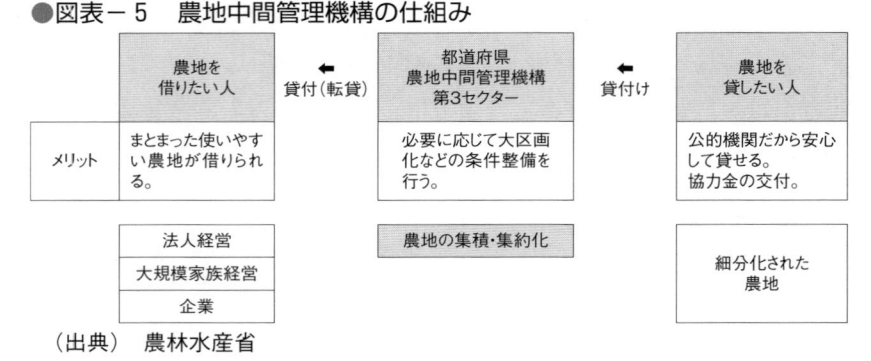

（出典）　農林水産省

⑩●農業法人の実態

　日本農業法人協会の調査によると農業法人の実態は図表－6のとおりである。売上高基準では，大多数が中小零細企業の規模である。

　営農類型別では，キノコ栽培が産業化されており農地に左右されないで，需要に応じて規模の拡大が可能な特性が反映されている。最も効率化が求められている稲作が，最も小規模経営となっている。

　調査結果から見えてくる特徴は，農協との関係が希薄になっている点である。特に経営課題の相談先としてのJAは，農業法人にとって遠い存在となっている。

●図表－6　農業法人の実態

農業法人実態調査

		平均	
経営者平均年令		56.7歳	60歳台が最多
常勤従業員数		19.2人	正社員・パート含む。100人以上1.7%（15件）
年間売上高		2億9,000万円	3年連続前年比増
	キノコ	3億6,000万円	7割以上が1億円以上
	穀物・イモ・豆・工芸作物	2億8,000万円	
	野菜	2億5,000万円	
	稲作	8,000万円	8割が1億円未満，平均経営規模　42.9ha
JA組合員		477法人	878法人の54%
	経営者が組合員	248人	
	役員が組合員	42人	
	法人が組合員	354法人	
経営課題相談先			
	税理士・会計士	76.4%	
	普及指導員	23.3%	
	取引先金融機関	19.6%	
	農業会議（所）	17.1%	
	JA	16.2%	

（出典）　日本農業法人協会（2013.06.12：調査対象　1722法人，回答878法人）

11 ● 農業の高付加価値化支援

　また国は，農産物を，単なる素材・原料として生産・販売するだけでなく，自ら加工して付加価値を高めて販売することで農村の所得や雇用の増大を図ることを支援している。農商工連携による6次産業化がその代表例といえる。「6次産業化プランナー」は，農産物を生産・加工・販売する6次産業化を推進するための，創業から事業計画の認定申請や，事業開始後の販路拡大などを支援する。

　平成23年度認定開始後，平成31年4月28日現在，認定件数は2,463件に達している。

12 ● 野菜の自給率推移

　野菜は生鮮商品の代表的存在であり，鮮度を維持するため，都市近郊が生産基地として優位な立場を維持してきた。しかし，保冷技術の向上やコールドチェーンの整備により，環境変化が生じている。

●図表－7　野菜の自給率推移

	H2年度	H12年度	H17年度	H22年度	H27年度
加工・業務用	88%	74%	68%	70%	71%
家計消費用	99%	98%	98%	98%	98%

（出典）　農林水産政策研究所

●図表－8　国産野菜の利用動向

回答	（%）
積極的に国産を継続利用・増やす	24.10%
可能な範囲で国産利用継続・増やす	17.80%
これまでと変わらない	21.50%
可能な範囲で外国産の利用継続・増やす	0.30%
積極的に外国産の利用継続・増やす	0.30%
無回答	36.10%

（出典）　農林水産省調査（2011年1月）

●図表－9　野菜の流通経路

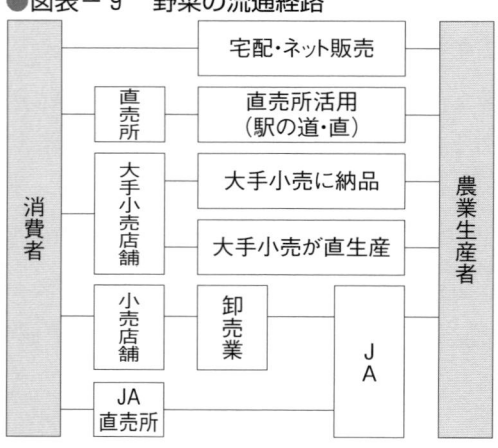

加工・業務用野菜の自給率は年々低下し，平成27年には71％となり輸入冷凍野菜は29％を占めている。輸入野菜の用途は，加工用と業務用がほぼ100％を占めている。このことは，輸入の増加は保冷技術の向上だけでなく，業務用に求められる安定供給に，国産野菜が対応できていないことの反映といえる。(図表－7参照)

しかし，アンケート先（無回答を含む）の42％が，国産野菜の利用増加を意識している。これは加工・業務用へのビジネスチャンスの余地が十分あることを証明している。(図表－8参照)

13 ● 野菜の流通ルート

野菜の流通は，これまで，農業生産者➡JA➡卸売市場を経由して消費者に届けられている。

現在では，農業生産者の大規模化やネット通販の発達により，卸売業を経由しないパイプが徐々に太くなってきている。

Ⅱ A農園の概要

1 ● A農園の概要

業種：野菜生産業

創業：平成23年

農地：2 ha

経営者：A氏　40歳

事業所：大都市近郊

従業員：5名（含むパート，研修生）

法人化計画：3年後

② 第二創業の経営者

A農園は大都市近郊に立地し，中心市街地から20km圏の市街化調整区域である。中心市街へのアクセスが便利で，ベッドタウンとして人口は増加傾向にある。

都市近郊としては珍しく，両親は酪農を業としているが，ベッドタウン化の進展に伴い，臭気への苦情が高まり酪農に限界を感じていた。後継者は，大学卒業後流通業（スーパー）の経営企画部門に長らく属し，企業経営の面白さを経験していた。高齢の両親から，家業の引継ぎを求められ迷いが生じていた。

都市近郊での酪農に限界を感じ，都市近郊型の野菜農業のビジネスモデルの夢を両親に話して了解を得て，事業承継を機会に，事業転換をする第二創業となった。

両親は野菜生産の経験はなく，後継者は他の野菜農家で1年間の修行を積んで実家に戻りゼロからスタートさせた。

③ 放牧地を野菜生産農地に

両親は乳牛を飼育しているが，大都市近郊の環境で，一般にイメージするような大規模酪農家ではない。牧草地に放牧していたので，野菜農地としては十分な規模を維持できる。

酪農は徐々に規模を縮小してきたが両親は健在であり，両親が乳牛の世話のできる範囲で，酪農を継続している。数年後には酪農を廃業し，野菜生産に専念する予定である。それまでに野菜専業として自立できる経営を確立し，消費者に直接販売する都市型農業のビジネスモデルを目指している。

Ⅲ モデル企業の利益計画の現状と問題点

1 農地の活用が不十分

縮小しつつあるとはいえ，両親は酪農を継続しているため，牧草地が多く残されており，農地の有効活用意識が十分ではない。酪農は，副産物として堆肥を生み出して，良質な有機肥料を供給している。野菜生産とのシナジー効果や両親への遠慮からも土地の有効活用に手が付けられていない。

2 野菜生産技術の未熟

後継者は農家での生まれ育ちではあるが，両親は酪農家であり野菜生産に関しては全くの素人。スーパー退職後の1年間の野菜農家での修業だけでは，野菜農家としての経験は不充分といえる。

なぜなら土壌の質の違い，ハウス栽培と露地栽培の違いや気温の違

●図表－10　SWOT分析

	機　　会	脅　　威
外部環境	・食の安全意識の高まり ・円安による国産野菜の価格競争力向上 ・農業法人化支援策の強化 ・耕作放棄地の増加	・農業後継者の減少 ・TPP・EPA締結の増加 ・輸入原材料の高騰
	強　　み	弱　　み
財務の視点	・当面借地は不要	・農地拡張の資金不足
顧客の視点	・朝採り新鮮野菜の提供 ・有機減農薬野菜の提供	・超近隣消費者へのみ提供 ・量的に不充分
業務プロセスの視点	・直販スタンドの設置 ・道の駅での直販	・人手不足 ・ロスの発生
学習と成長の視点	・研修生の受入れ ・普及指導員の支援	・経験不足

いなども重なり，生育技術としてはゼロからの出発で，試行錯誤の繰返しとなっている。

③ 販売ルートはゼロからの開拓

スーパーでの勤務経験で，JAや卸売市場を経由する流通ルートのメリットとデメリットを熟知している。

ただ現在は，JA・卸売市場との関わりを持たずに直販に頼る経営をしており，販路をいかに拡大するかが課題となっている。

④ 利益管理はどんぶり勘定のまま

スーパー勤務の経験から，利益管理の重要性は充分に認識しているが，どのような方法で作物別の利益管理をしたらよいか方法が見つからないまま，日々の仕事に追われてしまっている。現在，8種類の主要作物とその他多品種少量の耕作をしているが，どの作物が利益を上げ，どの作物が赤字なのか不明のままとなっている。

⑤ 人手不足によって"考える農業"になっていない

両親の高齢化に合わせて，酪農は徐々に縮小してきたため，野菜作付け用の土地には余裕がある。しかし，従業員を雇用し，指示命令をして作業をさせるには農業経験が不足している。現在は，研修生2名と，除草や簡単な作業の手伝いを近隣の高齢者夫妻にお願いしている。

⑥ 有機減農薬栽培経営は経験不足

生産者サイドの効率経営でなく，消費者視線に立った経営を目指し，両親の経営する酪農業で得られる堆肥を有効に活用する循環型有機農業を理想としている。

しかし，酪農業から産出される堆肥だけでは広い野菜畑を潤すには

十分な量の有機肥料は得られていない。

Ⅳ 問題点の改善策

　個人経営から法人経営に移行するには，追加的な管理費用が発生するため，一定規模の売上高が必要になる。当農園の年間売上高は3,000万円（酪農を除く）であり，3年後に売上高を4,000万円超に高めて，農業法人化を目指す。法人への移行期間としての3か年計画を作成し，法人成りに際しては，税理士や農業会議に計数管理面の支援を仰ぐ予定である。

1 農地を有効活用する

　酪農業から野菜農業への，第二創業としての最大のメリットは，都市近郊で広い農地を引き継いだことにある。引き継いだ土地は，耕作放棄地ではなく，家畜の飼料としてのトウモロコシや牧草を育てていたため野菜農地への転換は，特別な土づくりの負担を負わずに移行できた。

　しかし，野菜生産の経験が十分でないことや，人手不足と販売先の開拓が整っていないこと等がネックとなっている。これらのネックを3年かけて解決し，2 ha の農地の有効活用を図っていく。

2 野菜の生産技術を改善する

　後継者が野菜農業に転業して3年の経験，1年間の野菜農家での修業を加えても4年間の経験では，技術的に未熟であることはやむを得ない。

　農協には加入していないのでJAの技術支援は受けられない。JAに代わり都道府県の普及指導員の指導を仰ぐことで，農業技術と経営力の向上に努めることになる。

普及指導員は，農業の担い手に技術や経営を直接に指導するので農地の気候や土壌と作物に合わせた指導が受けられる。特に，新規就農者にはきめ細かな指導をするので積極的に支援を得られる。

③ 販売ルートを新規開拓する

　従来型のJA・卸売市場ルートに頼らないで，消費者に直接見える生産者を目標に，「超地域密着型」の販売を目指す。超地域密着型販売とは，生産者と消費者が直接顔を合わせる機会の持てる販売のことで，都市近郊型農業の優位性を活かして，新鮮野菜を消費者に直接販売していく。

(1) 対面直売所を開設する

　道路に面した農地の横に3坪くらいの直売所を開設し，朝採り野菜を直接販売している。1束100円か200円のきりのよい値段にして効率的に来店客をさばけるように工夫する。また，野菜の「売り」は新鮮さなので，朝採りにこだわる。対面販売所のため，8時から11時までの時間限定の販売とする。

(2) 自動販売機を設置する

　直売所の営業時間に遅れた消費者のために，自動販売機も設置する。単一料金の仕組みにし，対面の直売所で売れ残った野菜も自動販売機で販売することで，ロスの発生を防ぐ。

(3) レストランに直販する

　レストランには納品ではなく，直売所に来てもらい，プロのシェフの目で選んでもらう方式を採用する。プロの意見を直接聞くことで品質向上の機会も得られる。

(4) 道の駅に出店する

　野菜生産農家にとって「道の駅」は有力な直販の販売ルートである。道の駅は市場を経由しない，新鮮な野菜として多くの消費者から人気

を博している。包装には，顔写真と電話番号を印刷したシールを添付して，消費者の反応を直接聞けるように工夫する。

⑸ **チラシ作戦でブランド力を向上する**

都市近郊型農業の立地的優位性を活かして，朝採りの新鮮野菜の販売を基本にする。スーパー経由ではなく超地域密着型の直接販売のため，直売所から半径500mの住民にチラシを重点的に配布し，十分に知名度の向上を見定めてから半径600m圏にチラシの配布を広げていく。

地域住民との接触を増やすため，自治会・PTA等の地域の集会には極力顔を出して，顔見知りになることも重要である。

④ ホームページを活用する

従来型の野菜農家であれば，地元のJAや出荷組合を通して市場に流す，顔の見えない生産者で充分だった。

しかし，消費者への直販を目指すB to C型のビジネスモデルでは，安全な野菜生産者であることを知ってもらう必要がある。

インターネットの普及が進んだとはいえ，HPを訪問するか否かは，消費者次第なので，メールやフェイスブックなどでも積極的に情報提供を行う。

⑤ 品目別利益管理で品目を絞る

現在は，直売所に周年出荷できるように多品種少量生産をしている。しかし，効率的に生産するには，品目の集約が必要である。

全国的に有名な産地のように，単品を大量生産する必要はないが，生産効率を考慮した品目数に絞り込むため，下記の条件を考慮する。

① 周年収穫ができる品目を組み合わせる

② 土壌に合った品目を選ぶ

③　品目別採算管理で利益額を考慮する

　土壌に合った品目は，普及指導員に意見を求め，土壌調査を依頼する。品目別採算管理では，10a 当たりの売上高，変動費，固定費，一般管理費を集計して利益金額を算出する。

　ベンチマークとしては，具体性の高い数字が公表されている静岡県農業試験場モデルの損益を参考にする。採算に乗らない品目は，翌年の作付けから削除して新しい品目を作付けする。この作業を毎年繰り返し，利益体質に強化する。新品種の作付けに際しては，他の地方の作物や外国の品目にも挑戦し，付加価値を高める工夫を行う。売れる品目，土壌に適した品目，利益を得られる品目を選択して，３年後の4,000万円超の売上達成に向けて条件整備を進め，法人成りをする。

6 ● 研修生受入で人手不足を解消する

　第二創業３年目に入り，経験を蓄積して従業員の指導に自信がついてきたところで，研修生の受入れを増やす。新規就農希望者を研修生として受け入れ，人手不足を解消して，農地の有効活用に繋げる。各都道府県の農業会議の経営者と就農希望者とのマッチングの仕組みを活用する。

　新規就農希望者は野菜生産が最も多く，マッチングは比較的に容易である。新規就農希望者の研修生（OJT研修）は，研修助成金を活用する。また研修生の受け入れで，以下３つの可能性を追求する。

①　労働力の確保

②　研修生に教えることで自らも学ぶ

③　研修生が独立就農した後の，ネットワークの形成

　将来の事業拡大を見据えて，研修生とのネットワークを大切にする。事業を拡大し，業務用の加工・販売に進出する際，豊富な品揃えと周年供給を目指す必要が見込まれ，研修生とのネットワークが力を発揮

する。独立就農を断念する研修生が生じた場合は，従業員として採用する。

今後は，外国人技能実習制度の活用を検討する。

7 ● 有機減農薬栽培経営を改善する

消費者の食の安全意識の高まりに加えて，円安による国産野菜の価格競争力が回復し，業務用野菜は国産化の傾向にある。

国産野菜は，輸入野菜に対する価格競争力の回復に加えて収穫後，直接加工できることによる「香りと風味」に強みがあり，国産野菜へのニーズは高まる傾向にある。

この機会をとらえて有機減農薬野菜の生産を強化し，業務用分野への進出も視野に入れて増産する。その際には，「コンパニオン・プランツ」（例；大根とニンジンの組合せ）を病害虫の防除や育成促進に

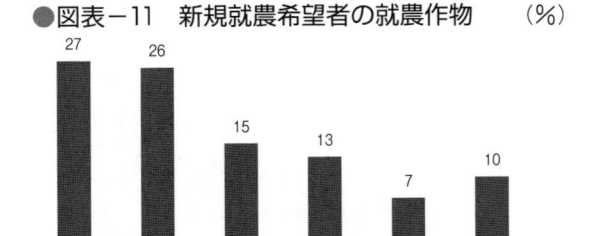

●図表－11　新規就農希望者の就農作物　　（％）

露地野菜	施設野菜	果樹	稲作	花き	その他
27	26	15	13	7	10

（出典）　野菜をめぐる情勢（平成25年11月）

●図表－12　国産野菜の採用例

カゴメ：トマトジュース原料の国産化
味の素：冷凍餃子用野菜の国産化
餃子の王将：国産原料使用の日本ラーメン販売
リンガーハット：チャンポン用野菜の国産化
デニーズ：生野菜の国産化

利用する。果菜類（実物野菜，例；トマト）では，土壌病害による連作障害対策に利用し，薬物野菜では，害虫による茎や葉の食害対策に利用する。コンパニオン・プランツを利用することで農薬の使用量を最小限に抑える。

　普及指導員は新規就農者・第二創業者を重点的に支援するので，減農薬栽培について，普及指導員の指導を仰ぐ。若手農業経営者との情報交流会へも積極的に参加していく。

⑧ 農業助成金，交付金を活用する

　全ての事業者・企業は，自立的に経営をして利益を上げ税金を支払うのが義務である。しかし，新規就農の場合は，1日も早く独り立ちができるように農業会議から情報を得て，助成金や交付金を有効に活用する。

Ⅴ　改善後の利益計画

　従業員の追加採用や，普及指導員のアドバイスにより，未耕作農地の解消・農地面積当たりの収量の増加・経費率改善が実現し，利益は着実に増加する。

●図表－13　経営戦略の流れ

財務の視点	消費者の視点	業務プロセスの視点	学習と成長の視点
売上増加	朝採り新鮮野菜	生産性の向上	研修生の指導
	有機減農薬野菜	ロスの削減	普及指導員の指導
利益額増加	通年販売	有機肥料の自給	消費者の生の声
	近くて便利な直売所	販路拡大	農業会議での研修
利益率改善	顔の見える生産者	ホームページの活用	法人化への準備

●図表－14 3か年利益計画

(千円)

	直近期		1年目		2年目		3年目	
	金額	(%)	金額	(%)	金額	(%)	金額	(%)
売上高	30,152	100	35,157	100	39,376	100	41,739	100
直接生産費	9,815	33	10,306	29	11,027	28	11,468	27
出荷経費	8,189	27	8,598	24	9,200	23	9,568	23
流動費計	18,004	60	18,904	54	20,227	51	21,037	50
固定費	3,458	11	3,631	10	3,921	10	4,078	10
合計	21,462	71	22,535	64	24,149	61	25,115	60
一般管理費	7,309	24	7,601	22	8,133	21	8,377	20
営業利益	1,381	5	5,021	14	7,094	18	8,246	20

面積(ha) 1.6　　　1.7　　　1.9　　　2.0

　経営が安定軌道に乗り3か年計画を達成した後，次に現在の牧畜用土地や耕作放棄地の借入れと社員を増やし，5年後には農業法人として1億円の売上を目指す。

　トヨタ自動車は，自動車生産で培った生産管理技術や工程改善技術を農業分野に応用し，農業の生産性向上に貢献する農業IT管理ツール「豊作計画」を提供している。

　クラウドサービスを提供するIT企業として，富士通は「Akisai」，日立は「栽培くん」，NECは「営農支援クラウドサービス」などの提供を進めている。こうした農業のIT活用に対応できる規模の農業法人に成長することを目標にする。

〔長谷川　勇〕

② 冷凍水産食品製造業の モデル利益計画

Ⅰ 業界の概要

1 定　　義

　「冷凍水産食品製造業」は，日本標準産業分類（総務省）では，主として（原材料5％以上使用）水産物（鯨を含む）を原料として前処理（洗浄，内蔵の除去など）を施し，凍結設備を使用して急速凍結を行って凍結状態のまま包装した冷凍水産食品を製造する事業所と定めている。

　日本標準産業分類では，食料品製造業の中で水産食品分野を「冷凍水産食品製造業」，「水産缶詰・瓶詰製造業」，「海藻加工業」，「水産練製品製造業」，「塩干・塩蔵品製造業」，「冷凍水産物製造業」，「その他の水産食料品製造業」の7つに小分類している。

　「冷凍水産物製造業」は，主として水産物（鯨を含む）を原料として冷凍設備を使用して冷凍品を製造する事業所と定義され，前処理（洗浄，内蔵の除去など）の有無によって「冷凍水産食品製造業」と区別している。

　なお，主として野菜，水産物及び食肉を原料として調理食品（味付け，又はころもかけなどのように他の食品を付加したものをいう）を製造し，凍結設備を使用して急速凍結を行って凍結状態のまま包装した冷凍水産食品を製造する事業所は「冷凍調理食品製造業」と定め，「冷凍水産食品製造業」と明確に区分している。

② 業界の位置付けと特徴

■ 水産食品加工・製造業と「冷凍水産食品製造業」の現状

① 「水産食品加工・製造業」の出荷額の動向

　「水産食品加工・製造業」の出荷額（図表－1参照）は，2016年は2兆8,669億円であり，食品製造業の出荷額26兆3,440億円の10.9%を占めている。その推移を見ると2012年2兆5,898億円と比較し110.7%と10.7ポイント増加している。この大きな要因は，2016年の出荷額が2012年に比較して冷凍水産食品製造業が22.9ポイント，冷凍水産物製造業が27.8ポイント増加していることにある。

　食のニーズの多様化や「魚離れ」による水産物消費が全体として縮小傾向にある中で消費者ニーズに対応した冷凍加工製品の開発・提供が寄与しているといえる。

② 水産物の消費の現状

　食生活が洋風化と多様化が進む中で食料消費における魚介類の国民1人当たりの摂取量は減少傾向となり，2006年に肉類が魚介類を上回り，摂取量の差は拡大している。一方，生鮮魚介類の価格は大きく上昇している。生鮮魚介類の購入量は，価格の上昇と相反して減少しており，2012年以降は生鮮魚介類の一世帯当りの年間消費支出はほぼ横ばいの状態がみられる。

　この間，健康志向の視点からの魚介類への指向ニーズ増加している。

　この消費ニーズの変化を踏まえて国民全体の魚介類に対する魚介類の市場ニーズへの対応，とくに魚介類の調理・利用面における問題を解決するための調理の簡便さが求められており，この視点での「冷凍食品・加工食品」の開発が急務である。

③ 水産物の輸出入の動向

　水産白書（2017年度）によれば，水産物輸入量は2001年に過去最高

（382万トン）となった後，国内消費の低下等を反映して減少傾向で推移していた。2017年の輸入量は，248万トンと2001年比でおおよそ35％減少，金額では世界的な水産物の需要増大等を背景に輸入価格が上昇し，1兆7,751億円と2001年比約30％増加している。

　一方，2017年における我が国の水産物輸出は，東京電力福島第一原発の事故による各国の輸入規制の解消の方向や為替相場の安定環境の中で2012年以降はおおむね増加傾向となっており，2017年の輸出量（製品重量ベース）は前年から約11％増の60万トン，輸出金額は前年から約4％増の2,749億円（2001年比では約204％）となっている。水産物の輸入・輸出環境は大きく変化することはないと思われる。

④　「冷凍水産食品」の出荷額の動向とその位置

　2016年の「冷凍水産食品」の出荷額は，5,471億円（図表－1）であり，2012年の4,452億円と比較して約23％増加している。また，「冷凍水産食品」の出荷額の「水産食品加工・製造業」全体に占める割合は，2012年の17.2％から2016年は19.1％と1.9ポイント増加している。また，その割合は「水産練製品製造業」の13.8％，「冷凍水産物製造

●図表－1　水産食品加工製造業出荷額推移（従業者4人以上）

（単位：億円）

標準産業分類	2012年		2013年	2014年	2015年	2016年		伸び率
	金額	構成比	金額	金額	金額	金額	構成比	2012年比
食料品製造業	225,956		232,145	241,337	262,114	263,440		1.166
水産缶・瓶詰製造業	1,033	0.040	992	1,051	1,109	1,031	0.036	0.998
海藻加工品	2,680	0.103	2,643	2,708	2,897	3,039	0.106	1.134
水産練製品製造業	3,955	0.153	3,828	3,962	3,871	3,970	0.138	1.004
塩干・塩蔵品製造業	2,505	0.097	2,470	2,483	2,922	2,429	0.085	0.970
冷凍水産物製造業	3,311	0.128	3,335	3,489	4,468	4,233	0.148	1.278
冷凍水産食品製造業	4,452	0.172	4,702	5,173	5,733	5,471	0.191	1.229
他の水産食料品	7,962	0.307	7,977	7,921	8,855	8,496	0.296	1.067
水産食品加工合計	25,898	1.000	25,947	26,787	29,855	28,669	1.000	1.107

（出典）　経済産業省　平成29年工業統計表　「品目編」データ（平成31年1月訂正・公表）

業」の14.8％を大きく上回る位置にあり，水産食品加工・製造業の中での消費者の食のニーズの多様化に対応するとともに，食品消費市場での果たしている役割は大きい。

2016年度の食用魚介類の国内消費仕向け量730万トン中，加工品向けは378万トンと約52％に達しており，漁期により変動の大きな漁獲物を加工・冷凍することにより，その保存性を高め食料供給の安定や豊かな食生活の形成に貢献している。今後も消費者の多様化するニーズに対応することにより「冷凍水産食品製造業」を確固たるものにすることができる。

❷ 冷凍水産食品製造業の推移

水産食用加工品の生産量は，図表－2に示すとおり，2013年171.6万トンから2017年156.9万トンと8.6ポイント減少している。この間「冷凍食品」の生産量は，2013年25.7万トンから2017年24.8万トンと約3.5ポイントの減少にとどまっている。「冷凍水産食品製造業」の出荷額の視点から見ると，価格上昇の効果があり，2012年4,452億円から2016年には5,471億円と約23％向上している。また，水産加工事業

●図表－2　加工種類別食用加工及び生鮮冷凍水産物の生産量

（単位：万トン）

	2013年	2014年	2015年	2016年	2017年	2013年比
食用加工品計	171.6	170.5	168.2	163.0	156.9	0.914
冷凍食品	25.7	26.3	25.8	25.4	24.8	0.965
ねり製品	52.8	53.1	53.0	51.4	50.5	0.956
塩蔵品	19.8	19.1	18.5	17.1	16.6	0.838
塩干品	16.7	16.2	16.5	15.6	14.8	0.886
その他	56.6	55.6	54.4	53.5	50.1	0.885
参考						
生鮮冷凍水産物計	138.3	148.5	141.6	140.2	136.6	0.988

（出典）　農林水産省　平成29年水産加工統計　調査結果概要（平成31年2月公表）

●図表-3 水産加工品目別事業所数（従業者4人以上の事業所）

品目	2012年	2013年	2014年	2015年	2016年	
	事業所数	事業所数	事業所数	事業所数	事業所数	2012年比
水産缶・瓶詰製造業	203	193	196	179	193	0.951
海藻加工品	898	878	895	885	791	0.881
水産練製品製造業	931	884	847	810	788	0.846
塩干・塩蔵品製造業	1,063	995	988	994	946	0.890
冷凍水産物製造業	701	680	651	733	651	0.929
冷凍水産食品製造業	878	881	879	847	837	0.953
他の水産食料品	2,357	2,306	2,241	2,222	2,118	0.899
水産食品加工合計	7,031	6,817	6,697	6,670	6,324	0.899

（出典） 経済産業省　平成29年工業統計表「品目編」データ（平成31年1月訂正・公表）

所（図表-3）数は，2012年7,031事業所から2016年には6,324事業所と約10%減少している。

　その中で「冷凍水産食品製造業」の事業所数は2012年の878事業所から2016年には837事業所と約5%減少にとどまっており冷凍水産食品事業が市場のニーズを支えているといえる。海藻加工品，水産練加工，塩干・塩蔵品製造など加工度の高くない付加価値が低い事業所は市場競争激化の中で減少しているといえる。

❸　冷凍水産食品製造業の経営構造と主要経営指標

① 冷凍水産食品製造業の経営体構造

　2016年における冷凍水産食品製造業の経営体の構成及び経営状況を見ると（図表-4），従業員20人未満の企業が48.2%，100人未満の企業は95.7%を占めており，100人以上の企業はわずか4.3%に過ぎない。また一事業所当り出荷額を規模別に比較すると，4人～9人の事業所の出荷額は81.0百万円，10人～19人は231.2百万円，20人～99人は983.9百万円，100人以上は2,408.5百万円と事業所の規模別生産性の差異，すなわち小規模事業所の生産性が低いことを歴然と示しており，

●図表－4　2016年冷凍水産食品製造業の従業者規模別事業所数と出荷額
（従業者4人以上の事業所）

単位 金額：百万円		従業者数 4～9人	従業者数 10～19人	従業者数 20～99人	従業者数 100人以上	合　計
①	事業所数	162	241	398	36	837
	（構成比）	19.4%	28.8%	47.6%	4.3%	100%
②	出荷額	13,119	55,731	391,586	86,705	547,141
	（構成比）	2.4%	10.2%	71.6%	15.8%	100%
事業所当り出荷額①／②		81.0	231.2	983.9	2,408.5	653.7

（出典）　経済産業省　平成29年工業統計表「品目編」データ（平成31年1月訂
正・公表）

企業統合を図るなどの今後の経営合理化のあり方を示唆している。

② 　収益性の現状

　冷凍水産食品製造業の収益性（図表－5，図表－6）は，原材料比
率が76.09％と全製造業の61.55％に比較して14.54ポイント高く，ま
た食料品製造業の60.68％と比較しても15.41ポイント高い。このこと
が主要因となって，売上高経常利益率は図表－6に示すように2.6％
であり，全製造業の4.5％に比較して約1.9ポイント低く，また食料品
製造業の3.4％に比較して約0.8ポイント低い状況にある。冷凍水産食
品製造業の経営指標の推移を見ると，売上総利益率では2008年から
2012年にかけて3.7ポイント低下し，営業利益率では0.7ポイント低下
している。売上総利益率の低下を経費削減などにより改善を図ってい
るが対応しきれていないことが示されており，年々の販売価格は上昇
傾向にあるが原料価格の高騰の影響によるところが大きく，製造プロ
セスなどの効率化，生産性の向上が図られていない。

　なお，図表－5はマクロ的視点からのデータあるが，図表－6は個
別企業の集積データであり，また，算出基準も異なるものと想定され
るのでデータ間の整合性を図ることはできないことを理解いただきた
い。

●図表－5 2016年 産業別減価率（従業員4人以上）

産業分類	原材料（使用額等A）	製造品（出荷額等B）	原価率
	（百万円）	（百万円）	A/B＊100
製造業計	185,992,395	302,185,204	61.55
食料品製造業	17,248,023	28,426,447	60.68
冷凍水産食品製造業	495,819	651,618	76.09
冷凍水産物製造業	406,235	525,362	77.32

（出典） 経済産業省 平成29年工業統計表 産業別統計表データ 平成30年8月公表

●図表－6 冷凍水産食品製造業等経営指標推移　　（単位：%）

	売上総利益率			営業利益率			経常利益率		
	2008年度	2012年度	増減	2008年度	2012年度	増減	2008年度	2012年度	増減
製造業計	20.6	20.8	0.2	4.1	4.1	0	4.4	4.5	0.1
食料品製造業	21.5	21.8	0.3	2.7	3.0	0.3	2.8	3.4	0.6
冷凍水産食品製造業	12.2	8.5	-3.7	2.4	1.7	-0.7	2.1	2.6	0.5
水産缶詰・瓶詰製造業	13.6	15.1	1.5	1.6	2.1	0.5	0.5	1.4	0.9
海藻加工業	21.4	19.8	-1.6	2.4	2.5	0.1	3	2.6	-0.4
水産練製品製造業	24.7	27.7	3	2.6	2.7	0.1	2.1	2.5	0.4
塩干・塩蔵品製造業	16.5	12.3	-4.2	3.5	1.1	-2.4	2.7	1.2	-1.5
冷凍水産物製造業	12.2	9.7	-2.5	1.4	2.1	0.7	1.3	1.7	0.4
他の水産食料品製造業	16.2	16.4	0.2	2.3	2.5	0.2	2.2	2.7	0.5

（出典） 「TKC経営指標（BAST）」平成25年指標版 黒字平均値 TKC全国会

③ 冷凍水産食品製造業の今後の課題

■ 売上不振，利益率低下を改善する施策の推進

　当面の課題として，各企業が消費者ニーズの変化も含め環境変化を先取りし市場開発を進めるともに，自社の損益状況の現状分析を徹底しコスト削減を図ることが不可欠である。

■ 消費者の多様化するニーズに対応する商品開発

　消費者の「魚離れ」が料理時間の短縮を図るライフスタイルの中で進んでおり，より手軽に必要な分量の購入ができ，短時間での調理と食味・栄養バランスや消費期限・産地情報が明確で安全・安心を提供

できる「冷凍水産食品」の開発による市場への提供が求められる。

　また，地域水産資源の複合活用や他業種との連携による「地域ブランド商品」の開発を行い，地域ぐるみの活動で水産品の消費拡大を図る必要がある。

3　生産設備の共有化による，稼働率，生産性の向上

　漁期により変動の大きな漁獲物を加工するための多様な生産設備を個々の企業が投資することを避け，設備の共有化，共同活用を図ることにより相互に稼働率の向上を図り，固定費比率の低下と原価低減を促進する。5年間で187の事業所が減少している実態や事業規模の縮小，事業転換・廃業の考えを持つ経営体が多いことを鑑み，協業化による経営資源の強化・有効活用の視点からも重要な戦略である。

4　経営の合理化，加工技術の高度化による事業基盤の強化

　安全・安心で手軽な調理食品の提供，食味の顧客ニーズへの対応，自動化や生産性の向上，品質向上策を図るためにも加工技術の高度化を進め，現有設備を見直し，事業の共同化をも視野に入れてプロセス改善を図ることが不可欠である。

5　HACCP の導入

　食の安全・安心の実現と品質・衛生管理の向上を図るために，各々の水産加工場に相応しい HACCP の導入を進める必要がある。EU，米国では水産食品の衛生管理に HACCP の導入を義務付けられており輸出企業では導入が不可欠である。あわせて生産プロセスの改善，生産性向上に結びつける視点からも不可欠である。また，HACCP 体制のなかに水産食品の IT 技術活用による履歴情報を確認できるトレーサビリティシステムの構築も必要である。

　なお，HACCP（Hazard Analysis Critical Control Point：危機分析重要管理点）とは，食品の原料受入れから製造・出荷までの全ての工程において，危害の発生を防止するための重要ポイントを継続的に監

視・記録する衛生管理手法をいう。

産業全体最適の視点からは産業の空洞化も懸念されるが，原価率の上昇，売上総利益率低下の改善を図るため，原料調達を海外から行うことや海外での委託加工を行い，最終製品を輸入し国内販売を進める戦略も必要となる。また，市場をグローバルに捉えて全世界を市場と考える事業展開を図ることも視野に入れるべきである。

Ⅱ　モデル企業 T 社の概要と問題点

1 T 社の概要

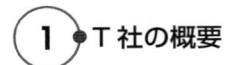

創　　　業：2004年 9 月

組 織 形 態：有限会社

資　本　金：3,000千円

従 業 員：15人

事 業 内 容：二枚貝（アサリ，しじみ，アオヤギ）等の冷凍食品
　　　　　　製造業

年間売上高：3 億円

T 社は，2004年の設立以来，アサリを中心として二枚貝類の冷凍水産食品製造・販売及び活アサリ，活シジミの販売を行い，最盛時売上高 6 億円を超え順調に業容を拡大させてきた。

さらなる事業の発展を考えて敷地及び設備の拡張も進めたが，大震災による魚介類に対する風評被害の影響を受け，売上げは半減した。

この間，競合他社との差別化と競争力強化を図るために，二枚貝等の冷凍食品について解凍後の開口率を落とさない冷凍製造プロセスと

●図表－7　T社のSWOT分析

	機　会（O）	脅　威（T）
外部環境	調理時間短縮のニーズ	水産物（魚介類）離れ
	食品へのニーズの多様化	漁獲量の不安定さ
	競合企業参入の減少（事業所数の減少）	魚介類に対する風評被害
	漁場に近い工場立地	
	強　み（S）	弱　み（W）
内部環境	製造特許の取得	稼働率の漁獲期による変動が大きい
	HACCP体制での品質管理	売上総利益が低い
	品質評価が高い	販売管理費率が高い
	食品流通業者とのネットワークが充実	冷凍保管倉庫の狭隘

加工方法の開発に注力してきた。

　その成果を「製造法特許」として取得している。同特許技術を活用した製造法に基づく製品の市場における品質評価が高く，すでに大手の得意先から生産増加の要請を受けており生産設備の拡充を行うとともに，解凍後の食味を改善するための冷凍設備の新設を計画している（図表－7）。

2 ●T社の問題点

■ 漁獲期対応の製品構成の不足

　漁獲期の変動に対応する製品構成が確立していない。年間を通じて平均して高い稼働率水準の維持を図り経営資源（工場設備，人的資源，流通ネットワーク）の有効活用ができる製品構成とすることにより効果的・効率的な経営体制とすることが求められる。

② 利益率の低下

　近隣漁場の風評被害の影響を避けるため遠隔地漁場からの原料調達を行った結果，調達価格の上昇を招き売上原価がアップしている。また，調達量確保のための保管料，工場と委託倉庫間の運賃が膨らみ物流費の売上高比率がアップしている。

③　工場稼働率の低迷と人件費比率の高止まり

　漁獲期の変動に対応する製品構成が確立しておらず，結果として閑散期の工場稼働率が低い。稼働率の変動に対応しての人件費の変動費化を進めているが必要最小限の人員配置であり，製品構成の多様化と生産量の向上による人件費比率の改善を図る必要がある。

④　通年販売が可能な生産能力の不足

　漁獲期に対応した生産設備は備えているが，年間を通して販売を可能とする製品在庫確保ができる生産設備体制は確立しておらず販売機会を逸している。

⑤　生産工程の効率化の停滞

　HACCP体制下での品質管理は確立しているが，生産プロセスの効果性，効率性を追求しての生産性を高める活動が進んでおらずムダ，ムラがある。

Ⅲ　問題点の改善策

①　「冷凍水産食品製造業」としてのビジョンの確立

　水産魚介類は漁獲期の変動が大きく，四季に応じた多様な漁獲の種類と量に応じた生産を連続的に行うことが不可欠である。

　現在の中心製品であるアサリ，シジミなどに加えるに，海藻塩蔵，高付加価値の魚介類を製品ラインに加え「総合的な冷凍水産食品製造業を創造する」ことをビジョンとして，漁獲期対応の製品構成の確立と稼働率の向上を図るなど総合的な課題解決を進める。

②　生産設備の拡充による市場ニーズへの対応

　年間を通して販売を可能とする製品在庫確保ができる生産体制を確立する。また，すでに取得している製造法特許を活かすための生産設

備として急速冷凍設備の導入により，二枚貝などの解凍後のドリップ生成の抑制と好食感を得ることの実現を図る。

さらに，市場ニーズの多様化に対応する製品構成と生産量の向上により，現在逸失している販売機会を顕在化させるとともに，人的経営資源の有効活用を進め人件費比率の改善を図る。

③ 利益率の改善と経費管理の充実

原料調達先の多様化を進め最適調達価格実現により売上原価低減を図るとともに，生産計画と販売計画（庫出し計画）を細密に行い保管料，運賃の低減を図る。

④ 生産工程の効率化の推進

HACCP管理体制下での品質管理の遂行のみならず生産工程の分析を進め，生産プロセスの効果性，効率性を追求してムダ，ムラ，ムリを廃しての生産性を高める活動を進める。

⑤ 「企業・商品ブランド」の浸透

HACCP体制での品質管理，安全・安心と食味の確保により，大手食品流通業者をネットワークに加え，多様な流通ルートを構築することで消費者からの生の情報を収集し，消費者へのニーズ対応の製品を提供できるようにする。

⑥ 同業種異品目製造業者及び異業種との連携の強化

相互に閑散期，繁忙期の調整を図り，無理な大型設備投資の回避と経営資源の有効活用を進め効率的，効果的に事業目的を実現するために，経営資源を共同で活用できる連携体制を構築できる事業者とのネットワークを構築する。

		直近期末		1 年目		2 年目		3 年目	
		金　額	売上比	金　額	売上比	金　額	売上比	金　額	売上比
売上高		213,300		323,600		351,600		379,600	
売上原価		155,600	0.729	182,600	0.564	192,100	0.546	201,640	0.531
売上総利益		57,700	0.271	141,000	0.436	159,500	0.454	177,960	0.469
販売管理費		117,400	0.550	110,900	0.343	106,744	0.304	115,000	0.303
	人件費	51,900	0.243	53,250	0.165	53,250	0.151	53,250	0.140
	減価償却費	12,730	0.060	11,700	0.036	10,580	0.030	16,040	0.042
	保管料	5,249	0.025	5,301	0.016	4,678	0.013	5,063	0.013
	運賃	12,000	0.056	7,125	0.022	7,380	0.021	7,590	0.020
	その他	35,521	0.167	33,524	0.104	30,856	0.088	33,057	0.087
営業利益		−59,700	−0.280	30,100	0.093	52,756	0.150	62,960	0.166

（注）　直近期末は特別利益85,000千円あり実質税引前利益は12,000千円計上している

　また，異業種との連携を推進し技術や情報の多角的収集をすることにより，「総合的な冷凍水産食品製造業を創造する」というビジョン実現を補完する。

Ⅳ　改善後の利益計画

　利益計画は，問題点の改善策（Ⅲ ① ～ ⑥ ）を具体的に実行した結果を数値的視点から整理したものである（図表－8）。

　改善策は，①生産設備の充実による年間を通じて多様な冷凍水産食品生産体制の構築，②生産工程の効率化と管理費の細密な管理の実行によるコスト削減と利益率の改善，③市場ニーズに対応する新製品の市場への導入，が柱となる。水産物加工事業経営の基本は，「漁獲期や漁獲量の変動に対応できる柔軟な生産・販売体制を構築すること」にあることを念頭におき，諸施策を綿密に実行することにより収益の向上が図れる。

〔大森　郁夫〕

③ 弁当・惣菜製造販売業の モデル利益計画

Ⅰ 業界の概要

①●弁当・惣菜製造販売業を取り巻く環境

　消費者にとって，1日3回の食事の摂り方にはたくさんの選択肢がある。自宅にいれば，3回とも自炊による食事をすることができるが，一般的に考えれば，休みの日以外これは稀であり，手間暇もかかる。

　また，食事は毎日同じものを食べたり，続けて食べたりすると飽きてしまうこともあり，できる限り毎回違うものを食べようという意識が働く。

　消費者にとっては，できる限りたくさんの選択肢があることが望ましいが，外食や弁当・惣菜製造販売に携わる事業者にとっては，それだけ競争が激しいことであると同時に，たくさんのメニューを用意することはコスト面での問題につながることを意味する。

　主な食事をとる方法は，「内食」「外食」「中食」の三つに分けることができる。

　スーパーなどで素材を買って自宅で食事を作ることを「内食」，店舗に行って食事をすることを「外食」，すでにできあがったものや，簡単にひと手間かけることでできあがるものを買い，自宅に持ち帰って食べることを「中食」というようになった。

　弁当・惣菜製造販売業は，この「中食」に該当することとなる。

　「中食」という言葉を耳にするようになって久しいが，外食の市場規模や，スーパーなどで購入される生鮮品等の食材売上は，年々減少

●図表－1 「食」の市場規模と構成比推移

	内食	中食（惣菜）	外食	食市場計
2008年	307,274億円	82,156億円	245,068億円	634,498億円
2017年	353,281億円	100,555億円	256,561億円	710,397億円
08年－17年比	114.9%	122.3%	104.6%	111.9%

出典：2019年「惣菜白書」一般社団法人日本惣菜協会

傾向にあるものの，中食として食される惣菜や弁当は伸びている（図表－1）。

　これは，主婦が自宅内で調理をする時間が年々減少していることからも分かるとおり，手間暇をかけたくないというニーズが大きくなってきていることを意味する。

　一方で，出来合いの惣菜や弁当は，自分の好みの味に調整することが難しく，買ってきたものをそのまま味わうことが大半となる。

　添加物やカロリー，栄養の偏りを気にする人にとってはコントロールが効きにくい。

　このような課題を解決しようとする業者の参入も多く，弁当・惣菜製造販売業界の競争は，ますます激しくなっている。

② 弁当・惣菜製造販売業の事業構造

■ 弁当・惣菜製造販売業界の現状

　弁当・惣菜製造販売業は，「ほっともっと」を展開する「㈱プレナス」，「ほっかほっか亭」を展開する「㈱ハークスレイ」，百貨店や商業施設で「RF1」の売場を構える「㈱ロック・フィールド」などが業界内の大手であり，その他は，地域に密着した小規模な店舗で営業する事業者が多い。

　住宅街かビジネス街かの立地によって客層が大きく異なり売れ筋も違ってくる。

　一般的に，弁当・惣菜製造販売業は，フライヤー等の厨房機器を構え，店の奥で調理したものをパックに詰めて，店頭で販売するほか，数がまとまれば，事務所や工場に配送したり，病院や学校といった施設に給食として供給することが主たる事業となる。

　人々が食事を摂る時間はある程度決まっており，需要が集中する傾向にある。販売数の予定を立てて材料を仕込み，できる限りできたての状態で購入してもらうには，店舗内及び工場内での生産と販売のオペレーションが重要となってくる。ただし，正確に販売量を読み切ることはきわめて困難であり，コンビニエンスストア大手のセブンイレブンであっても，販売期限が切れた弁当の処分方法でもめるくらい，収益に直結する大きな問題である。

　経済産業省の「平成28年経済センサス－活動調査」によると，惣菜製造業の事業所数は1,228，すし・弁当・調理パン製造業の事業所数は1,350となっている。

　構える店舗はそれほど大きなスペースを必要とせず，調理する機材を揃えれば，食材を調達するルートを確立することで比較的簡単に参入することができるため，競争も激しい。

　また，コンビニエンスストア，スーパー，百貨店といった資本力のある業態が提供する弁当や総菜との差別化をどう図るかが難しく，価格競争に陥る地域も多々あるのが現実である。

❷　市 場 規 模

　一般社団法人日本惣菜協会によると，2017年の惣菜の市場規模は，10兆555億円（前年比2.2％増）と初めて10兆円を突破し，2018年も10兆2,518億円（同2.0％増）を見込んでいる。業態別では，コンビニエンスストアが同2.4％増，食品スーパーが同2.4％増，総合スーパーは同2.9％増，百貨店は同1.3％減，専門店・他は同1.2％増と，百貨店を除いた業態において前年を上回る結果となっている。

全体的に市場規模は拡大する傾向にある。この背景には，女性の社会進出による家庭内調理時間の短縮化，単身世帯が増えることによる自炊する機会の減少，高齢化により少量多品種の食事が求められていることなどがある。

　また，好況を実感できない心理的影響から，消費者の節約志向が高まり，外食を控えて惣菜や弁当を買って家で食べる機会が増えたことも一因となる。

　販売チャネル別に見ると，コンビニエンスストアが積極的な展開を行っていることから，弁当・惣菜の売上げを伸ばしている。

　昨今では，自店舗内に調理場を設け，チキン等のできたてのフライ商品を提供する店を増やすなどの取組みが行われている。

　また，麺やパスタ，スープといったこれまで持ち帰りには適さないとされていたメニューを新しい技術の導入によって実現し，新たな客層を取り込むことにも成功している。

　持ち帰り弁当の大手チェーンやコンビニエンスストアは，その資本力からさまざまなメニューや新しい形態を随時開発しており，中小・小規模の弁当・惣菜製造販売業においては大きな脅威となっている。

❸　弁当・惣菜製造販売業の収益構造

　弁当・惣菜製造販売業における収益構造は，売上原価が売上に対して大きな割合を占めるほか，家賃や運送費，人件費が主な支出項目となる。

　昨今，弁当における価格競争が激しく，一食300円を割る価格で販売される弁当も出てきている。

　調理であるため自動化できることは限られており，人件費が占める割合は高い。

　昼の弁当及び夕方に持ち帰る惣菜関連は，販売する時間が集中することもあり，どのタイミングでどれくらいの量を作るかといった生産

のコントロールを行うことは難しい。

　原材料費は，素材にこだわるとその分単価が高くなることと，調達できる量が限られることから，収益とのバランスをとることが難しい。

Ⅱ　モデル店の概要

　A 社の概要

　A社は，神奈川県の西部で弁当・惣菜製造販売業を営む企業である。営業を開始してから40年が経つ。もともとは農家であり，今も社長の実家は農家を営んでいる。

　従業員数は10人ほどであり，繁閑に合わせて近隣の住民にパートとして来てもらうことがある。

　敷地内に食品工場を持ち，一連の調理を行うとともに，配送車を5台所有し，そのうちの2台は冷蔵配送車である。

```
＜A社の概要＞
創　　　　業：1980年
組　　　　織：株式会社
資　本　金：300万円
従　業　員：10人
主 要 設 備：工場
　　　　　　　冷凍倉庫
　　　　　　　スチームコンベンション
　　　　　　　小物成型機
　　　　　　　おにぎり成型機
　　　　　　　配送車両5台
```

売上は，注文弁当事業，給食弁当事業，催事事業，売店事業の4つの事業から成り立つ。直近期においては，総売上1億781万8,000円のところ，注文弁当事業が255万4,000円，給食弁当事業が2,576万5,000円，催事事業が6,921万1,000円，売店事業が1,028万8,000円となっている。

注文弁当は，単発で不特定多数の顧客から都度注文を受ける事業であり，給食弁当事業は，特定の事業者や施設からある程度決まった数量の注文を定期的に配達するものである。

また，催事事業は，当社独自の商品を中心に百貨店や商業施設の催事場やイベントにてスポットで外販するものであり，売店売上は，駅構内にある売場に納品して販売する事業である。

A社の弁当や惣菜における特徴は，地元産の材料を使うことにある。米，野菜，肉，魚はできる限り地元の農家で作られたものを業者から仕入れており，販売の際にも，その点を訴求している。

特に，催事で人気のある押し寿司は，県内の川で養殖されたマスを加工し，魚をしめるお酢についても地元産の柑橘系の果実を搾ったものを使うことで，魚臭さをやわらげ，人気商品となっている。

また，近隣の養豚場と連携して作っているコロッケやメンチカツは，具に油揚げを混ぜ込んだものをオリジナルのパン粉で揚げるもので，そのままでの販売と合わせて，コロッケサンドやメンチカツサンドにして弁当として販売している。

Ⅲ A社の課題

A社は，東日本大震災の影響を受けて一時期売上が低迷し，営業利益ベースにおいて赤字を計上したものの，その後は回復基調にある。

●図表－2　直近4期分と今期予想損益計算書　　　　　　　（単位：千円）

	平成28年		平成29年		平成30年		令和元年	
	実績	構成比	実績	構成比	実績	構成比	目標	構成比
売上	90,121	100%	95,823	100%	107,818	100%	120,000	100%
（うち注文弁当）	2,239	2.5%	2,355	2.5%	2,554	2.4%	3,000	2.5%
（うち給食弁当）	21,887	24.3%	22,908	23.9%	25,765	23.9%	30,000	25.0%
（うち催事）	65,995	73.2%	64,578	67.4%	69,211	64.2%	70,000	58.3%
（うち売店外販）	0	0.0%	5,982	6.2%	10,288	9.5%	17,000	14.2%
売上原価	73,664	81.7%	77,233	80.6%	86,901	80.6%	96,000	80.0%
（うち材料費）	43,683	48.5%	46,457	48.5%	58,447	54.2%	62,400	52.0%
（うち労務費）	18,269	20.3%	17,647	18.4%	19,345	17.9%	22,000	18.3%
（うち経費）	11,713	13.0%	13,129	13.7%	9,109	8.4%	11,600	9.7%
売上総利益	16,457	18.3%	18,590	19.4%	20,917	19.4%	24,000	20.0%
販売費・一般管理費	19,867	22.0%	20,491	21.4%	20,012	18.6%	22,000	18.3%
営業利益	−3,410	−3.8%	−1,901	−2.0%	905	0.8%	2,000	1.7%
経常利益	−348	−0.4%	−42	0.0%	2,031	1.9%	3,000	2.5%
損益分岐点	108,797	120.7%	105,622	110.2%	103,153	95.7%	110,000	91.7%

また，売上げの構成についても，ここ数年で大きく変わってきている（図表－2）。

　注文弁当の売上が減少する中で，催事出展や新規開拓によって販路が広がった駅の売店事業で売上を補う形となっている。

　安定しているのは，法人や施設向けの給食弁当事業であるが，ここ数年，納品先数は増えていなかった。

　弁当や惣菜を作る際の米については，A社の社長の実家が農家であることもあって，質の良い米を安定的に調達することができる。

　一方で，肉や野菜といった材料は，市況に左右され，特に最も量を使う玉ねぎ，ジャガイモ，肉は，地元産を中心に仕入れるため，価格が不安定となる。

　注文弁当の事業における売上が悪いのは，コンビニエンスストアなどといった業態による弁当・惣菜の販売が競合となり，顧客数が減少していることが原因となる。

特に，A社ではできない麺類やパスタといったメニューに人気があり，顧客を奪われている。

　経営全般を見渡すと，生産現場における生産性の向上，材料調達の見直し及び廃棄ロスの減少，配送コストの削減といった課題があるが，まずは売上の回復を目指し，競合に対抗するための策を打っていくこととした。

　そこで，A社の抱える課題を以下の3点と整理した。

① 法人に対する営業の強化

② 新しいメニュー開発

③ 販売単価の向上

Ⅳ 課題の解決策

A社の戦略マップ

　A社における主な強みは，①コロッケやメンチカツ，押し寿司といったオリジナリティの高い惣菜や弁当メニューを持つ，②地元の農業者とのつながりから地元産の素材を調達することができ，それを商品販売の際に謳うことができる，③催事の出展をすることができ，外部への認知度を高めることができる，の3点である。

　これらの強みを鑑みながら，課題解決を図る道を模索したところ，以下の3つを実施することとなった。

① 地域内の事業所への営業活動

　自社工場が起点となるため，営業をかけられる範囲に限界がある。最も効率がよいのは，既存の取引先と隣接する事業所に納品できることである。

　そこで，配送ドライバーによる新規取引先開拓を行うことにした。

　チラシを作成し，弁当の通常納品後の1, 2時間，チラシの配布と惣

菜のサンプルを置いていく営業活動を行った。訪問する際は，既存の取引先から紹介してもらえるように協力を仰いだ。

また，訪問してきた得意先に提供する仕出し弁当を，通常1,000円のところを800円にするといった期間限定のキャンペーンを実施した。地元の食材をふんだんに使った仕出し弁当であることもあり，「得意先との会話が弾んだ」と多くの事業所によろこんでもらうことができた。

② フードコーディネーターによる新メニューの開発

これまでは，社内でメニュー開発を行っていたが，フードコーディネーターを外部からの専門家として招き入れ，地元の農産物をつかったメニュー開発を行った。

既存のメニューを，揚げもの，焼きもの，煮物，肉，魚等の一覧表にし，その中で手薄な部分のメニュー開発を行うことで，偏りのないバラエティーに富んだメニューを目指した。

メニュー数を増やす一方で，フードコーディネーターから提供されるノウハウやレシピによって，仕入れる食材をできる限り増やさないようにすることができた。

また，昨今の薄味やヘルシー傾向を受けて，仕出し弁当の納品時に試作品をつけて，アンケートに応えてもらうようにした。

どの程度まで味を押さえても不満につながらないか，満足感を損なわないためにはどこまで量を減らしても大丈夫かは，実際に食べてもらわないと把握できない。

アンケートに応えてもらうことを条件に試作品を安く提供することで，情報収集を行うことができた。

③ 外部から仕入れた商品の販売による単価のアップ

節約志向は今後も続くため，弁当や惣菜そのものの値段を上げにくい状況にある。

そこで，弁当や惣菜と一緒に購入してもらうものを仕入販売することによって，１回当たりの購買単価を引き上げることを目指した。

　食事中に飲むお茶は，ペットボトルや缶飲料が多いが，食べる場所が決まっている給食弁当では，お湯をわかすことができれば，複数の人数でお茶を飲むことができる。

　そこで，一般の量販店では売っていない日本茶やコーヒー，紅茶を専門業者から仕入れ，追加で販売することによって，１回当たりの購入額の向上を目指した。

A 社の利益計画

● 地域の事業所への営業活動

■ 取引先マップの作成

　地域内の事業所への営業活動を行う際にまず実施したのは，現在納品している取引先とその納品頻度を地図にプロットし，どの地域に対して営業をかけるべきかを洗い出すことであった。

　プロットした地図を見て，手薄なところを埋めるのではなく，できる限り密集するように開拓先の候補を挙げていった。

　その際は，既存の取引先からの紹介を受けるような形をとったことで，最初の訪問のハードルを下げることができた。

　商談する際は，実際に弁当を注文する決定権者を間違わないように注意する必要があった。予算を管理する責任者からよい返事をもらえても，実際に弁当を発注する総務の女性に了承をもらえないと，実際に発注に至らないケースが何度かあったため，A社の味を知ってもらえるように，押し寿司などのサンプルを試食してもらうなど，積極的なコミュニケーションをとることで，他社からのスイッチに成功した。

■ ヘルシーな新商品のメニュー開発

●図表－3　A社の戦略マップ

A社の利益向上戦略マップ	アクションプラン
財務の視点　利益率向上／売上の増加／原価低減	単価アップ／配送効率の向上／メニュー数の増加
顧客の視点　少量多品種／おいしいものを安く食べたい／地元の食材でもてなしたい	お茶等の仕入れ販売／ヘルシーなメニュー開発／近隣地域の法人開拓
業務プロセスの視点　外部からの仕入れ／新メニューの定期的な開発／納品時の営業活動	営業アプローチ先の紹介／アンケートによるメニューの改善／仕入先の開拓
人材・改革の視点　外部の専門家の力を借りる／営業のトレーニング	キャンペーンの考案／フードコーディネーターの活用／配送担当者の営業力向上

　フードコーディネーターを招きいれ，油もの中心であったメニューからヘルシーなメニューを増やしていった。

　ボリュームを求める客がいる一方で，カロリーの少なさや少量で多品種のおかずを楽しみたいという客がいる。

　仕出し弁当ではそのような対応をすることができていたが，注文弁当のメニューは，ボリューム重視が多く，その点の配慮に欠けていることを指摘された。

　そのため，当社の強みである地元産の野菜を使ったヘルシーなメニューを複数作り，バラエティーに富んだ弁当にすることができた。

　中でも，9枠に分かれたトレイを使用し，野菜の煮物，豆腐，酢でしめた魚など極力油で調理をしていないおかずを並べたものに人気が集まりヒット作となっている。

❸　事業所内で飲めるお茶等の販売による単価アップ

　弁当や惣菜を求めるのは，どちらかというと倹約意識の強い人が多い。追加で購入を促す味噌汁やペットボトルのお茶などは，数十円でも避けられることがある。そのため，追加で購入を促すことによる単

価アップにも，工夫を必要とされていた。

そこで，給食弁当で訪問する事業所向けに，大勢で飲めるような日本茶の茶葉やコーヒーを販売した。

近隣にある一般的なスーパーで買うことができるものではなく，専門店から仕入れることで，食中や食後に飲んでもらうためのおいしいお茶を販売することとした。

茶葉や粉を販売することで，1杯当たりの単価を抑えることができるため，購入者における心理的ハードルを下げることができ，なおかつ，ペットボトルのお茶やインスタントコーヒーとは比べ物にならないほどおいしいと評判であるため，定期的な注文をもらうことができている。

Ⅵ 競争の激しい弁当・惣菜製造販売業界でどう生き残るべきか

中食市場は，今後も伸びると予想されてはいるものの，その伸び方は，既存の商品そのものの量が増えるのではなく，高齢化や健康志向といったニーズが多様化することによる伸びを前提としている。

そのため，市場の拡大に合わせて自社も成長しようと思うのであれば，時代のニーズを先取りし，新しいメニュー開発を継続していかなければならない。

大手の弁当販売チェーンやコンビニエンスストアは，チルドの技術等を使って新たなメニュー開発を行っている。単価も安く，味も悪くないため，正面から競争を挑んでも勝ち目はない。

では，地域に密着した弁当・惣菜製造販売業としては，どのような道を目指していけばいいのか。

それは，何かひとつ特徴のあるメニューを開発し，それを軸に集客を図るとともに，消費者に飽きさせないバラエティーに富んだメニュ

ーを開発することである。

　また，高齢化や主婦の家庭での調理機会の減少などを鑑み，栄養バランスの取れたものや少量多品種で食べてもらえるような商品開発が必要である。

　営業活動においては，引き合いを待っているだけでは，コンビニエンスストアや量販店に顧客を奪われてしまう。

　事業所における雇用確保への意識の高まりから，福利厚生の一環として昼食を外部から調達することが増える可能性がある。安定した売上が見込める法人等の取引先を開拓するとともに，限られた地域内での販売シェアを高めることで，配送効率の向上も図っていきたい。

　このほかにも，工場内の生産性を向上させて原価を低減することや，メニューの数を増やすことによって調達しなければならない原材料と廃棄ロスとのバランス，配送コストの削減，衛生面での徹底など，たくさんの課題を残す。

　特に，食品を取り扱うだけに，暑い時期の食中毒等には細心の注意を払わなければならない。

　今後は，高齢者，健康志向，個食化といったキーワードに合致する方向性を見極めていくことが必要となる。

〔栗田　剛志〕

4 漬物製造業のモデル利益計画

Ⅰ 業界の概要

① 漬物とは

(1) 漬物の定義

　漬物とは，野菜や果物を塩等に漬け込んだ加工食品である。農林水産省および厚生労働省による漬物の定義は，図表－1のとおりとなっている。

(2) 漬物の分類

　漬物の種類は，奈良漬やたくあん，梅干，キムチ，福神漬け等多彩

●図表－1　漬物の定義

根　　拠	定　　義
日本農林規格 （農林水産省）	農産物（山菜，きのこ及び樹木の花，葉等を含む。以下同じ。）を塩漬け（塩漬けの前後に行う砂糖類漬けを含む。）し，干し，若しくは湯煮したもの若しくはこれらの処理をしないもの又はこれに水産物（魚介類及び海藻類をいう。以下同じ。）を脱塩，浸漬（せき），塩漬け等の処理をしたもの若しくはしないものを加えたもの（水産物の使用量が農産物の使用量より少ないものに限る。）を塩，しょうゆ，アミノ酸液（大豆等の植物性たん白質を酸により処理したものをいう。以下同じ。），食酢，梅酢，ぬか類（米ぬか，ふすま，あわぬか等をいう。以下同じ。），酒かす（みりんかすを含む。以下同じ。），みそ，こうじ若しくは赤とうがらし粉を用いたものに漬けたもの（漬けることにより乳酸発酵又は熟成しないものを含む。）又はこれを干したものをいう。
漬物の衛生規範 （厚生労働省）	通常，副食物として，そのまま摂食される食品であって，野菜，果実，きのこ，海藻等（以下「野菜等」という。）を主原料として，塩，しょう油，みそ，かす（酒かす，みりんかす），こうじ，酢，ぬか（米ぬか，ふすま等），からし，もろみ，その他の材料に漬け込んだものをいう。これらは，漬け込み後熟成させ，塩，アルコール，酸等により保存性をもたせたもの（ただし，熟成後調味のための加熱工程のあるものを除く。）と浅漬（一夜漬ともいう。生鮮野菜等（湯通しを経た程度のものを含む。）を食塩，しょう油，アミノ酸液，食酢，酸味料等を主とする調味液，又は，酒粕，ぬか等を主材料とする漬床で短時日漬け込んだもので，低温管理を必要とするもの。以下同じ。）のように保存性に乏しいものに分類される。

●図表－2 製造工程による漬物の分類

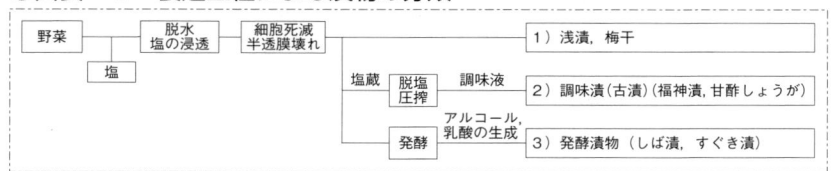

（資料） 財団法人塩事業センター 海水総合研究所 Salt & Seawater Science Seminar 2009資料より作成

にわたっている。漬物の主な分類は以下のとおりである。

① 調味方法による分類

日本農林規格では，漬け液や漬け床の種類により，以下の10種類に分類している。糠漬，醤油漬，かす漬，酢漬，塩漬，味噌漬，からし漬，麹漬，もろみ漬，赤とうがらし漬

② 製造工程による分類（図表－2）

製造工程により，3つに分類することができる。

1）浅漬，梅干等

野菜を塩漬けするだけの製造工程で，野菜の歯ごたえや塩と野菜成分が混合した味を食する漬物であり，浅漬や梅干・梅漬等がある。

2）調味漬（古漬），福神漬等

塩分濃度が高い状態で長く塩蔵したうえで，脱塩した漬物で，古漬といわれる。福神漬けや甘酢しょうが等がある。

3）発酵漬物（しば漬，すぐき漬）

野菜を塩蔵したのち，乳酸菌や酵母の働きにより乳酸発酵やアルコール発酵が行われ，味と匂いが変化した独特の風味を持つ漬物である。京都のしば漬やすぐき漬等がある。

(3) 漬物の栄養・機能性（図表－3）

漬物の特徴としては，「栄養と保健的機能性」が挙げられる。野菜を漬物にしてみると，アクの強い野菜でもアクがたちまち抜け，またビタミンを失うことなく，逆に発酵菌が多種多様なビタミンを蓄積さ

●図表－3　漬物の栄養成分量

種　　類		A（カロチン）（μg）	C（mg）
白菜	生	13	22
	塩漬	17	29
高菜	生	1,000	65
	漬物	1,300	75
野沢菜	生	1,400	50
	塩漬	2,100	60
広島菜	生	1,400	32
	塩漬	2,200	34
カブの葉	生	1,800	75
	塩漬	1,300	47
キュウリ	生	150	13
	塩漬	180	11

種　　類		カルシウム（mg）
カブ	生	230
	糠漬	240
キュウリ	生	24
	糠漬	29
ナス	生	16
	糠漬	20
	からし漬	85
白菜	生	35
	塩漬	50
大根	生	30
	たくあん漬	55
野沢菜漬		110
広島菜漬		140
福神漬		45
ラッキョウ甘酢漬		16
梅漬		47

（資料）「漬物大全」（小泉武夫著）

せることから「ビタミンの宝庫」といえる。ビタミンのほかに，繊維成分も漬物にすることで繊維素が４倍に増加することから食物繊維不足を補うことで，糖尿病や肥満，高血圧等の病気への予防効果がある

といわれている。

2 ● 漬物製造業の特徴

(1) 漬物製造業の動向

① 漬物の種類別生産量推移（図表－4）

漬物の種類別生産量の推移をみると，平成8年ごろから急拡大を遂げた「キムチ」が，平成14年をピークに急激な減少が顕著に表れている。「キムチ」は，他の漬物と比較すると，キムチチャーハン，キムチ鍋に代表される多様なレシピで使用されること，また乳酸菌食品としての機能性，焼き肉店等向けの業務用需要もあり，消費需要の急減は考えにくく，減少の要因は定かではない。

また，「キムチ」に次ぐ「浅漬」も平成8年から減少基調に転じたものの，近時は減少に歯止めがかかったことがうかがえる。「たくあん」や「野菜刻み漬」はじめ他の漬物も近時は概ね安定的に推移している。

●図表－4 主要漬物生産量推移

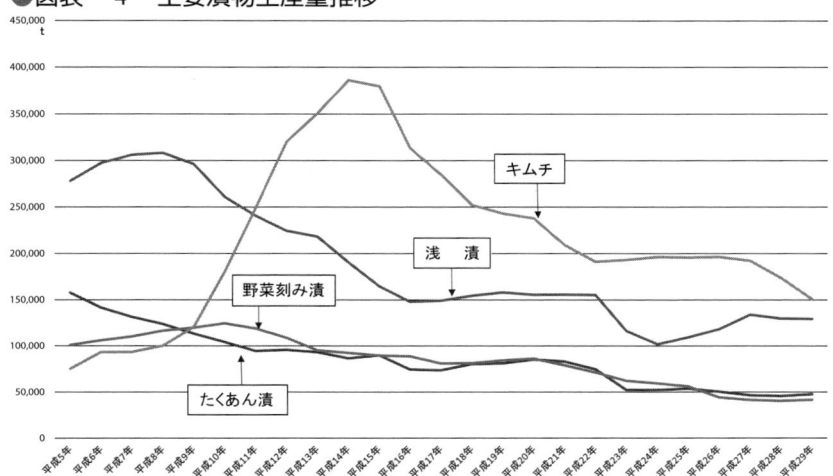

（資料）「食品製造業の生産動向調査」（食品需給研究センター）

年度	事業所数	従業員数 （人）	製品等出荷額 （百万円）
平成17年	1,525	33,466	415,428
平成18年	1,447	32,667	401,431
平成19年	1,442	33,648	432,464
平成20年	1,448	32,557	416,021
平成21年	1,351	31,040	408,125
平成22年	1,292	29,877	388,144
平成23年	1,210	25,969	385,487
平成24年	1,171	27,483	375,945
平成25年	1,120	26,938	364,539
平成26年	1,067	26,055	359,228
平成27年	1,124	25,160	380,161
平成28年	1,010	25,603	376,276

（資料）　経済産業省「工業統計」産業編（平成29年）

② 　市 場 規 模（図表－5）

　平成28年の漬物製品出荷額ベースでは，市場規模は約3,800億円であり，生産量は増加しており，現状の市場規模は，約4,000億円前後と推定される。

　出荷額の減少とともに，事業所数も減少しているが，一事業所当たりおよび従業員一人当たりの生産量は増加している。

③ 　消 費 動 向（図表－6）

　一世帯当たりの年間の漬物消費支出額は，平成12年と比較すると，金額で約3,500円（約30％）と大幅な減少している。直近5年では，8,000円前後で比較的安定的に推移していることがわかる。

(2)　**漬物製造業者の特徴**

① 　小規模企業が中心

　漬物製造業の従業員数別事業所数をみると，従業員30人未満の事業所数の割合は約80％を占めており，小規模性が顕著に表れている（図

●図表－6　漬物消費支出額推移　　　　　　　　　　　　　　単位：円

	梅干し	だいこん漬	はくさい漬	その他	合計
平成12年	1,756	1,432	1,073	7,416	11,677
平成13年	1,715	1,432	1,019	7,184	11,350
平成14年	1,722	1,285	855	7,291	11,153
平成15年	1,582	1,266	825	6,918	10,591
平成16年	1,576	1,239	823	6,834	10,472
平成17年	1,480	1,163	777	6,421	9,841
平成18年	1,409	1,131	742	6,207	9,489
平成19年	1,432	1,072	688	6,105	9,297
平成20年	1,384	1,121	691	5,926	9,122
平成21年	1,267	1,073	600	5,728	8,668
平成22年	1,323	1,059	588	5,495	8,465
平成23年	1,275	1,088	589	5,584	8,536
平成24年	1,262	1,036	552	5,286	8,136
平成25年	1,266	997	515	5,152	7,930
平成26年	1,281	1,006	542	5,209	8,038
平成27年	1,237	1,028	537	5,079	7,881
平成28年	1,347	1,058	540	5,048	7,993
平成29年	1,386	1,120	558	5,082	8,146

（資料）　総務省「家計調査」（平成29年　1世帯当たり漬物支出金額）

表－7）。

　漬物製造業の付加価値率38.2％は，食料品製造業の34.4％，素材型加工の小麦粉製造業の16.1％よりも高い。一方で，従業員一人当たり付加価値額は5,617千円であり，食料品製造業の8,652千円，小麦粉製造業の18,625千円よりもはるかに小さいことがわかる（図表－8）。これは食料品製造業の中でも，労働集約型で，生産性が低い業種であるといえる。

　小規模企業が多いが，株式会社ピックルスコーポレーション（上場企業），東海漬物株式会社，秋本食品株式会社等売上高が100億円を超える大手企業も複数存在している。大手企業は，自社製品のみならず

●図表−7　従業員数別事業所数

従業員数別区分	事業所数		従業員数	
	事業所数	割合	人	割合
4〜9人	350	34.7%	2,273	8.9%
10〜19人	289	28.6%	3,922	15.3%
20〜29人	166	16.4%	4,119	16.1%
30〜99人	171	16.9%	9,456	36.9%
100〜299人	33	3.3%	5,446	21.3%
300人〜	1	0.1%	387	1.5%
合　　計	1,010	100.0%	25,603	100.0%

（資料）　経済産業省「工業統計」産業編（平成29年）

●図表−8　食料品製造業における漬物製造業の付加価値水準比較表

産　業　分　類	事業所数	従業者数（人）	製造品出荷額等（百万円）	付加価値額（百万円）	付加価値率（%）	一人当たり付加価値額（千円）
食料品製造業	25,466	1,130,444	28,426,447	9,780,853	34.4%	8,652
野菜漬物製造業（缶詰，瓶詰，つぼ詰を除く）	1,010	25,603	376,276	143,811	38.2%	5,617
調味料製造業	1,442	53,293	1,980,981	808,777	40.8%	15,176
味そ製造業	326	5,651	132,477	62,938	47.5%	11,137
しょう油・食用アミノ酸製造業	378	6,826	171,404	74,176	43.3%	10,867
糖類製造業	125	6,455	529,719	154,119	29.1%	23,876
砂糖製造業（砂糖精製業を除く）	60	1,897	119,098	33,486	28.1%	17,652
精穀・製粉業	649	14,934	1,311,420	227,039	17.3%	15,203
小麦粉製造業	75	3,698	426,661	68,874	16.1%	18,625

（資料）　経済産業省「工業統計」産業編（平成29年）

OEM 製品も含めて他社製品の仕入販売も行っており，卸・商社機能を有している点が特徴といえる。

② 　原材料の価格変動

　漬物の主原材料である野菜は，産地の天候状況により，量および価格の両面でのリスクを抱えている。天候不順の場合は，生産量が減少し，需給バランスが崩れて，価格高騰という二重の影響を受けることになる。

●図表－9　野菜輸入量の推移　　　　　　　　　　　　単位：トン

	生鮮野菜	塩蔵等野菜	酢調製野菜	その他調製野菜
平成23年	914,982	107,258	37,466	434,486
平成24年	948,111	108,891	40,396	449,584
平成25年	854,420	99,776	39,292	440,959
平成26年	884,735	92,510	38,007	427,097
平成27年	826,845	86,171	35,715	394,249
平成28年	862,416	85,715	35,512	392,419
平成29年	862,085	86,383	35,624	417,228

（資料）　農畜産業振興機構「ベジ探」，原資料：財務省「貿易統計」

　鮮度が重視される浅漬けは，短期間での製品化が求められることから，天候不順時には，仕入コストが増加することとなり，収益の悪化につながる。

　梅干や古漬には，中国をはじめ海外からの塩蔵野菜や酢調整野菜の輸入品が多く使用されている（図表－9）。この場合には，国内同様に，輸入国の天候状況による輸入量と輸入価格に大きな影響を与える。また為替相場の変動リスクの影響もある。

③　原材料産地との密接性（図表－10）

　漬物製造業は，主たる原材料の産地における地域密着型産業といえる。漬物出荷額の首位は，梅の産地である和歌山県で，シェア16％と他県を大きく引き離している。和歌山県に次ぐ，栃木県のしょうが酢やらっきょう漬，群馬県の梅漬，長野県の野沢菜漬ややまごぼう漬等，知名度の高い地場特産品を擁した地域が上位にランクされている。

④　流通ルート（図表－11）

　漬物製品の販路は，イトーヨーカドーやイオン等の GMS やスーパーマーケット等の量販店ルートへの依存度が高い。量販店向け流通経路は，比較的大きな漬物製造業者が直接取引を行っている。大半は，量販店のいわゆる“帳合先”である食品卸業者や二次食品卸業者を通じ

●図表−10　都道府県別漬物出荷額

順位	県別	出荷額 （百万円）	シェア	主な製品
1	和歌山	44,396	16.8%	梅干，たくあん
2	栃木	20,797	7.9%	しょうが酢漬，らっきょう漬，たまり漬
3	群馬	19,716	7.5%	梅漬，たくあん，福神漬，浅漬
4	長野	18,864	7.1%	野沢菜漬，やまごぼう味噌漬，わさび漬
5	広島	17,008	6.4%	広島菜漬，浅漬
6	埼玉	16,198	6.1%	たくあん，べったら漬，なす漬
7	愛知	16,100	6.1%	刻み醤油漬，福神漬，たくあん，調味浅漬
8	新潟	14,869	5.6%	たくあん，味噌漬，浅漬，醤油漬
9	京都	13,916	5.3%	千枚漬，すぐき漬
10	宮崎	11,382	4.3%	たくあん，野菜刻み漬，浅漬
11	茨城	10,946	4.1%	大根下漬，浅漬
12	神奈川	10,192	3.9%	梅漬，小梅漬，浅漬，しょうが漬
13	鹿児島	7,865	3.0%	つぼ漬，桜島大根粕漬，山川漬
14	山形	7,503	2.8%	菊花漬，小なすからし漬け，おみ漬
15	兵庫	6,194	2.3%	浅漬，奈良漬，醤油漬け
16	大阪	6,089	2.3%	奈良漬，浅漬，しょうが漬
17	福島	5,967	2.3%	三五八漬，きゅうり醤油漬，浅漬
18	北海道	5,761	2.2%	たくあん，浅漬，醤油漬
19	福岡	5,519	2.1%	高菜漬，たくあん，浅漬
20	静岡	5,344	2.0%	わさび漬，わさび漬，たくあん
全国合計		264,626		

（資料）　経済産業省「工業統計」品目編（平成26年），主な製品は，全日本漬
　　　　物協同組合連合会ホームページより作成

た取引となっている。

　一部の大手漬物製造業者は，流通経路の短縮化のため卸売り機能を
強化しており，他の漬物製造業者の製品も取り扱い，品揃えの充実に
よる量販店との取引量の拡大・深耕を図っている。

　原材料の野菜については，天候不順・災害等による価格や仕入量，
品質が大きく左右される。

●図表－11　漬物の流通ルート

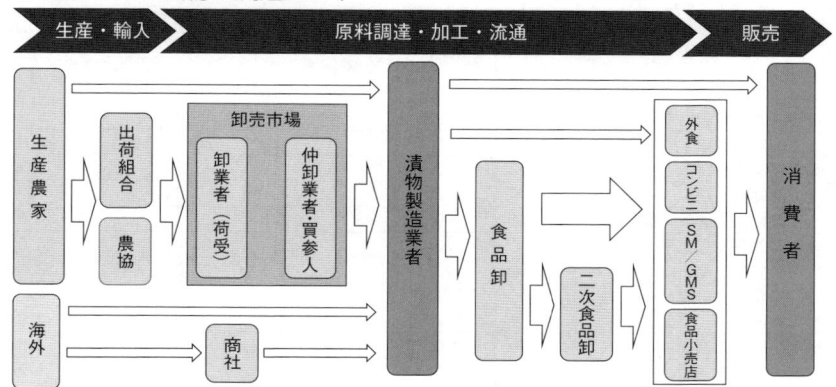

（資料）　農林水産省「生産者に有利な流通・加工構造の確立に向けて」を参考に作成

　輸入原料についても国内同様に産地国の天候，経済状況，為替等により左右される。こうした原材料の調達リスクの軽減を図るために，通常の卸売市場からの調達のほかに，生産者との直接取引，契約栽培による安定調達ルートの確保にも注力している。

(3)　漬物製造業の経営状況（図表－12）

　漬物製造業の小企業の経営指標を見ると，売上高総利益率は，平均値32％を確保しているが，売上高営業利益率は平均値で▲3.4％と赤字となっており，収益性が低い状況にある。

　人件費対粗付加価値額比率（労働分配率）が95.1％と高い水準にあり，十分な付加価値を生み出せていないことがうかがえる。

　自己資本比率は，▲39.9％と債務超過となっている。収益力が低く，長年の赤字が累積したものと思われる。工場等の土地をはじめ所有資産を背景とした資金調達力による経営維持が図られているものと推察される。

　上記の状況は，食料品製造業全体も同様であり，小規模企業においては，厳しい状況にあることがうかがえる。ただ一方で，小規模企業

●図表－12　業種別経営指標

指標名	単位	野菜漬物製造業		食料品製造業	
		平　　均	黒字かつ自己資本プラス企業平均	平　　均	黒字かつ自己資本プラス企業平均
総資本経常利益率	％	−0.8	3.6	−0.7	3.5
自己資本経常利益率	％	2.3	39.7	6.9	35.8
売上高総利益率	％	32.1	35.9	39.3	36.6
売上高営業利益率	％	−3.4	2.2	−3.4	2.3
売上高経常利益率	％	−2.1	1.7	−1.9	1.9
売上高経常利益率（償却前）	％	−0.2	3.8	1.3	4.3
人件費対売上高比率	％	22.7	22.7	29.4	26.0
諸経費対売上高比率	％	23.6	20.5	27.0	23.6
金融費用対売上高比率	％	1.1	1.2	1.3	1.1
総資本回転率	回	2.0	1.8	1.8	1.8
棚卸資産回転期間	月	0.7	0.8	0.6	0.6
受取勘定回転期間	月	1.4	1.7	1.2	1.2
売掛金回転期間	月	1.3	1.5	1.1	1.1
支払勘定回転期間	月	1.6	1.9	1.8	1.5
買掛金回転期間	月	1.5	1.8	1.5	1.3
従業員1人当たり売上高	千円	21,082	20,991	16,039	18,147
従業員1人当たり粗付加価値額	千円	4,641	5,137	4,627	5,361
粗付加価値額対売上高比率	％	23.4	27.7	32.0	31.8
従業員1人当たり有形固定資産額	千円	4,598	4,181	5,237	5,750
粗付加価値額対有形固定資産比率	％	276.7	222.3	516.9	393.1
有形固定資産回転率	回	15.0	10.3	20.0	22.1
従業員1人当たり人件費	千円	4,127	4,123	4,134	4,387
人件費対粗付加価値額比率	％	95.1	80.0	92.1	80.6
当座比率	％	111.3	118.0	115.9	147.1
流動比率	％	212.1	227.4	203.0	248.8
借入金回転期間	月	9.3	6.4	11.0	6.6
固定長期適合率	％	74.9	56.4	127.5	80.9
自己資本比率	％	−39.9	22.2	−31.4	18.8
損益分岐点比率	％	114.0	100.3	129.0	101.7

（資料）　日本政策金融公庫　2016年「小企業の経営指標」

とはいえ，黒字企業も多数あることから，経営改善による収益力向上
が望まれるところである。

Ⅱ　モデル企業 A 社の概要

創　　　業：昭和46年

組織形態：株式会社

資　本　金：1,000万円

```
従 業 員：正社員10名，パート　12名
事業内容：漬物製造
　　　　　野菜・果物加工品製造
売 上 高：4億3,000万円
```

① 　A社は，野沢菜漬はじめ野菜漬物，野菜・果物の加工品（ドレッ
シング，瓶詰，ジュース等）の製造業者である。

　　漬物が大半であったが，低価格競争及び商材ロス発生回避のため，
保存性が高い加工食品の製造，他社のOEM生産にも注力している。

② 　自社工場のほか，野菜・果物の産地3ケ所に協力工場を有してい
る（東北，四国，九州）。

③ 　新製品の企画・開発力は高く，既存製品のリニューアルも含めて，
毎期新製品を投入している。

Ⅲ　現 状 分 析

①　外部環境分析

　A社を取り巻く外部環境について，5フォース分析で把握する（図
表－13）。

■　業界内の競争

　製品の競争優位性の低い小規模企業が多く，価格競争が激しい状況
にある。他方で，大手企業も競争力強化の一環として製品の品揃えの
充実に向けた卸売り機能の強化を図っており，小規模企業の取込みに
よる棲み分けも進展している。

２　仕入先の交渉力

　卸売市場における天候不順等による原材料価格変動リスクが大きい。
生産農家との契約栽培・直接取引による価格・量の安定化に向けた

●図表－13　A社のSWOT分析

		強　み	弱　み
内部環境	財務の視点	・資産背景による資金調達力 ・設備投資負担が少ない	・財務体質は脆弱 ・原材料価格の高騰
	顧客・消費者の視点	・ヒット商品の実績あり ・消費者ニーズを捉えた製品開発力高い	・製品アイテム多く，認知度低い ・ロングテール製品が少ない
	業務プロセスの視点	・協力工場も含めた生産能力高い ・多品種少量生産対応が可能	・5S，衛生管理の強化が必要 ・ICTの活用が不十分
	学習と成長の視点	・社員・パートの定着率高い ・古参社員の技能高い	・繁忙期のパート確保が困難 ・パートの技能格差大きい

		機　会	脅　威
外部環境	政　治	・TPP，農業支援施策 ・安全衛生管理基準の強化	・TPP，貿易不均衡による報復関税 ・中国との関係改善動向
	経　済	・農産品の海外輸出増加基調 ・輸入関税の緩和	・天候リスク，為替変動リスク ・大都市と地方都市の格差拡大
	社　会	・量より質の重視 ・「食の安全」「健康志向」の高まり	・少子高齢化の進展の加速 ・米飯需要の縮小，生産農家の減少
	技　術	・食品開発・加工技術の進歩 ・安全衛生管理の向上	・アジア諸国の技術水準の向上 ・大手と中小との技術格差拡大

交渉を進めているが，高齢化の進展による生産農家の減少も起因し，漬物製造業者の交渉力は弱い。

❸　販売先の交渉力

　販売先は，食品卸業者を経由して，GMS，SM等の量販店，コンビニ，外食産業，食品小売業者となる。

　食品卸業者（GMS，SMの帳合先）の交渉力が極めて強く，漬物製造業者は，一定の販売量は確保できるが，価格競争は激しい。

　条件交渉は，新製品の企画・提案時や原材料市況高騰時の品不足等の状況に陥った場合にのみ可能となる。

❹　新規参入の脅威

　少子高齢化，お米離れ等により業界の市場規模は現状維持もしくはダウントレンドと予想されることから，新規参入の脅威は低い。

　新規参入においては，原材料の安定した仕入ルートの確保が大前提であり，新規での確保はハードルが高い。

5　代替品の脅威

　漬物の種類は，原材料や漬け液（漬け床），製造工程の違いにより，多種多様であり，代替品の脅威は高い。健康志向を背景に，栄養化の高い機能性食品の市場投入の可能性は高いものと考えられる。

　健康食品分野においては，大手製薬企業，大手食品企業をはじめ菓子製造業者等競合企業が多く，栄養成分や健康機能性だけでなく，本来の漬物の「食感」「風味・味わい」等による差別化が必要となる。

2　内部環境分析（強み）

　A社の強みは，以下のように整理される。

・新製品の企画・開発力は高く，これまで多数のヒット商品を投入してきた実績を有する。

・自社工場のほか，協力工場3社を有し，生産体制は確立されている。協力工場は，原材料である野菜の産地に位置し，原材料の安定的な仕入ルートを確保している。

・販売チャネルは，大手食品卸業者，通販業者，OEM生産等多様化している。

・BtoBが主体であるが，自社販売サイトを有しており，BtoCも可能な販売体制にある。（現状は，ほとんど活用されていない）

3　内部環境分析（弱み）

　A社の弱みは以下のように整理される。

・低収益性に起因し，財務体質が脆弱である。

・経営管理レベルの向上が必要である。製品別や取引先別の収益管理が行われていない。特に原価管理が不十分であることが主因となっている。

・工場の現場改善が必要である。設備と作業台の移動距離等のレイア

ウト変更による作業効率の改善が必要である。5Sについては，「生産性向上」および「衛生管理」の両面からも基本である。「清潔」「清掃」は当然のことながら，「整理」「整頓」が不十分な状況にある。

・協力工場に対する外注管理が甘く，コスト管理の強化が必要である。
・製造において，パートに依存しているが，繁忙期の人材確保が課題である。
・自社ホームページ，販売サイトを有しているが，メンテナンスも含めて活用が不十分である。(ITリテラシーが不足)

Ⅳ 問題点の改善策

外部環境分析と内部環境分析から見えてきた問題点・課題の整理及び今後の取組むべき改善策について，中小企業支援センターの専門家派遣事業を活用，支援経験豊富な中小企業診断士による支援を受けた（図表－14）。

1 学習と成長の視点

① 衛生管理・品質向上に向けた社員・パートに意識改革教育をする。（5Sの必要性等）
② 繁忙期の人員確保が困難であることから，パートの多能化に向け

●図表－14 利益計画改善戦略フロー

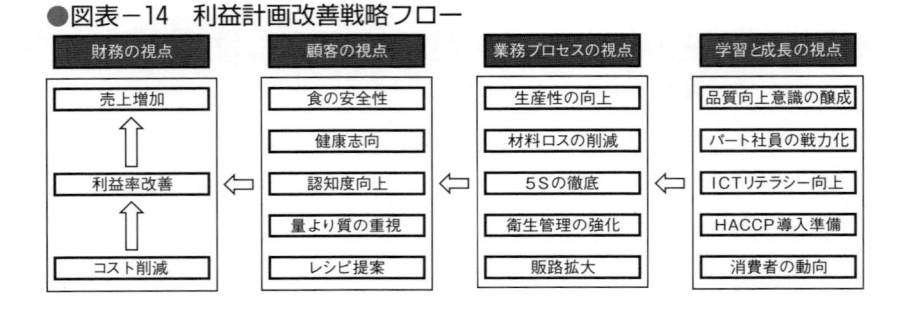

財務の視点	顧客の視点	業務プロセスの視点	学習と成長の視点
売上増加	食の安全性	生産性の向上	品質向上意識の醸成
	健康志向	材料ロスの削減	パート社員の戦力化
利益率改善	認知度向上	5Sの徹底	ICTリテラシー向上
	量より質の重視	衛生管理の強化	HACCP導入準備
コスト削減	レシピ提案	販路拡大	消費者の動向

た教育を実施し，戦力化を図る。

③　本社スタッフの IT リテラシーの向上，教育へ注力する。

④　今後の「HACCP」導入に向けた準備に着手する。

2 ● 業務プロセスの視点

①　生産性向上に向けて，工場のレイアウト変更による作業動作の改善を図る。

②　工場長を責任者，パートの交代制によるリーダー指定による５Ｓの定着化を図る。

③　原材料の見込仕入体制を見直し，販売計画と連動した生産計画に基づく仕入に移行し，原材料コスト・材料ロスの削減を図る。

④　OEM 生産受託に対応すべく自社工場の生産余力確保に向けた効率化を図る。

⑤　協力工場に対する外注費用の適正化，コスト削減に向けた管理体制を強化する。

3 ● 顧客の視点

①　「食の安全性」を保証するため，５Ｓの強化，HACCP に準じた衛生管理の強化を図る。

②　「健康志向」需要に応えるために，"栄養化の高い製品""健康機能性食品"等を訴求した販促活動の強化を図る。また「国産原材料」使用を訴求し，消費者の安心感を高め，低価格競争からの脱却を図る。

③　「ご飯に漬物」という概念から，各漬物の特性を生かした料理レシピの提案による需要喚起を促す。

④　ホームページ及び自社販売サイトをリニューアルし，情報発信力を強化し，製品の認知度・知名度向上を図る。

●図表－15　今後の利益計画（3年）　　　　　　　　　　　　　　　単位：千円

	直近期		1年目		2年目		3年目	
	金額	構成比	金額	構成比	金額	構成比	金額	構成比
売上高	431,360	100.0%	434,246	100.0%	439,176	100.0%	443,306	100.0%
売上原価	295,050	68.4%	291,813	67.2%	292,930	66.7%	296,128	66.8%
（外注費）	80,664	18.7%	69,479	16.0%	68,072	15.5%	68,712	15.5%
（仕入費）	158,310	36.7%	165,014	38.0%	166,887	38.0%	168,456	38.0%
（労務費）	30,195	7.0%	31,266	7.2%	31,621	7.2%	32,361	7.3%
（経費）	25,881	6.0%	26,054	6.0%	26,350	6.0%	26,598	6.0%
売上総利益	136,310	31.6%	142,433	32.8%	146,246	33.3%	147,178	33.2%
販売管理費	135,142	31.3%	138,959	32.0%	142,732	32.5%	141,858	32.0%
営業利益	1,168	0.3%	3,475	0.8%	3,514	0.8%	5,320	1.2%

④　財務の視点

①　製造原価および販売管理費の見直しによるムダなコスト削減を実施する。従来の成り行き管理から予算実績管理による強化を図る。

②　消費者ニーズを捉えた新製品の投入や自社販売サイトによる利益率の高いBtoCを強化し，増収・増益を目指す。

③　原材料相場変動に即応した運転資金確保に向けて，取引金融機関との関係強化を図る。

Ⅴ　改善後の利益計画

　漬物業界全体では，大きな成長性は期待できないものの，A社として「健康志向」「安全志向」という消費者ニーズを成長のチャンスと捉えることが大切である。

　A社では，①新製品の投入，既存製品パッケージのリニューアルによる「健康機能性」「栄養化」等を訴求した営業活動の強化，②ネット販売を通じた消費者との直接取引の推進，③協力工場への外注費用の削減に成功，④定着化までは時間を要するが，5SおよびHACCPに準じた衛生管理への取組に積極的に着手している。

　これらの一連の取組みにより，今後の売上の増加，利益率の改善が見込まれる。

〔三嶋　弘幸〕

5　酒造業のモデル利益計画

I　業界の概要

① 酒造業を取り巻く環境

　酒は，食事をとる際に欠かせない加工食品である。仕事を終え家に帰ってからの晩酌，仲間と一緒に語らう時，慶事・仏事などと，酒を求めるシーンは日常生活で事欠かない。

　そのことから，酒は古来からずっと人々に親しまれ，また酒を提供する事業者は，人が生活するところには必ずといってよいほど存在している。

　一方，酒といってもさまざまな種類がある。日本酒，焼酎，ビール，ウイスキー，ワインなど，原材料，製法，土地，国などが異なることで数えきれないほどたくさんあり，消費者が飲むものは，その時の嗜好や気分，酒を飲むシチュエーションによって変わってくる。

　つまり，酒は人々の生活には欠かせないものであるものの，市場内の競争は激しく，付加価値の低いものは市場から淘汰されていくといった厳しい環境にさらされている。

　昨今，若者のアルコール離れが進むとともに，飲酒が可能である成人の人口も減少が進む。

　もともと飲酒習慣のある年代も高齢化の進展によって，飲酒量は減少する傾向にある。

　また，時代の波によってもてはやされる酒の種類が変化し，消費者が求める酒がどのようなものなのかを見極めにくい状況が続いている。

　さまざまな酒がある中で，その土地で昔から親しまれてきた酒造業，

●図表－1　清酒製造免許場数　　　　　　　　　　　　　（単位：場）

（出典）国税庁「酒のしおり」

特に酒蔵というものは，全国各地に存在する。

　全国の酒蔵の数を清酒の製造免許を取得している場数で把握してみると，平成23年には1,709場あったものが，平成29年には1,594場（6.7％減）にまで減少している（図表－1）。

　販売を地域外に広げていくことができなかったり，新たな商品開発を怠ったりすれば，歴史の古い酒蔵であったとしても存続することは難しい。

2　酒造業の事業構造

■　酒造業界の現状

　酒造業は，月桂冠株式会社や宝酒造株式会社といった年間を通じて製造し，全国に流通網を持つ大手清酒製造業と，その土地に古くから根差し，自前のブランド（銘柄）の酒を直売ないしは地場の酒類卸を通じて販売する酒蔵の2つに分けることができる。

　大手のように年間を通じて供給を行うには，大規模な設備が必要となる。

一方で，小規模な酒蔵は，その年に収穫した酒米を秋から仕込み始め，早いものでは「新酒」としてその年の中で発売し，通常の酒は酒造りを春先までかけて行い，熟成させ調整してから販売を行っていく。

原材料となる米は，各都道府県の酒造組合を通じてその地域のJAから調達するのが一般的であるが，こだわりを持つ酒蔵は，農家と直接契約したり，自前で米作りから手掛ける酒蔵もある。量を作るためには，一定の品質で原材料となる米を確保せねばならず，個別の農家では不可能となるため，JAから調達することが多い。

また，酒造りで重要な役割を担う者として「杜氏」の存在がある。

杜氏は，毎年の米の出来具合で変化する酒を常に同じ味や品質に調整するという職人技を有する。

その杜氏も，高齢化や新たな杜氏のなり手が不足するなど，後継者難は深刻であり，全国の酒造組合が中心となって人材育成を行っている。

❷ 市 場 規 模

近年の酒類市場を酒類に対する課税数量で見てみると，平成11年度の1,017万kℓをピークに，平成29年度は875万kℓまで減少しており，市場規模は縮小傾向にある。

縮小の原因としては，若年層のアルコール離れ，不景気による飲食機会の減少からくる業務用市場の不振などが挙げられる。

それらの影響から，酒造業各社間の競争は激化し，販売単価の下落にもつながっている。

これらへの対策として，各酒造業は若年層や女性層などへの新規飲用を促す商品開発などを通じた新規顧客開拓の試みを行っている。また，家飲み，ながら飲み（ゲームやスマートフォンなどをしながらの飲用），女子会，女性の一人飲みなど飲用シーンに合わせた，細やかな商品提案も続けている。

　こうした試みは，低アルコール飲料やワイン，清酒などで活発に行われ，徐々に成果をあげつつある。

　一方，海外に向けての販路開拓が進みつつあり，日本から輸出される酒類の輸出量は，平成30年に618億円と過去最高を記録し，10年前と比較すると約3.7倍となっている。

　酒造業者は需要喚起のために，今後も腰を据えた長期的な取組みが求められていくと考えられる。

❸　酒造業の収益構造

　酒造業における収益構造は，売上原価が売上に対して大きな割合を占めるほか，保管費や運送費，人件費，減価償却費が主な支出項目となる。

　清酒の製造コストとして約半分を占めるのがビン詰め工程にかかる費用となる。

　また，清酒そのものの原価では，原材料である米の購入費用として半分から約7割程度を占めることとなる。

　清酒を製造してから販売に至るまでに一定の期間を必要とするため，支払が先行することなる冬から春にかけて，キャッシュ・フローは厳しい状況が続くこととなる。

　酒造りの本質的な部分で機械によって自動化できることは限られており，人件費が占める割合も高い。

　主な原材料費である米は，素材にこだわるとその分単価が高くなることと，調達できる量が限られることから，収益とのバランスをとることが難しい。

Ⅱ　モデル店の概要

① A社の概要

```
創　　　　業：明治4年
組　　　　織：株式会社
資　本　金：1,000万円
従　業　員：20名
最大生産量：一升瓶換算にして1年間に20万本
```

A社は，埼玉県の北部で清酒や焼酎の製造販売業を営む企業である。営業を開始してから140年以上が経つ。

明治4年に清酒醸造を開始して以来，一貫して地域になくてはならない企業を目指し，清酒・米焼酎の醸造と販売を県内中心に展開してきた。昭和32年に株式会社に組織変更し，米焼酎製造免許取得，全酒類卸小売販売免許取得，そしてリキュール・スピリッツの製造の条件緩和を経て現在に至っている。

代々受け継がれる清酒の製法をもとに，地域で採れる米を使った酒造りを続けてきており，今の代表者は5代目となる。

従業員数は20名ほどであり，杜氏は自社社員として有している。繁忙期となる冬場は，人員を3名ほど加え，増える業務に対応している。

自社所有である約3,000坪の敷地に，仕込み蔵，ビン詰め工場，事務所を有する。作り出す清酒は，純米酒，本醸造，普通酒の3銘柄に分けて，販売を棲み分けている。その他，焼酎やリキュールを生産しているが，売上に占める割合は小さい。

2 ●取引状況

　直近期における，売上高は１億5,752万円であり，営業利益は344万円，営業利益率は2.2％となっている。

　清酒の売上は，夏場よりも冬場の方が多く，季節によって変動が大きい。また，冬場は酒の仕込みの時期に重なり，製造と販売の両面において繁忙をきわめる。販売の主なチャネルは，直販が２割，酒類卸への卸売が８割となっている。

　地元の酒類卸への販売が大きく占めており，当社が販売店のバイヤーと直接商談する機会はあまりない。

　各地の清酒の取扱いを広げ，品揃えを充実させようとする酒販店をある程度把握できており，限られた人員でどこまで商談機会を得られるかが拡販の条件となる。

　品揃えを拡充したいという販売店に対して，歴史とこだわりのある当社の清酒は受けがよく，店頭に並べるところまではうまくいくものの，今後の課題は，店頭において消費者がいかに手に取ってもらうことができるかである。

　清酒は，一般的に行われる言葉でのＰＲによって，他の清酒と差別化を図るのは難しい。もちろん飲み比べれば他の清酒との違いを理解してもらうことはできるが，清酒を購入する消費者が，いちいち複数の清酒を飲み比べながら銘柄を選択し購入する機会は少ない。

　消費者は「どこかで耳にしたことがある」や「飲食店で飲んだことがある」といった経験に基づいて選択することが多く，銘柄の知名度によって売上が変わってくる。しかし，Ａ社の清酒は，地元を中心とした飲食店で飲む機会は提供できているものの，域外においての取扱いはまだ少ない。

　Ａ社の酒造りの特徴は，地域で厳選した酒米を使っていることと，

一部の銘柄は直接契約した農家から酒米を購入し，清酒を生産することである。さらに，その工程でできる酒粕を用いて焼酎を生産している。

清酒は，本醸造酒，吟醸酒，大吟醸酒，純米酒，純米大吟醸酒と製法が異なる各種を生産しており，A社の銘柄も原材料と製法に分けて3種類ある。

昨今，消費者が好む清酒は，本醸造酒から純米酒にシフトしてきており，A社の売れ筋も純米酒が主流となっている。

Ⅲ A社の課題

A社は，東日本大震災の影響を受けて一時期売上が低迷し，営業利益ベースにおいて赤字を計上したものの，その後は回復基調にある。

昨今の業績では営業利益において黒字を確保しているものの，酒造業界を取り巻く環境の変化に合わせて新たな投資が必要になることから，収益性を高めていかなければならない。

これまでの営業活動において，地域内での当社の銘柄の認知度は高いものの，人口の減少及び既存顧客の高齢化に伴って，売上の拡大は見込みにくい状況にある。

そのため，A社の銘柄の知名度を域外で向上させる必要がある。

また，消費者が求める酒の種類が以前とは異なることから，既存の清酒や焼酎だけで売上を向上させるには限界があり，新たな酒の開発が必要となる。さらに域外への販売に対しては，営業人員の増員によって対応していかなければならない。

一方で，酒蔵を改装した直販店は，酒蔵周辺の住民が主な顧客となっており固定客化しているものの，売上を伸ばすためには，新たな顧客層の開拓が求められる。

経営全般を見渡すと，生産現場における生産性の向上，原材料調達

の見直し及び酒粕といった副産物の有効利用，配送コストの削減といった課題があるが，まずは持ち得る経営資源の範囲内での売上向上を目指し，競合に対抗するための策を打っていくこととした。

そこで，A社の抱える課題を以下の3点と整理した。

① 当社銘柄の域外における知名度向上

② 新しいターゲットに向けた商品開発

③ アンテナショップ（酒蔵を改良した直販店）を通じた直販売上の増加

Ⅳ　課題の解決策

A社の戦略マップ

A社における主な強みは，

① 清酒のみならず，焼酎やリキュールを生産できること

② 広い敷地内に古くから保存されている酒蔵があること

③ 清酒の原材料を提供してもらう農家と密接な関係にあること

の3点である。

これらの強みを鑑みながら，課題解決を図る道を模索した結果，以下の3つを実施していった。

１　メイン銘柄を冠した梅酒の開発

他地域に営業所を持たないA社は，自社の酒蔵が起点となるため，営業をかけられる範囲に限界がある。できる限り広域に販売を広げるには，酒類卸での当社商品の取扱いを増やすこととなる。

最も効率が良いのは，既存の取引先に新たな商品を提供する商談を行うことである。清酒を求める顧客層は，どちらかというと，もともと酒が好きで，これまでの既存顧客が中心となる。

昨今，若者や女性はアルコール度数が低めの果実類で甘めの味がつ

いた酒を好む傾向にある。

　そこで，新たな顧客層を開拓していくには，これまでの清酒や伝統的な焼酎では難しい状況にあり，手軽に飲める商品開発を行うことが必要でる。

　そこで，Ａ社の純米酒をベースにした濃度の高い梅酒を開発し，Ａ社のメイン銘柄を冠することで新たに発売した。

❷　古い酒蔵を改装し，観光施設化

　もともと酒蔵は，見学できるように解放していたが，順路の看板を立てるだけで，訪れた客が勝手に見て回るだけのものであった。

　そこで，巡回する順路を変更し，それぞれの見せ場に解説文を掲載したボードを設置するとともに，手の空いている従業員が客に付いてそれぞれの見せ場をアテンドすることとした。

　全て巡回するのに要する時間は20分程度であるが，客からの質問に回答したり，従業員ならではの裏話を付け加えることで，客の興味は高まり，その分満足度を向上させることができた。

　また，仕込み蔵の一部を改装し，物販スペースを拡張させるとともにカフェを併設し，道路を挟んだ向かい側の敷地を借り，大型のバスが止まれる駐車場として観光客を取り込めるようにしていった。

　物販はそれまでも行っていたものの，品揃えは自社生産の酒のみであり，酒蔵見学に訪れた客に対して目新しい商品を提供することができていなかった。

　物販スペースの拡張に合わせて，地域内の物産品を仕入れ，おみやげ品として購入を促すことを行った。

　大勢の観光客の来場に備えトイレを増設し，大型バスで来る観光客の来場に対応した。

❸　地域の観光協会を巻き込み田植え体験ツアーを開催

　当社の清酒の原材料となる米を生産している農家とともに，その年

の酒になる米の田植え，成長の観察，稲刈りを体験できるツアーを開催した。

地域の観光協会を巻き込み，旅行代理店を通じて当社の酒蔵見学と田植えを体験できるツアーである。

5月に開催される田植えツアーには毎年，域内外から60〜70名の参加者があり，その後，夏に行われる稲の成長を観察するツアーや秋に行われる稲刈り体験のツアーにつながっていく。

田植えのツアーに参加した者は，夏と秋のツアーに参加する確率が高く，何度も当地域に足を運ぶこととなる。その都度，見学や観光の内容を変えることでツアーに飽きがこないように工夫した。

田植えツアーを最初に開催してから今年で7年目を迎えるが，年々参加者は増えている。

また，酒蔵の見学は常時行っていることから，ツアー以外でも口コミによって当社へ来る客が増えている。

観光客の来店は，自社物販の売上に大きく貢献している。A社では生産できない酒以外の商品は，地域の物産品を仕入れておみやげとして販売したことにより，物販売上を大きく伸ばすことができた。

Ⅴ　A社の利益計画

1　新商品開発による銘柄認知度の向上と新たな顧客の開拓

開発した梅酒をA社の主要銘柄の1品として販売したところ，女性を中心とした顧客に対して主要銘柄の認知度を上げることができた。

同銘柄の清酒でも，すっきりと飲み口の軽いタイプを新たに発売し，ラベルも女性を意識したものに変えることで，当社商品に興味を持った女性を梅酒から清酒の購入につなげることができ，主要銘柄の売上を上げる結果となった。

ターゲットを変え，新たに開発した商品と既存銘柄をうまく結びつけることで，既存商品の底上げを同時に行うことができた。

　年々，酒類卸の売上は落ちており，今後もその傾向は続くと予想されるが，落ち幅を少なくすることができるものと考えらえる。

② 酒蔵の改装と物販店・カフェの併設

　現在，酒蔵の改装による物販スペースの増設とカフェの併設，見学コースにアテンダントを付けたことによって，域外からの観光客の来場増加に結びつき，また，おみやげ品の充実を図ったことによって，物販の売上は大きく伸びつつある。

　カフェの併設は，顧客の滞在時間を延ばすことができた。また，トイレを拡充したことで，トイレ休憩としての利用も増えたことから，ドライブインとしての活用が増え，もともとA社を目的としていない従来では通り過ぎるだけの顧客を取り込むことができるようになった。

　酒蔵は，A社のアンテナショップの機能を担っており，今後もさまざまなイベント等によって集客を高めていく。

③ 田植え体験を通じた観光ツアーの開催

　前述の通り，平成23年から始めた田植え体験ツアーは，非常に人気を博するツアーとなった。清酒を仕込むための米作りから一般消費者に関わりを持ってもらうことで，より深い愛着を持ってもらうことの効昊も期待できる。

　ツアー参加者は田植えをしたら稲の成長が気になるし，秋には収穫体験もしてみたいと思うものである。しかも，その収穫したお米からできたお酒が飲めるとなると，その銘柄に対する愛着はさらに深まり，ファンとなっていく。

　イベントのたびにその地へ足を運ぶこととなり，食事やおみやげ品

●図表－2　A社の戦略マップ

A社の利益向上戦略マップ			アクションプラン
財務の視点	売上向上 卸売上の向上　　物販売上の向		販売力の向上
			新商品の追加取扱い提案
			おみやげ品の品揃えの充実
顧客の視点	あまり酔わない 新たな酒がほしい　新たな体験 をしたい　その土地のおみ やげを買いたい		梅酒の開発
			田植え体験ツアーの実施
			物販スペースの拡充
業務プロセス の視点	新商品開発 の実施　観光協会や旅行 代理店との企画　大勢の来場客を 迎え入れる体制 つくり		新商品開発プロジェクトの立上げ
			経営資源を使っての企画作成
			酒蔵の改装
人材・改革の 視点	顧客接点か らのニーズ　経営資源の見直しと 新たな活用方法の検討		市場ニーズの把握
			定期的な企画会議の開催
			専門家の招へい

●図表－3　直近期の実績と今後の予想損益計算書

(単位：千円)

	平成30年		令和元年		令和2年		令和3年		令和4年	
	実績	構成比	実績	構成比	実績	構成比	実績	構成比	目標	構成比
売上高	157,520	100%	160,000	100%	165,000	100%	170,000	100%	180,000	100%
(うち酒類製造販売)	126,016	80.0%	126,000	78.8%	125,000	75.8%	124,000	72.9%	123,000	68.3%
(うち物販)	18,902	12.0%	20,000	12.5%	25,000	15.2%	26,000	15.3%	27,000	15.0%
(うち観光収入)	12,602	8.0%	14,000	8.8%	15,000	9.1%	20,000	11.8%	30,000	16.7%
売上原価	95,940	60.9%	92,800	58.0%	94,000	57.0%	96,000	56.5%	100,000	55.6%
売上総利益	61,580	39.1%	67,200	42.0%	71,000	43.0%	74,000	43.5%	80,000	44.4%
販売費・一般管理費	58,140	36.9%	60,000	37.5%	62,000	37.6%	64,000	37.6%	68,000	37.8%
営業利益	3,440	2.2%	7,200	4.5%	9,000	5.5%	10,000	5.9%	12,000	6.7%
経常利益	2,520	1.6%	6,400	4.0%	8,300	5.0%	9,400	5.5%	10,000	5.6%

の購入を通じて，地域にある他の事業者への波及効果も見込める。

　こうした体験型のイベントと地域を巻き込むことによって，さらなる固定客の増加を目指していく。

Ⅵ　競争の激しい酒造業界でどう生き残るべきか

　日本酒を中心とした国内産の酒類は，日本食が世界文化遺産に登録されたことや，各酒蔵がこぞって海外に販路を求めた結果，日本酒の評価が再認識されてきていることを受けて，新たな市場開拓の余地が大きくなってきている。

一方，国内市場で売上を伸ばすには，既存の顧客に既存の商品を販売することで伸ばすのではなく，高齢化や健康志向，これまであまりアルコールを飲まなかった層といった多様化するニーズに対応することによる伸びを前提としている。そのためには，時代のニーズを先取りし，新しい商品開発を継続していかなければならない。

　また，販路開拓や新しい顧客層の獲得においても，さまざまな地域で生産される清酒と自社の清酒にどのような違いがあるのかを知ってもらう機会をどれだけ提供できるかによって大きく左右される。

　消費者は，どこかでなじみができた銘柄を選択する傾向にある。商品の背景にあるストーリーが重要であり，商品の訴求力を上げるためにも誰にその"語り部"となってもらえるかが課題である。

　飲食店の店主もさることながら，最も有効であるのは，一度でも飲んだことのある消費者自身の口コミやSNS等で発信される情報などである。

　「このお酒は，埼玉県で採れるお米をこのようにしてお酒にするから，こんな味わいになるんだ」といったことが語られながら飲まれることによって，同席した人は注文したくなるだろうし，それをきっかけにその地を訪れようという気になることも考えられる。

　子供も楽しめるイベントを通じて訪れた地で「こんな体験ができた」ということが家族単位で情報発信されれば，来場者数を増やすことができるとともに，銘柄の知名度も向上する。

　限られた経営資源の中で販路を拡大するにはどうしても制約がついてくる。

　持ち得る経営資源を改めて見直し，顧客に対して訴求できるものをピックアップし，有効な活用方法の検討を通じて，新たな顧客の取込みを行っていく必要がある。

〔栗田　剛志〕

6 紙器製造業のモデル利益計画

I 業界の概要

1 紙器とは

　紙器とは，品物を入れる紙製の容器の総称。化粧箱，段ボール箱などの角形の紙箱のほか，紙コップ，紙筒など丸形のもの，クラフト紙などの紙袋類も含まれる。紙器は個体の品物を入れて輸送するだけのものであったが，原料用紙の改良及び紙器製造技術の改良が進み，粉体，液体の容器として，商品の保護，保管，輸送の合理化が進んだ。さらに商品の販売促進及び管理のための塗工，印刷など，種々の加工が施されるなどにより，紙器の種類は多様化している（『日本大百科全書』小学館）。

　日本標準産業分類では，「小分類　1454」に分類される。

　類似の業種には，段ボール箱を製造する「3027　ダンボール箱製造業」やショッピング袋や手提げ袋などを製造する「3030　紙袋製造業」などがある。

2 紙器の役割

　紙器本来の役割は，中身の商品を保護することにある。物流上の紙器の役割は，「貨物の保護」であるが，消費者向け商品の紙器の役割は，商品の保護に加えて，商品情報の提供や商品の消費意欲を喚起する役割が強まっている。

　印刷技術の発展もあり，色彩豊かな印刷や張り紙が安価にできるようになり，ファッショナブルな紙器が豊富に出回っている。

豊かな贈答文化が花開いている日本ならではの紙器文化は，海外旅行でお土産に苦労した際に敏感に感じるところである。

　商品の差別化は，商品そのものの差別化を大前提とするが，商品のパッケージで優位性を図ることも重要である。

　特に，贈答品や高級品は，商品政策として商品のパッケージで勝負をかける。高級感を演出するには，商品そのものの価値，店舗のつくり・雰囲気，店員の接客態度に加えて，紙器のデザイン・色彩・紙質も重要な役割を演じている。

　これからは，訪日外国人増加の視点から，日本土産を意識した紙器の開発が重要な課題になる。クールジャパンを，紙器で表現することは，訪日外国人の消費意欲を喚起し，お土産購入の販促になる。

　しかし，環境保護の視点から過剰包装の自粛が社会的な課題となっている。紙器の原材料は木材であり，カーボンニュートラルな原材料であることを誇ってよい。

③ 紙器産業の市場規模と傾向

　豊かな色彩とデザインを意識した紙器は，多様化した消費者ニーズに応えているが，過去14年間の市場の傾向は，減少の一途をたどっている。

　平成15年と比較して，事業所数で40.6％減少，従業者数は11.9％減少，製品出荷額は4.4％減少している（図表－１）。従業者１人当たりの出荷額は，平成12年の14,900万円に対して，平成26年は24,100万円で11％増加し，生産性が向上している。

　図表－２は，従業者の規模別事業所指数，従業者数，製造品出荷額の平成21年と平成28年の比較である。従業者数４人〜９人の事業所数の全事業所数に占める割合は，平成21年の55.5％より平成28年は44.0％に減少しているが，集計されていない１人〜３人の事業所を推測す

●図表－1 事業所数・従業員数・製造品目
出荷額の推移

(単位：ヵ所，人，百万円，％)

年	事業所		従業者		製造品出荷額	
	事業所数	指数	従業者数	指数	出荷額	指数
15	1,935	100.0	33,383	100.0	644,804	100.0
16	1,784	92.2	32,250	96.6	636,246	98.7
17	1,801	93.1	32,348	96.9	623,187	96.6
18	1,678	86.7	31,697	94.9	626,450	97.2
19	1,650	85.3	32,320	96.8	667,430	103.5
20	1,697	87.7	32,903	98.6	674,487	104.6
21	1,586	82.0	31,443	94.2	637,614	98.9
22	1,521	78.6	31,340	93.9	642,787	99.7
23	1,524	78.8	30,586	91.6	576,784	89.5
24	1,384	71.5	29,633	88.8	566,202	87.8
25	1,335	69.0	28,910	86.6	549,568	85.2
26	1,312	67.8	29,354	87.9	563,776	87.4
27	1,376	71.1	31,148	93.3	664,101	103.0
28	1,176	60.8	30,021	89.9	621,799	96.4
29	1,150	59.4	29,405	88.1	616,744	95.6

出典：経済産業省「工業統計表　産業編　H29年」

●図表－2 従業者規模別事業所数，従業者数，製造品出荷額

(単位：ヵ所，人，百万円，％)

従業員 区分	事業所数			従業者数			製造品出荷額		
	H21	H28	比率	H21	H28	比率	H21	H28	比率
4～9	880	517	58.8	5,220	3,144	60.2	42,976	27,472	63.9
10～19	361	300	83.1	4,880	4,078	83.6	58,295	50,293	86.3
20～29	151	145	96.0	3,663	3,469	94.7	58,025	51,301	88.4
30～99	146	161	110.3	7,727	8,630	111.7	160,234	179,830	112.2
100～299	41	47	114.6	6,460	7,542	116.7	180,303	206,057	114.3
300以上	7	6	85.7	3,493	3,158	90.4	xx	106,846	—
合計	1,586	1,176	74.1	31,443	30,021	95.5	637,614	621,799	97.5

出典：経済産業省「工業統計表　産業編　H29年」
(注) xx は秘匿値
比率は H21に対する H29の比率

ると，9人以下の事業所は50％以上を占める中小企業性業種である。

さらに，従業員区分4～9人が，事業所数，従業者数，出荷額にお

いて，他の従業員区分と比較して，最大の減少数を占めている。小規模企業の経営の苦しさが，廃業の形で統計データに表れている。

④ 紙器の種類

　日本標準産業分類で，紙器製造業とは，「145311　ダンボール箱」，「145411　印刷箱」，「145412　簡易箱」，「145413　貼箱」，「145419　その他紙器」と5種類に分類している。

(1)　ダンボール箱

　ダンボール箱の利用は，単に輸送・保管のみでなく，現在では販売促進の媒体としても活躍の場を広げている。美粧技術の発達に伴い，内装や外装ばかりでなく，個装の領域にも進出している。特徴としては，包装の簡便性，商品の保存・保管性が高い，耐久性に優れている，美粧性が高いなどがあげられる。

(2)　印刷箱（印刷紙器）

　板紙に印刷・加工したもので，その利用範囲は広く紙箱，紙工品，紙製ディスプレイなども含まれる。印刷適性があり，きれいな印刷ができる他，軽量で折畳みができるので，輸送・保管時にかさばらず，大量生産に適している。

　また，比較的コストが安く，廃棄物処理が容易で，他の材料との組合せが可能などの特徴がある。

(3)　簡　易　箱

　抜型を使わずに，ステッチ（大きなホチキス）留で仕上げる箱のことである。型代が不要のため，少量生産に向いている。

(4)　貼　　　箱

　本体である生地にアート紙，布などの上張りをした形式の箱をいう。頑丈であること，外観が美しく高級感があるという特長がある。

　最近までは，手作業に頼る部分が多く，大量生産に適さない，コス

トが高いという欠点もあったが，近年では生産の合理化，省力化に努めることで，量産，コストの低減を図っている。

(5) その他の紙器

（省略）

（紙器の種類：東京紙器工業組合ホームページよりの引用）

●図表－3　品目別出荷額及び事業所数

	年	金額		産出事業所	
		（百万円）	指数(%)	事業所数	指数(%)
ダンボール箱	H24	1,233,435	100.0	2,167	100.0
	25	1,218,719	98.8	2,121	97.9
	26	1,213,578	98.4	2,083	96.1
	27	1,222,345	99.1	1,971	91.0
	28	1,264,656	102.5	1,993	92.0
印刷箱	H24	285,383	100.0	811	100.0
	25	280,302	98.2	784	96.7
	26	292,344	102.4	766	94.5
	27	325,184	113.9	692	85.3
	28	329,182	115.3	706	87.1
簡易箱	H24	20,873	100.0	421	100.0
	25	15,392	73.7	386	91.7
	26	16,256	77.9	371	88.1
	27	21,484	102.9	341	81.0
	28	19,652	94.2	315	74.8
貼箱	H24	42,761	100.0	625	100.0
	25	41,699	97.5	603	96.5
	26	42,371	99.1	583	93.3
	27	46,096	107.8	571	91.4
	28	45,030	105.3	525	84.0
その他紙器	H24	138,129	100.0	283	100.0
	25	141,728	102.6	282	99.6
	26	150,536	109.0	268	94.7
	27	173,078	125.3	312	110.2
	28	152,486	110.4	243	85.9

出典：品目別出荷及び産出事業所数の推移
平成29年工業統計表「品目編」

5 ● 品目別出荷額及び産出事業所数の推移

　図表－１のとおり過去14年間で，業界全体の出荷額は4.4％減少している。図表－３のとおり，直近の過去５年間の事業所数も減少傾向が続いている。

　ダンボール箱は８％減，印刷箱は12.9％減，簡易箱は25.2％，貼箱は16.0％減少している。その他の紙器は，減少幅が14.1％ではあるが，果敢に新分野を開拓しているものと推測できる。

6 ● 注文から納品までの流れ

　注文から納品までの業務プロセスは，紙器の種類により異なるが，その１例として貼箱を例示する。

●図表－４　注文から納品まで

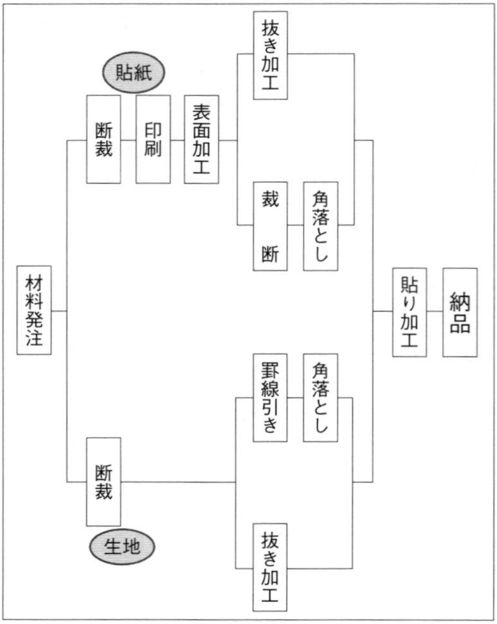

出典：東京紙器工業組合ホームページ

　材料は，貼紙と生地である。貼紙は，デザインに応じて断裁して印刷を行い，表面加工を行う。表面加工ののち，抜き加工又は裁断，角落しをした後に，生地に貼り加工（製品化）をして納品する。

　生地は，断裁をして罫線引き・角落とし又は抜き加工をして，貼紙の貼り加工をして納品する。

7　流通ルート

　資材の仕入れは，一般的に製紙業者→1次問屋→2次問屋→紙器製造業者のルートで調達する。

　製品の販売は，最終顧客から直接受注し納品するのは減少傾向にある。業界の小規模企業性を反映して，大手業者や製紙業者，製紙問屋，印刷業者，梱包業者及びそれらの系列業者を通して，最終ユーザーに納品する。

　小規模な紙加工業者は，これらの企業の下請け企業や外注先となり，系列化が進んでいる。

Ⅱ　モデル企業の概要

A社の概要

業　　種：紙器製造業

経 営 者：創業者60歳

創　　業：平成5年

売 上 高：2億円　景気の波が大きい

従 業 員：従業員8名，パート0名

　　　　　　内職　50名

加 工 品：4種類の紙加工品のうち，印刷箱（紙製ディスプレ

イ）を主力としている

他に運送・倉庫部門の売上高・従業員がある。本稿では紙器製造部門のみを記載する。

A社は，名古屋市郊外に立地する中小企業である。高校の同級生が中堅の紙器製造企業（B社）に入社し，同級生の紹介でB社の下流工程の紙器セットアップ工程を，下請けすることになりA社を創業した。

A社設立当初，完成品のB社への納品は運送業者を利用していた。しかし，元来車好きの創業者は，白ナンバーの自社便で運ぶようにして，数年後にはトラック運送業の一般貨物運送業の許可を取得した。

組立品の材料や組立完成品に一時置き場として組立作業所の一角を使用していたが，事業の拡大に従い組立作業所が手狭となり，隣接地に独立した倉庫を賃借した。

このようにして，紙器を核にして製造・運搬・倉庫を一貫して運営するサプライチェーンを構築した。誠実な仕事ぶりが広く知られるようになり，B社以外の紙器製造業者からも，紙器のセットアップ，運送や倉庫での保管業務も受託するようになり，倉庫業も正式に登録した。

当社の経営は，小規模ながら紙加工部門・運送部門と倉庫部門から構成されているが，本稿では紙加工部門のみに関して稿を進める。

Ⅲ　現状分析

① 外部環境分析

A社を取り巻く外部環境の変化を，PEST分析で把握する。

・政治的環境（Politics）

　　新自由主義政策で経済格差が拡大し，消費者は自己責任を問われるのを恐れ，増加した賃金は消費に向かわず，貯蓄に回されている。消費者は低価格志向から脱却せず，高級品志向のお土産品に使用される貼箱の需要は減少傾向にある。

・経済的環境（Economy）

　　賃金は上昇傾向にあるも，将来への漠然とした不安感から，消費は盛り上がりに欠け，消費者は低価格志向にある。競争力を失った同業者は，撤退が増えている。

・社会的環境（Society）

　　環境意識の向上から，省包装化の影響を受けている。菓子では，マルチパックやファミリーパックが増加しているが，個包装をされた製品の中箱用途としては，紙器に替わって軟包装が多くなる傾向にある。

　　素材である紙は，軽量であり輸送コスト面でも，他の包装素材と比較して優位性がある。

（注）　軟包装とは，フレキシブルパッケージの意味で，包装の形が内容物を入れることで形作られる包装のこと。フィルムを主体とした食品包装が主である。

・技術的環境（Technology）

　　消費者ニーズの多様化に応じて，商品の包装も商品の魅力を引き出すことが求められている。独自のデザインで，他店との差別化を図るニーズに応える，色彩豊かな印刷技術，光沢や艶消しで高級感を出す表面加工技術，凹凸を作り浮き出し効果を見せる印刷技術が発達している。

② 内部環境分析（強み）

A社は，創業以来，「信用第一」を経営理念に掲げて従業員を教育

●図表－5　受注から納品までの流れ

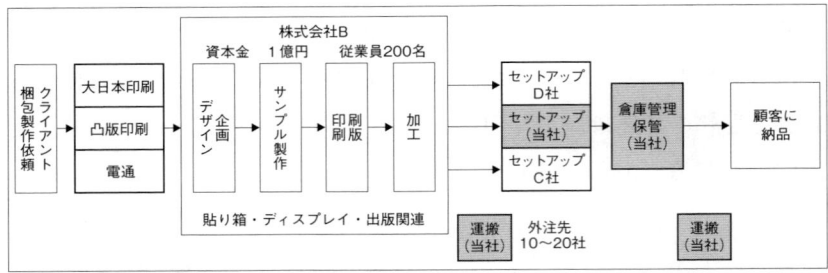

（注）　大型販促用ディスプレイの例

し，取引先や近隣住民の信頼を得てきた。

① 品質第一を経営理念に掲げ，従業員教育を重視した。製品が変わるたびに内職を会社に呼び，セットアップ作業の訓練をしてから自宅に戻り作業をさせた。

② クライアントの信頼を得るため，内職が持ち込んだセットアップ品を，社員が入念に検品している。

③ 納期を厳守するため，売上予想と比較して，少し多めに内職を採用している。

④ 下請け作業のため，受注量の変動幅が大きく，設備投資が必要のない内職で対応可能な分だけ受注している。

⑤ 内職への支払は出来高払いのため，受注量に波があっても，対応が可能である。

⑥ 成長力のあるB社との信頼関係で強く結ばれており，当社の経営は安泰である。

⑦ A社の信用第一の経営姿勢が同業者に知られるところとなり，B社以外の企業からも引き合いが増える傾向にある。

③ 内部環境分析（弱み）

A社は，下請け企業の立場でB社の成長とともに，経営規模を拡

大してきた。強力な親企業の存在は，強みでもあり，リスク要因でもある。

① 　1社依存の営業体質は，当社最大のリスク要因である（B社との信頼関係の揺らぎ，B社の経営危機など）。

② 　B社との強いつながりが制約要因となり，B社以外の同業者への積極的な営業がしにくい。

③ 　B社への遠慮が働き，上流工程への進出が困難である。

④ 　紙器製造業は成長産業ではなく，長期的に出荷額は右肩下がりにある。

⑤ 　内職に依存しているため，内職の個人的な技能にばらつきがあり，品質管理が困難である（特に幼児を抱えている主婦の場合）。

⑥ 　突発的な病気で作業が遅れることもあり，納期管理が困難である。

Ⅳ 問題点の改善策

　外部環境分析と内部環境分析から見えてくる問題点を，中小企業支援機関を通しコンサルティングの経験豊富な中小企業診断士の派遣を受け，経営改善の戦略フローを整理した。

1 学習と成長の視点

① 　価格競争から品質競争の時代にあることを内職に知らしめ，意識改革教育をする。

② 　内職の納期管理を強化する。

③ 　作業員の主力は，内職から管理監督が容易なパートに移行する。

④ 　作業所内の3Sの実行責任者をパートとし，品質意識を高める。

⑤ 　パートの定着強化のため，トイレ・休憩室を整備する。

2 業務プロセスの視点

① パートの体力的な負担軽減のため，動作経済の視点で作業環境を改善をする^(注)。

① 材料や完成品の横持移動を最短化するため，ロケーション管理の視点で，レイアウトを再編成する。

③ 作業中の注意力を集中させるため，定期的な休憩時間を設ける。

④ 内職の負担軽減のため，材料の持込みと完成品の引取りを，ミルクラン方式で効率化する。

⑤ 作業員の移動とフォークの移動が交錯しないように，作業所の床に線引きをする。

（注） 動作経済の4原則：①動作の数を減らす，②動作を同時に行う，③動作の距離を短くする，④動作を楽にする。

③ 顧客の視点

① 完成品に異物が混入しないように，整理・整頓・清掃を強化する。

② 作業所内に，昆虫・ゴミが入らないよう，窓や出入り口の仕切りを完備する。

③ 委託元の営業の秘密を守るため，外部の者に作業内容を見られないように入り口を遮断する。

④ パートの作業経験を考慮した，検品対応をする。

⑤ 納期厳守を第一に，作業割当てを厳格化する。

④ 財務の視点

① 不急不要品処分により財務をスリム化する。

② リース物件は，再リースによりリース料を削減する。

Ⅴ 改善後の利益計画

今回の改善計画では，品質改善のため自宅作業の内職より，主力を

●図表－6　戦略フロー

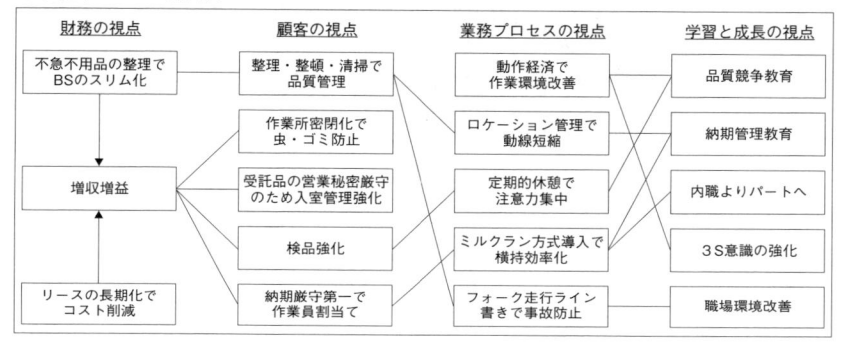

作業所勤務のパートに勤務形態を変えることにする。人手不足の今日，離職を防止するため，個々人の事情に合わせて，時間をかけてパートに移行することにした。

　パート比率の増加に従い，クレームコストが減少し，品質向上で受注が増加し，利益体質に転換する。

●図表－7　経営改善後の利益計画

（単位：千円）

	0期	N1期	N2期	N3期
紙器売上	200,000	202,000	205,000	210,000
売上原価	140,000	141,000	142,000	144,000
内パート人件費	0	1,000	7,000	20,000
内職外注費	44,000	42,000	35,000	20,000
売上総利益	60,000	61,000	63,000	66,000
販管費	42,000	43,000	44,000	45,000
営業利益	18,000	18,000	19,000	21,000

（注）　人件費上昇を見込むもパート化による生産性向上で相殺
　　　　品質向上で受注量増加を見込む
　　　　販管費も人件費増加を織り込む

〔長谷川　勇〕

7 建設機械部品製造業のモデル利益計画

I 業界の概要

　建設機械業界は，世界的なインフラ整備や資源開発に伴う建設機械の需要回復が，やや落ち着いてきている。

　建設機械で，キャタピラーとともに世界2大メーカーのひとつでもある国内大手のコマツは，海外売上比率が9割近いため，業績は世界の景気動向や為替動向に左右されやすい。これら大手メーカーの下請が多い中小企業では景気悪化時には急激な受注の減少，円高の際には，大手メーカーからのコスト削減要請が，より一層厳しくなる。受注を目論んで，多額の設備投資を行ったが，メーカーから約束された受注が来ず，資金繰りに窮することも懸念される。それだけに下請けの中小企業にとって，利益計画の作成は大きな意義がある。ここでは計画作成のポイントも含めて提案したい。

1 建設機械業界の動向

　建設機械市場は全体的には堅調に推移している。国内では2017年の排出ガス規制強化による駆け込み需要の反動により，国内出荷額が2018年9月まで13ヶ月連続で減少していたが，同10月以降は増加している。一方，海外では2016年に中国の景気後退を主因として需要が低迷した後，世界景気の拡大やインフラ整備等で需要が回復していたが中国経済の減速により，出荷額は一進一退となっている。（一社）日本建設機械工業会によれば，海外の建設機械市場は中国経済の減速が見られるが，2019年にかけて今後も堅調に推移すると予測されている。

2 建設機械業界の特徴

　業界として，従来から安全性向上，生産性向上，省力化が求められている。それに加え，過酷な環境下でも機能が安定していること，投資資金回収のため，年単位での長期稼働が可能であること，操作性の向上も近年では求められている。

　長期間の稼働については，メンテナンスの容易化やメンテナンス間隔の延長等に取り組み，ユーザーのメンテナンスコスト削減につなげられていることも最近の特徴である。

❸　IoT による生産性向上

　国土交通省は，技能労働者の減少，建設業就業者の高齢化進行への対策のため，2016年に建設現場の生産性革命として「i-Construction（アイ・コンストラクション）」を導入した。これは IoT を導入することで，製造業のように生産性向上を実現することが狙いである。近年，建設現場では ICT（情報通信技術）による生産性の向上，施工の合理化，安全性の向上が進んでいる。

❹　データ通信によるサービス改革

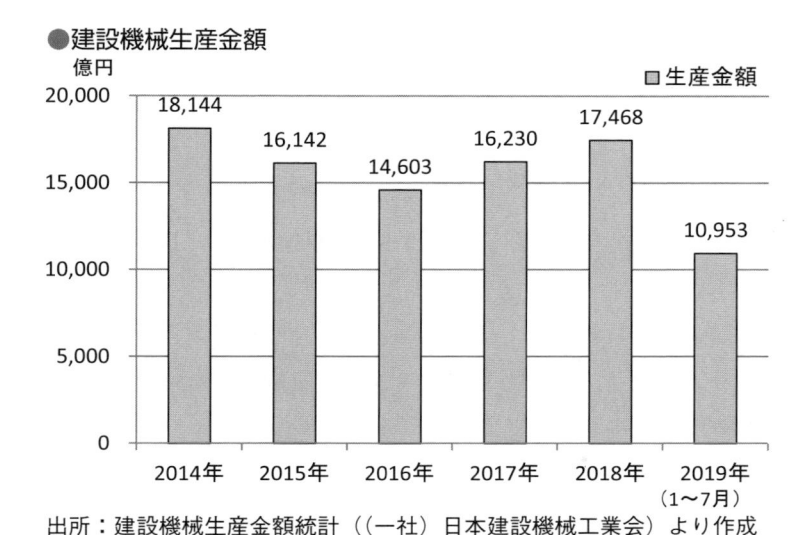

●建設機械生産金額

出所：建設機械生産金額統計（（一社）日本建設機械工業会）より作成

93

日立建機株式会社では，2014年からデータ分析とAI活用によるサービスソリューション「ConSite（コンサイト）」をグローバルに展開している。

　これは車載センサ類の搭載により，例えば機械の異常が発生したと同時に代理店へアラームが発報され，ユーザーからの連絡前に代理店が連絡し，異常対応を行うことが可能となり，機械損傷の未然防止に繋がっている。

　また，現場での機械稼働状況も把握し，作業効率の悪い車両について，建設機械メーカーからユーザーへ，停車位置や配置変更による作業効率の改善提案も実施され，ライフサイクルコストの削減にも繋がっている。

　2017年からはサービス用途としてオイルセンサも搭載し，オイルの劣化（寿命）とオイルの汚損（異常）の監視が可能となったほか，2018年4月からは33言語に対応したスマートフォンアプリを世界中にリリースし，トラブル経験の浅いメカニックでもトラブルへの素早い対応が可能となり，ユーザーの機械のダウンタイム（停止・中断している時間）の低減に威力を発揮している。

⑤　今後の動向

　建設機械メーカーは，建設施工分野における人材不足という社会的課題に取り組むため，これまでの単なる機械設備の提供から，デジタル技術を駆使したサービス提供による建設現場の省力化へと取り組んでいる。

　海外は中国の需要減少が見られるものの，欧州・北米向けが堅調に推移することが見込まれている。大きな景気変動がなければ，建設機械の需要は当面続くと考えられる。

⑥　働き方改革への対応が急務

　日本商工会議所の「働き方改革関連法への準備状況等に関する調査

集計結果（2019年1月9日付）」によれば，「働き方改革を推進するための関係法律の整備に関する法律（働き方改革関連法）」に盛り込まれた時間外労働時間の上限規制について，中小企業にアンケートを行ったところ，知らないと回答した企業が39.3％に上っている。

　中小企業においては，時間外労働を安易に行なわせるケースも見受けられており，罰則や労使間のトラブルを未然に防止するべく，早急な対応が求められる。

●時間外労働の上限規制（概要）

① 時間外労働・休日労働をさせるためには，労働基準法第36条に基づく労使協定の締結と所轄労働基準監督署長への届け出が必要。
② 時間外労働の上限が，これまでの大臣告示から罰則付きで法律に規定された。
③ 違反した場合には，罰則（6ヶ月以下の懲役または30万円以下の罰金）が科されるおそれがある。
④ 但し，中小企業には2020年4月からとなり，適用が1年間猶予される。

（厚生労働省 HP から作成）

Ⅱ　利益計画の作成

1　利益計画作成の流れ

　利益計画の作成過程は以下の流れで行う。

(1)　利益計画作成の目的

　利益計画は，その目的や利用メンバーで内容が異なる。例えば社内向けの計画であれば，売上大幅アップの計画とすることもあろうし，金融機関向けで，新規設備投資の借入が目的であればその投資効果を数値で説明することが求められ，既存借入の返済条件変更（リスケジュール）が目的であれば，売上高はやや抑えた中で，自助努力でどのように収益力を高めて確実に返済していくかを考えなければならない。

(2)　現状分析による問題点と課題の抽出

　決算書や各部門の資料等で現状の問題点を推定し，実地調査を行う

●利益計画作成の流れ

作成フェーズ	内容
作成目的	・計画作成の趣旨
現状把握 仮説/検証 実態把握	・事前資料の確認 ・現状の推定 ・実地調査（財務 DD・事業 DD） ・関係者へのヒアリング
実態共有 現状認識	・問題点・課題の抽出 ・経営陣の現状認識と改善意識 ・改善の方向性検討
方針決定 施策の立案	・計画基本方針の決定 ・改善策の検討 ・数値計画の作成及び検討
計画完成	・計画完成 ・社内及び各部門での共有 ・関係者への説明
計画実施	・予実管理と PDCA ・モニタリングの実施 ・関係者への定期的な説明

ことで，計画作成を効率的に進めることができる。

　財務調査については，最低でも10期間の決算書から長期的推移を把握し，経営者や従業員へのヒアリングを通じて，必要に応じて更に遡って確認する。在庫の現物，帳簿等も確認して，現在の状況に至った経緯や要因を検討する。合わせて，適正な会計処理に基づいた決算書となっているかもチェックする。

　財務調査にて実態損益計算書及び実態貸借対照表を明らかにしなければ，利益計画そのものが無意味なものとなる。財務の実態を明らかにすることで，数値計画のスタートラインに立つことができる。

　事業調査では，対象会社の収益の源泉がどこにあり，どこが問題なのか，事業改善にあたってどこに取り組めば良いのかを整理する。

　事業の全体像を理解し，改善ポイントを導き出すための大事な作業となる。想定される改善内容が，利益計画作成への手助けとなる。

　これらの調査は，あくまでもこれから作成する計画の参考とするものであり，利益計画は会社とともに調査結果を再度検討した上で作成されることに留意願いたい。

(3)　経営陣の問題認識

　財務調査，事業調査により導き出された問題や課題，改善ポイントに対し，経営陣や関係者が理解・認識しているかが，計画作成から，改善策を実施するにあたっての大きなポイントとなる。

　顧問契約している会社に遠慮して，問題・課題を潜在化させたり，先送りしたりすることがないよう，我々専門家が断固とした決意と信念を持って，経営陣の改善意識を醸成しなければならない。

(4)　計画の基本方針の決定と改善策の検討

　現状の問題や課題，改善ポイントを参考に，経営者とのディスカッションを踏まえて基本方針を決定する。この基本方針が部門別の基本方針・改善策の基となる。

　計画達成には，従業員には今以上にレベルアップが求められる。従業員に対し，会社が何を目指しているか，インパクトのある基本方針が望ましい。基本方針に基づく新しい取り組みが改善策となる。

(5)　数値計画の作成／利益計画の完成

　改善策の定量化が数値計画となる。定量化にあたっては，例えば売上高について，単に前期比＋10％とかではなく，業界や取引先の動向や，今後の見通しも踏まえて練り上げていくことが大切である。

　しかしながら，実際には営業部門から出された売上見込みを，そのまま計画に織り込み，売上が大幅な右肩上りとなっているケースが多く見られる。

　計画の実現可能性を高めるためには，各部門から来た売上計画に対し，数値の妥当性について，しっかりと議論し，吟味されることが望まれる。

(6) **利益計画の実行とモニタリング**

　利益計画の実行及び達成にあたっては，継続的に予実管理を行い，計画と実績との比較，改善策の取り組み状況と効果を検討し，必要に応じて追加策を実施する。

　利益計画は，一般的には3〜5年間の計画で，作成した時点で検討された計画であるため，改善策については，外部環境の変化等や，改善策の有効性が見られない場合は，新たな改善策の検討・実施が必要となる。

　この過程（計画実行段階でのPDCA）が，企業の組織としての成長を促し，競争力を高める。数値計画については，大幅な計画修正事項がない限り，毎期の業績に一喜一憂したりすることなく，計画期間は腰を据えて全社一丸となって実直に取り組むことが望まれる。

(7) **製造業での計画作成のポイント**

　計画作成にあたり，企業の大小に関わらず，以下の項目が疎かにされていることが多い。製造業の計画作成にあたっては，以下の各項目がどのレベルであるかを把握した上で，対象企業先のレベルに合わせた計画を作成することが望ましい。

　①用語の定義が全社で統一されているか

　②製造原価が適正に作成されているか

　③費用は変動費，固定費で区分けできるか

　④棚卸資産はどのように計算されているか

　⑤生産管理はどのように行われているか

　⑥材料は有償支給か無償支給か自己調達か

　⑦設備投資の状況はどうか

　用語の定義は，例えば生産性という定義について，本社では付加価値生産性（金額ベース），工場では物的生産性（生産量，時間ベース）が用いられる。これらの関連付けは十分に議論し，時間をかけて

でも取り組むべき事項である。

2 経営陣の問題認識と覚悟

利益計画が絵に描いた餅ではなく，実現可能性のある計画とするためには，計画作成の入口で，経営陣としっかりとディスカッションし，問題や課題について，経営陣が理解・納得した上で，当事者意識を植え付けながら，腑に落ちた計画へと繋げる必要がある。

それには我々専門家が全面的に計画作成するのではなく，調査分析で抽出された問題・課題について，少なくとも経営陣には幾度となく考える機会を与え当事者意識と計画実行への覚悟を醸成させつつ，計画作成に関わらせなければならない。

これには例えば「計画打ち合わせシート」を活用し，必要に応じて幹部社員も巻き込んで打ち合わせを重ねることで，実現可能性のある改善策の作成に繋げることができる。

```
┌─────────────────────────────────────┐
│    計画作成打ち合わせシート    No.1     │
│ ・調査分析での問題点・課題について、改めてお考えください。 │
│ ・それに対して、何を目指し、どう取り組むか、数値化するには │
│   何が必要かをご記入ください。                │
│                                     │
│ 1. 問題点・課題                       │
│ (1)                                 │
│ (2)                                 │
│ (3)                                 │
│                                     │
│ 2. 利益計画の基本方針                   │
│ (1)                                 │
│ (2)                                 │
│ (3)                                 │
│                                     │
│ 3. 経営改善策（テーマ出し）              │
│ (1)                                 │
│ (2)                                 │
│ (3)                                 │
│                                     │
│ 4. 数値計画の前提条件                   │
│ (1)                                 │
│ (2)                                 │
│ (3)                                 │
└─────────────────────────────────────┘
```

Ⅲ　モデル企業A社の利益計画

1　モデル企業A社の概要

業　種：	一般機械器具製造業 （建設機械用プロペラシャフト及びドライブシャフトの製造加工）
創　業：	1965年（昭和40年）３月
経営者：	B氏（３代目）　60歳
売上高：	海外の景気に左右されやすい
従業員：	大手メーカーの要望に応じた受注対応・納期対応を徹底

当社は1965年（昭和40年）３月に建設機械メーカーの工場長をしていた現社長の祖父が創業。現在は千葉県の湾岸地域に本社工場を有し，主に建設機械のプロペラシャフトやドライブシャフトの製造加工を行っている。

大手建設機械メーカーの２次下請けではあるが，長年の信頼と実績から，実質的には１次下請け並みの強い取引関係となっており，全売上の95％が建設機械用で，一部は自衛隊用車両の部品も手掛けている。

６年前に主力取引先のニューモデル発売に伴う受注増加を目論んで設備投資を行ったが，思うような受注獲得が出来ず，４年前には中国や新興国の景気減速に伴う大幅な受注減少で，リーマンショック以来の当期損失に陥った。その後，中国の景気回復や米国のインフラ整備需要により受注が回復し，過去３期の業績は絶好調であったが，中国経済の減速により，昨年10月頃から受注が減少しつつある。

社長は，現在の受注減少は，過去３期が好調過ぎたためであり，取引先の情報からも当面の業績は問題ないと考えているが，最近の不安

定な世界情勢から，いずれは来る景気後退時に備え，創業50年を超えた今のうちに，社内体制のレベルアップを図り，これから先も50年続く会社への第1歩として，利益計画の作成をすることとした。

　現社長（3代目60歳）は，先代（父）の急死により2007年に代表取締役社長に就任したが，それまで会社の経営面については関わっていなかったため，就任直後のリーマンショック時の急激な売上減少に対応する過程で大変な苦労をした経験から，今回の計画作成のために立ち上げたプロジェクトチームのメンバーに，息子（生産管理部長33歳）も加え，事業承継への準備として，今後は経営面についても経験を積ませることにした。

❷　A社の現状分析

(1)　財務の状況

　4年前の中国等における景気減速時にリーマンショック以来の当期損失に陥ったが，その後は，中国の景気回復や米国のインフラ整備需要により業績はV字回復しており，資金繰りも安定している。ただ，6年前の設備投資が今後の収益次第では重荷になってくる可能性がある。

(2)　事業の状況

　受注回復により，6年前に設備投資した機械が本格的に稼働してきているが，稼働率はまだ60％程度に留まっている。

　高性能な自動機械に対し，操作を習熟した従業員を充てることで，取引先の要望する精度に応えてきたが，製造部門の役割分担にあいまいなところがあり，若手の人材育成も進まず，改善ノウハウがうまく引き継がれていない。また，生産性や稼働率の把握に正確さを欠いており，作業日程が長期化しやすく，納期を守るための外注（応援外注）も発生している。

　当面は，新たに設備投資をしなくても，生産性の向上による内製化

の余地があると思われる。

(3) **外部環境分析**

　当社を取り巻く外部環境の変化を，PEST 分析で把握した。

政治的環境：2005年に「特定特殊自動車排出ガスの規制等に関する法律（オフロード法）」が公布され，建設機械の排出ガス規制が順次強化されている。2016年規制では窒素酸化物の大幅な削減が求められたことによる建設機械の買替需要があり，その反動で内需（国内）の建設機械出荷金額は，2018年9月まで13ヶ月連続の減少となったが，同10月以降は前期比プラスに転じている。

経済的環境：海外では中国やアジアを中心とした建設機械の受注回復が見られていたが，このところは，景気の不透明感が広がっている。国内では，2019年10月1日から消費税が8％から10％に増税されたことに伴う需要減少の懸念がある。

社会的環境：建設機械メーカーが，建設機械とのデータ通信サービスを提供し，ユーザー側でのメンテナンスの容易化やメンテナンス間隔の延長等に取り組んでおり，人手不足への対応としても活用されてきている。

技術的環境：建設機械メーカーによるデジタル技術を駆使したサービスの提供が，省人化・省力化対策として，海外でも活用されてきている。

(4) **内部環境分析（自社の強み）**

　建設機械メーカー出身の先々代が創業した当初から，建設機械メーカーとの強い絆があり，2次下請けではあるが，実質的な1次下請け並みの信頼関係が構築されており，事業基盤は安定している。

① 創業当時から，建設機械メーカー及び1次下請け業者との長年の取引関係がある。

② 経営陣と幹部社員の結束が固い。

③ 緊急注文にも迅速に対応できる。

④ 取引先の要求精度に応えられる高性能な設備を有している。

⑤ 外注加工費（応援外注）の内製取り込みにより，収益アップが見込める。

⑥ 従業員が礼儀正しく，誠実・素直である。

(5) 内部環境分析（自社の弱み）

属人的な組織であるため，管理面の不備が際立っている。現在は業績が順調であるが，早々に管理面の立て直しが望まれる。

① 全社的に高齢化が進んでいる。

② 本社と工場の組織連携が不十分で，マネジメントの機能不足も見られる。

③ 正しい原価管理を行っていないため，損益管理が出来ていない。

④ 会社独自の生産計画がないため，作業日程に余裕を持たせざるを得ない。

⑤ 生産性・稼働率などの管理指標が不正確。

⑥ 作業日報の記載ルールがあいまいである。

❸ A社の問題点と課題

決算書や各種管理資料，工場実査，ヒアリング等から，プロジェクトメンバーとともに現状分析を行い，現状の問題点と課題を以下の通り抽出した。

① マネジメントの機能不足

属人的な組織であるため，正しいデータに基づかない判断が横行している。現場ではPDCAが回っておらず，計数管理も不足し，データに基づく合理的な改善が出来ていない。当社としてはマネジメントが機能していない大きな要因となっている。

② 管理資料の不備と活用不足

高性能な機械を有しているため，操作に習熟すれば精度のある加工

が可能だが，生産性や稼働率の把握に正確性を欠いている。作業日報も記入方法が統一されていないため，正しい原価管理ができておらず，個別損益の状況がわからない。また，取引先から送られてくる納期予定表を当社の製造予定日数から逆算したものを当社の生産計画として使用しており，加工日程の短縮，余裕稼働時間による外注の内製化の可能性など，改善策への活用が出来ない。

③　将来を見据えた人材育成の不足

経営陣では，役員4名のうち社長を除く3名が70歳前後であり，経営陣の若返りを図るべく，幹部人材の育成が急務である。また，製造部門でも従業員の平均年齢が53歳であり，中長期的な人材の採用・育成が望まれる。

４　問題点と課題の改善策

プロジェクトチームと共に，経営陣へ会社の現状と問題点・課題を報告し，まずは3期間で「次の50年（創業100年）を目指すための足掛かりを創り上げる！」ことを基本方針とし，以下の改善策を作成した。

(1)　マネジメント能力の向上

会社がこれから先50年を目指すために，属人的組織からデータに基づいた組織へと変革しなければならない。

経営陣自らが自身のマネジメント能力の向上に率先して取り組むとともに，各幹部社員についても役割分担と責任の明確化を行い，形骸化している会議体を全面的に見直し，部課長会議を実質的な意思決定機関とし，計画の進捗状況管理や追加検討，その他の諸問題への対応策・改善案の検討等を行う。

これにより，ガバナンスを確立するとともに，全社的な PDCA 体制を構築する。

会議体	メンバー，スケジュール
・役員会	役員（月2回）
・部課長会議	役員・部長・課長（月1回）
・技術検討会	製造・営業の部課長（月2回）
・製造会議	製造部門（月1回）
・営業会議	営業部門（月1回）
・朝礼・夕礼	課長・従業員
	（毎日，月1回は全体朝礼）
・全体会議	役員及び全従業員（半期1回）

(2)　管理資料の整備と活用

　生産合理化，生産性向上，稼働率向上を製造部門の重要課題とし，各管理用語や資料の定義を整え，データ収集と活用に取り組み，作業日報も統一して生産性向上に活かし，個別原価管理の仕組みを構築して採算管理に活用する。

　生産計画の早急な見直しは，納期対応の混乱を招く恐れがあるため，

●A社の利益計画

単位：百万円

	直近期		計画0期		計画1期		計画2期		計画3期	
売上高	1,245	100.0%	1,215	100.0%	1,240	100.0%	1,270	100.0%	1,305	100.0%
売上原価	1,103	88.6%	1,068	87.9%	1,073	86.6%	1,095	86.2%	1,120	85.8%
当期製品製造原価	1,101	88.5%	1,067	87.8%	1,072	86.5%	1,093	86.1%	1,118	85.7%
材料費	416	33.4%	406	33.4%	414	33.4%	424	33.4%	436	33.4%
労務費	214	17.2%	210	17.3%	206	16.6%	206	16.2%	206	15.8%
外注加工費	281	22.6%	266	21.9%	263	21.2%	269	21.2%	277	21.3%
製造経費	193	15.5%	188	15.5%	192	15.5%	197	15.5%	202	15.5%
売上総利益	142	11.4%	147	12.1%	167	13.4%	175	13.8%	185	14.2%
販売費及び一般管理費	73	5.9%	75	6.2%	77	6.2%	77	6.1%	78	6.0%
営業利益	69	5.5%	71	5.9%	89	7.2%	98	7.7%	107	8.2%
営業外収益	5	0.4%	5	0.4%	5	0.4%	5	0.4%	5	0.4%
営業外費用	12	1.0%	12	1.0%	11	0.9%	10	0.8%	10	0.7%
経常利益	62	5.0%	65	5.3%	83	6.7%	93	7.3%	102	7.8%
税引後当期利益	39	3.1%	41	3.3%	52	4.2%	58	4.6%	64	4.9%

売上高：取引先情報では中国市場の停滞が見込まれるため，保守的に計画0期（進行期）は前期比▲30M，翌期以降若干の回復とした。

材料費：機械構造用炭素鋼の市況はやや上昇傾向であるが，上昇分を売上に転嫁できており，売上対比では直近期と同じとした。

外注加工費：工場の作業時間短縮により，応援外注の内製化が可能となり，計画0期は9百万円，計画1期以降は18百万円の外注費削減を反映。

労務費：前期の一人当たりの残業が平均7h／月と判明。実地調査の結果，1日一人当たり30分の作業時間短縮が可能と見込まれ，推定時間チャージから，計画0期は全作業者の1/2（▲4百万円），計画1期以降は全作業者（▲8百万円）を対象に作業時間の短縮（残業時間の削減）で，労務費を削減。

取引先への影響の少ない部門から徐々に実施して経験を積み，3年後の全体実施を目指す。

(3) 将来を見据えた人材育成の不足

　課長以上の役職から経営幹部候補者を募り，その中から3名を選抜して3年後に役員交代を行う。その時点で役員になれなくとも，将来の幹部候補者として引き続き育成する。

　製造部門では，人手不足対策として，就業規則や給与待遇を見直すとともに，女性にも優しい製造工場として環境整備を行い，採用の幅を広げることに加え，省人化・省力化への設備投資も検討する。

Ⅳ　改善後の利益計画

　数値計画を根拠あるデータで作成するため，プロジェクトチームが見直した作業日報を基に1か月間データ収集を行い，作業改善・工程改善の可能性を検討した。その結果，一人当たり平均30分／日の作業時間短縮が見込まれ，外注加工費（応援外注）の内製化も考慮して利益計画に織り込むこととした。

Ⅴ　モニタリング体制の構築

　計画完成後，計画作成にあたったプロジェクトチームを社長直轄の経営改善チームとし，上述の経営幹部候補者もチームメンバーに加え，引き続き本計画の確実な実行・達成に向けた実績・進捗管理や計画実行にあたっての諸問題の検討・解決に取り組むこととする。

　なお，計画の実績・進捗管理については月次報告書を作成し，毎月の部課長会議にて報告するとともに，改善策の有効性や追加策の必要性を検討する資料とする。

　これら全社一体となった取り組みにより，景気悪化や為替変動にも耐えうる，盤石な利益体質の会社となるべく，経営陣のマネジメント

レベルの向上や全社的な管理体制の構築，人材育成に取り組み，４年後には次の50年を目指せる経営体制への刷新を目指す。

〔大木　俊之〕

8 生産用機械製造業の モデル利益計画

　さまざまな製品が工場で加工され生産されている。工場内で必要な素材を加工するために工程ごとに多種多様な生産用機械がラインを構成して動いている。

　今回のモデル企業は，工場内のラインの一部に組み込まれる機械を製造している。リーマンショックの影響を受け，一時は存続が危ぶまれるような状況に陥ったが，その後見事に立ち直り，今では財務的にも全く心配のない優良企業となっている。

　まず業界全体について概要を見た後，その企業A社の利益計画を見ることとする。

I　生産用機械製造業の概要

1　業界の概要

　製造業全体の従業者数4人以上の事業所数は約22万あるが，その中で生産用機械製造業の事業所数は約2万社となっている。そのうち約1万社が従業者数10人未満の零細企業で，従業者数1,000人以上の大企業は32社に過ぎない。この1,000人以上の大企業が出荷額の約20％を占めている（図表－1）。

　生産用機械全体では企業数は多いが，対象とする製造業により分類し，さらに対象とする工程によって分類していくと最小分類内の企業数は100社以下となる場合が多いと考えられる。

　工業統計から生産用機械器具製造業の出荷額の推移表を作成すると図表－2のグラフとなる。リーマンショックで出荷額は半減しその後徐々に回復している。

●図表－1　生産用機械器具製造業　従業者規模別分布表

従業者規模	事業所数	従業者数（人）	出荷額（百万円）	一事業所当たり出荷額
4人〜9人	9,990	59,002	778,989	78
10人〜19人	4,717	64,567	1,103,662	234
20人〜29人	2,167	52,495	1,015,661	469
30人〜49人	1,652	64,227	1,480,752	896
50人〜99人	1,252	86,420	2,189,550	1,749
100人以上	841	187,231	7,878,963	9,369
1,000人以上	32	51,016	3,389,840	105,933
計	20,651	564,958	17,837,419	864

平成28年経済センサス

●図表－2　生産用機械器具製造業出荷額推移

（単位：百万円）

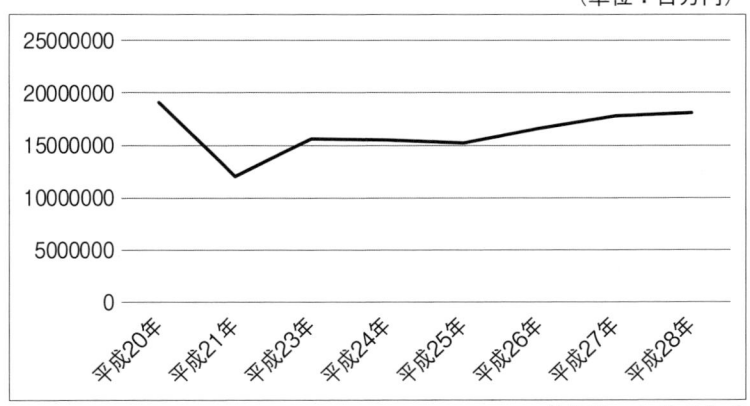

工業統計から筆者作成

　中小企業の場合，上記統計以上に減少した企業が少なからずあった。

　日本政策投資銀行の調査報告「2018年度設備投資計画の概要」（図表－3）によるとリーマンショックのあった平成20年（2008年）以降急激に設備投資が減退している。生産用機械器具製造業の業績は設備投資動向に左右されるところが大きいと考えられる。

●図表－3　設備投資増減率の計画と実績（全産業）

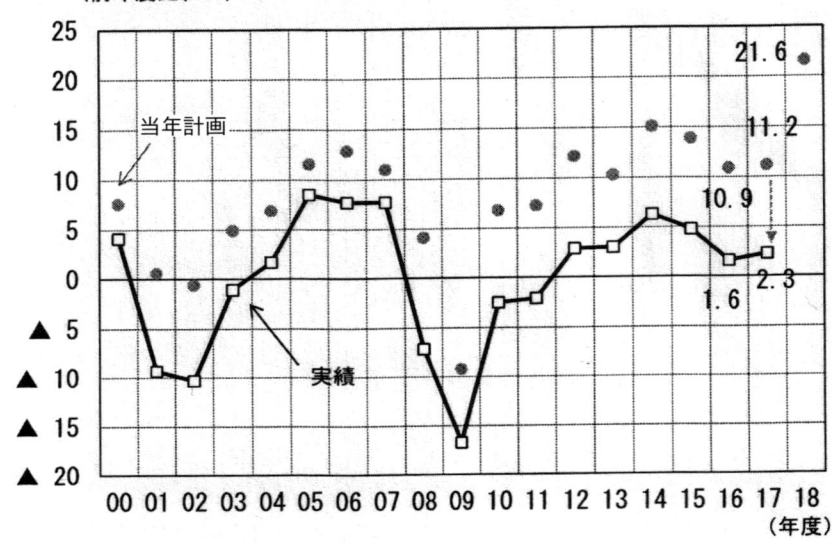

日本政策投資銀行「2018年度設備投資計画の概要」2018年8月1日

2　業態について

　生産用機械は用途に合わせて製造される。工場内のラインに組み込まれる機械の場合は，一定の機能の為の機械でも，前工程から流れてくる加工対象によって調整が必要となり，前工程，後工程との流し方の調整も必要となる。さらに，工場のレイアウトの関係で，どこから加工対象物を入れ，どこから出すか，扉がある場合は左に開けるのか右に開けるのかも変わってくる。

　基本的な機能は同じでも，個別の受注に際しては必ずといっていいほど，細かな修正が必要となるのが特徴である。したがって，受注生産となる。

　大企業の中には自社の規格に従って大量生産し，前後工程が自社に合わせればよいという売り方をしているところもあると聞くが，中小

企業の場合はそうはいかない。

　販売方法について述べると，中小企業では大企業の工場に納品する場合，商社経由で販売することが多い。したがって，最終ユーザーとの接点が限られ，直接最終ユーザーの声を聞けないため，製品の改善が競合する大企業に比べ遅れてしまうこともある。

Ⅱ　A社の概要と問題点

１　A社の概要

◆設　　　立　昭和50年

◆組 織 形 態　株式会社

◆資　本　金　5,000万円

◆従　業　員　60名

◆事 業 内 容　生産用加工機械製造業

◆年間売上高　約10億円

　A社は先代社長が首都圏東部の地方都市に昭和50年に設立した会社である。当初は同業他社と同じように中核部品も含めすべての部品を仕入れて社内で組み立て販売するという形を取っていたが，それでは差別化ができない，ということから，中核部品の一つを内製化することとした。さらに，従来の製品の技術を使って，他の，競争の比較的少ない分野の新機種の開発に成功して売上を増やすことができた。売上を増やし，財務的に余裕ができたところで，他社に先駆けて機械内の状況や設定をディスプレイに表示し，操作できる機構を開発した。

　これをきっかけとして成長し，一時は業界内の２番手グループの１社と評されるほどになり，雑誌でもこれからの成長株として取り上げられるほどになった。

成長の過程で製品をシリーズ化し，当社が対象とする分野で必要とされる広い範囲をカバーできるようにすることができた。

　ところが，社長が突然急病で倒れ，長期入院することとなった。専務が社長に代わって経営にあたったが，創業社長ほどのリーダーシップが発揮できず，業績が低迷することとなった。

　そのような時に起きたのがリーマンショックである。

　その結果当社の売上高は激減し，赤字計上に至った。その後もなかなか回復を果たせないでいた。このままでは倒産の懸念もあると思われていた時，数年前に他社から当社に復帰していた長男が，社長に就任し経営を引き受けることとなった。長男は，以前，父である先代社長と経営方針について衝突し，他社で修行して来いと言われ同業他社で勤務した後，社長の入院を機に戻ってきていたのである。

❷　Ａ社の業況

　長男が経営を引き継いだ当時の財務状況をまず確認する。

　まず損益推移を見ると図表－４のように急激に売上が減少し，平成21年６月期に少額の経常赤字を計上し，さらに平成22年６月期には大幅な赤字を計上，その後も赤字が続いている。

●図表－４　Ａ社損益推移　　　　　　　　　　（単位：百万円）

	H20/6 期	H21/6 期	H22/6 期	H23/6 期
売上高	1,811	1,482	658	884
売上総利益	426	365	98	183
売上総利益率	23.5%	24.6%	14.8%	20.7%
販売管理費	386	338	281	222
営業利益	40	27	－184	－39
経常利益	16	－12	－187	－65

　この時の財務内容を財務比率でみると図表－５のとおりである。（以下，財務指標比率等は中小企業基盤整備機構提供の「経営自己診

断システム」による。)

　この当時は資金繰りもきわめて厳しい状況であり，「経営自己診断システム」による資金繰り診断の結果は「倒産企業よりも厳しい」であった。実際に，当社の資金繰りが厳しいことをなぜか知って，現金払いでないと仕事をしないと言ってきた外注先もあった。

　その他の財務指標について図表－5を参照して検討結果を記述すると以下のとおりである。

●図表－5　H23／6期経営指標比較

	指標項目	当社	基準値
収益性	売上高総利益率	20.7%	29.8%
	売上高営業利益率	−4.4%	0.8%
	売上高経常利益率	−7.4%	0.6%
効率性	売上債権回転日数	165.0日	58.9日
	棚卸資産回転日数	102.5日	14.8日
安全性	自己資本比率	0.1%	10.7%
	流動比率	111.9%	165.4%
	当座比率	70.3%	115.2%
	手元現預金比率	3.1%	10.4%
	借入金月商倍率	13.8か月	6.0か月
	売上高支払利息割引料率	3.2%	0.9%

①　売上高総利益率が基準値の3分の2しかない。

②　売上高営業利益率はマイナスとなっている。

③　効率性指標の値が基準値を大幅に上回っている。

　　売上債権回転日数は基準値が58.9日なのに当社は165.0日であり，棚卸資産回転日数は基準値が14.8日であるのに対して当社は102.5日である。

④　安全性指標においてもほとんどの指標で基準値より悪い状態である。

⑤　借入金月商倍率が基準値の倍以上となっている。

⑥　売上高支払利息割引料率がきわめて高くなっている。

　新たに経営を引き継いだ長男（以下社長）はさらに財務内容を検証した。その結果，売上債権には多額の回収不能分があり，在庫にも不良在庫が多く含まれていることが分かった。回収不能売掛金には有名企業向けの売掛金もあったが，なぜ回収不能になっているか確認すると，当社が出荷したが検収を通らず支払いを拒否されたものであるということが分かった。

　そのように財務内容を確認したり，取引先へのあいさつ回りで忙しい社長に，返済を停止している金融機関から，いつになったら返済が開始できるか，計画を作成して提出してほしいと要請があった。

Ⅲ　A社作成の計画と問題点

　社長は経理担当者に命じて計画を作成させた。その計画が図表－6である。

　幸い平成24年6月期は売上が増加し，営業利益は黒字化できそうな状況だったので，それが少しずつ改善していくという計画とした。

　この計画では償却前税引後利益が今期は約20百万円となり若干の返済は可能なはずであるが，足元の資金繰りは厳しいということなので，来期以降償却前税引後利益の6割を返済することとして来期については約24百万円を返済すると説明した。

　すると，銀行から以下の問題点を指摘された。

①　今年度の売上は受注残を元に想定したということだが，来年度なぜ同程度増加するのかの説明が十分でない。

②　粗利益率改善を見込んでいるが，なぜ粗利益率が業界平均を下回っているのか原因が把握されておらず，改善のために何をするのかが明確でない。また，平成25年6月期は売上が平成24年5月期に比

●図表－6　Ａ社作成計画　　　　　　　　　　　　　（単位：百万円）

	実　績		計　画		
	H22/6期	H23/6期	H24/6期	H25/6期	H26/6期
売上高	658	884	930	980	980
売上総利益	98	183	219	230	230
売上総利益率	14.8%	20.7%	23.5%	23.5%	23.5%
販売管理費	281	222	215	200	200
営業利益	－184	－39	4	30	30
経常利益	－187	－65	－18	8	8
当期純利益	－187	－68	－14	8	8
減価償却費	36	34	34	32	31
償却前純利益	－151	－34	20	40	39

　　べ50百万円増加する計画なのに売上総利益率が変わらないのはなぜ
　　か，説明が不十分である。
③　償却前税引後利益を返済原資と考えることもあるが，売上増加を
　　これだけ見込むと運転資金の増加分だけキャッシュフローがマイナ
　　スとなり来年度も返済原資が十分ではないと思われる。
　　上記から計画の検討が不十分と思われるので，銀行が紹介する専門
　　家と相談しながら計画をもう一度作り直してほしいと言われた。

Ⅳ　計画作成のための検討

　　銀行から紹介された専門家は，財務に現れた問題点の原因は人員体
制や業務プロセスにあるはずなので，まずそちらを見てから利益計画
を作成しましょうと言って，当社の現状分析を社長と一緒に実施した。

1　問題点の確認

　　その結果分かった財務に現れた問題点の原因を整理すると以下のよ
うになる。

(1)　営業における問題点

①　当社の営業社員は，当社製品が大手製品に競り勝って受注するた

めには値下げしかないと思い込んでおり，商談を始めると定価の2割引から価格交渉を始めるというようなことが常態化していた。

② 引き合いがあり，見積もりを出す時に顧客の要求仕様を十分確認できないまま受注してしまうので，受注確定後の手直しが多数発生しており，そのコストを顧客に請求できず赤字受注になってしまうことがあった。

さらに，受注をして納期が決まった後で詳細仕様の変更がたびたびあるため，納期に余裕がなくなり社内テストを十分行わないまま出荷せざるを得ない状況で，結果として流出不良が発生することも起きていた。

③ 既存客への対応に追われて，新規顧客の開拓が後回しになっていた。

(2) **製造現場の問題点**

① 工程管理が十分でなく，実際の工場の稼働状況を見ないまま，この機種の場合は受注後何日というルールで納期を決めていたので，納期より何日も前に完成してしまったり，逆に納期に間に合わないということが頻発していた。当社の製品は大きいので納期待ちの完成品が工場内のスペースをふさいでしまうと，次の製品の組み立て加工に不都合が生じる。

② 途中で細かな仕様変更が生じることが多いので，ひとつ前の工程に戻って作業をやりなおす，いわゆる手戻りが多発していた。

③ 原価管理は工場長が自分で作ったコンピューターシステムで行っていたが，工場長以外にだれもそのシステムの内容を理解している人がいなかった。その原価管理システムを使って見積もりを作成するので，見積価格の根拠が明確でなかった。

④ 勤続年数の長いベテラン社員がほとんどで，新規採用ができていなかったので，これまでのやり方を改善しようという機運に乏しく，

現場に活気が無かった。

(3)　経営管理上の問題点

上記のような問題があるにもかかわらず，当社の経営管理は十分ではなかった。

① 　人事管理が十分できていなかった。社員の評価制度もなく，給料についても何の基準もなく社長の一存で決めていた。社員は何が評価されるか分からず，何をがんばったらいいか分からない状況で納期に追われて，丁寧な仕事へのインセンティブが働かない状況となっていた。また，残業をすれば残業手当で給料が増えるので，効率を上げるより，長時間労働した方が良いという働き方となっていた。

② 　予算管理ができておらず，目標管理もない成り行き管理となっていた。

③ 　売上計上時点で取引毎の採算の予実管理をしていなかった。見積もりを作って納品した時点で仕事は完了となっており，見積時に見込んだ利益が確保できていたか，確認されていなかった。

(4)　評価すべき点

専門家は問題点だけでなく当社の良い点についても指摘した。

最大の良い点は当社の機械のユーザーが多いことである。数えてみると実に約5,000の工場で当社の機械が使われているのである。上場企業にも一つの工場で当社の機械を何台も入れて使っているところもあり，また，当社の機械が担当する処理については，当社以外の機械は使わないと言ってくれる取引先もあった。

ユーザーが多いので保守サービスも専門部署を設けて行っており，売上も年間40百万円程度になっていた。

❷　問題点の改善策

改善策を考えるために図表－7のとおりSWOT分析を行い，問題点を整理した。この表で明らかになったことは，当社は顧客基盤に恵

●図表－7　A社のSWOT分析表

		機会	脅威
外部環境		設備投資動向を見ると，工場の国内回帰の動きもあり，設備投資は増加傾向である。	業界大手から規格品の細かな手直しにも応ずる意向が表明されている。
		強み	弱み
内部環境	財務の視点	① 一人当たり売上高は基準値の水準であり，売上増加率は基準値を上回っている。 ② 保守サービスで一定の売上が確保できている。	① 売上総利益率が基準値を大幅に下回っている。 ② 回収不能売掛金や不良在庫が多い。 ③ 銀行借り入れが返済できない状態が続いている。
	顧客・消費者の視点	① 当社製品が設置されている工場は約5,000もある。 ② ブランドの知名度が高い。 ③ 顧客の細かな注文に対応して大手と差別化できている。	① 納期遅延や流出不良が多発して顧客からのクレームが増えている。
	業務プロセスの視点	① 工場作業員の熟練度が高い。 ② 概略図だけで加工してくれる長年の外注先がある。	① 値下げに頼った営業。 ② 工程管理が十分できていない。 ③ 開発能力が十分でなく創業社長が開発したシリーズの後の新シリーズの開発ができていない。
	学習と成長の視点	① 社長が勉強熱心で，成功した社長の書いた本を読んで，当社の経営に役立たせようとしている。	① 従業員の高齢化が進んでおり，若手の採用育成ができていない。 ② 改善意欲が乏しい。 ③ 新製品の開発ができる能力のある技術者がいない。

まれ，当社製品のブランド力は相応にあるものの，このままでは顧客の信頼を失ってしまう恐れがあり，早急に改善に取り組まなければならない，ということである。そこで次のような改善策を実行することとした。

(1)　優先的に取り組むべき課題

① 適正価格で販売する。

　　これまで安くしないと受注できないと考えていた営業社員に，お客様に当社の柔軟な対応や機械の性能が支持されていることを理解させ，カタログ価格遵守で価格提示をするように変えた。

② 顧客に見積もりを提出する際にはできる限り詳細な仕様を書いた議事録を添付し，議事録について販売先の確認を求めることとした。

③　納期回答については，営業だけの問題ではないので工場長にも確認して，納期回答が工場の混み具合も勘案して出せるよう改善することとした。

④　原価管理については工場長に，できるだけ他の人にも理解でき，原価設定ができるように，システムの内容を文書化するよう求めた。

⑤　改善に向けての意識づくり

　　社長は従業員のやる気を引き出すためにコンパと称して定期的に飲み会を開きそこで真面目な議論をした。社長が読んだ稲盛和夫京セラ創業者のやり方である。

⑥　予算管理制度の導入

　　明確な目標設定をするため，今回銀行から計画作成を求められたことを契機に全社的に予算管理制度を導入することとした。

⑦　DR制度の導入

　　DR（デザインレビュー）は見積もり作成時点から，工程進捗の重要な節目で関係者が集まって予定及び予算との比較進捗状況を検討する会議である。最終は出荷検収が終わった時点で見積もりと実際の原価を比べる予実差異分析で終わることとした。

(2)　長期的に取り組むべき課題

①　人事評価制度の導入

　　これまで何を評価されるのかわからない状態だったので，改善の為に人事評価制度を導入することとした。会社が社員に期待することを部門ごとに明確にし，その期待に応えられたかどうかを評価する制度として検討することとした。

②　生産管理システム導入

　　工場長は間もなく定年を迎えることとなっていたので，工場長がいなくても運営できる原価管理システムの導入を検討し，工程管理もできるシステムとして生産管理のパッケージシステムを導入する

こととした。

③　技術力の向上

　　技術力向上のために，従業員に外部研修を受けさせるようにしたほか，技術力のある人材の採用も考えることとした。

Ⅴ　改善策を踏まえた利益計画

　上記検討を踏まえて次に述べるようにして利益計画を作成した。

　前回当社が作成した計画との主な相違点は次のとおりである。

①　具体的な改善策を，だれが責任者となりいつまでに実行するかを示した行動計画を作成して添付した。

②　利益計画の原価については，材料費，外注費，労務費と製造経費を分けて表示した。これにより変動費と固定費を分けて把握することが可能となり，銀行が，売上が増加したのに売上総利益率が同じなのかと聞いた理由が分かった。

③　見積後の設計変更を減らし，手戻りを減らす等の改善効果を見込んで，材料費率，外注費率を低減することにより売上総利益率を28.0％にまで改善し業界基準値に近づける計画とした。

④　売上高の想定にあたっては，前回同様，現時点での引き合い状況を確認したうえで，主な取引先の過去の受注についてパターンを調べた。当社製品の耐用年数は大体7年程度であり，更新需要が把握できると考えたからである。また，当社売上は国内企業の設備投資計画の影響が大きいので，発表されている設備投資計画予想も確認した。

⑤　販売管理費の見直しを行った。節約できるものは節約したが，運賃や包装費など売上に連動するものは売上に比例することとして想定した。

⑥　返済計画については増加運転資金も考慮して作成した。計算して

● 図表－8　A 社新計画　　　　　　　　　　　（単位：百万円）

	実　績		計　画		
	H22/ 6 期	H23/ 6 期	H24/ 6 期	H25/ 6 期	H26/ 6 期
売上高	658	884	930	980	980
材料費	170	269	275	281	272
外注加工費	215	204	204	204	204
労務費	126	179	183	187	182
製造経費	49	48	48	48	48
売上原価	560	701	710	720	706
売上総利益	98	183	220	260	274
売上総利益率	14.8%	20.7%	23.7%	26.5%	28.0%
販売費・一般管理費	281	222	215	210	210
営業利益	−184	−39	5	50	64
経常利益	−187	−65	−17	28	42
税引前当期利益	−187	−65	−17	28	42
当期純利益	−187	−68	−17	28	42
減価償却費	36	34	34	32	31
償却前純利益	−151	−34	17	60	73
運転資金	345	398	422	447	447
運転資金増減	29	53	23	25	0
償還原資	−180	−87	− 6	35	73

　みると今期の資金繰りが厳しい理由が分かった。

　上記により作成した利益計画を図表－8に示した。

　上記計画を行動計画及び売上想定の根拠となる受注や引き合いの状況及び国内製造業の設備投資見込みと一緒に銀行に提出し，特に売上総利益率の改善について具体的に説明した。また，返済についても当面設備投資の計画はないという前提で，運転資金増減を見込んで算出した償還原資の8割を来年度から返済すると説明した。

　銀行は前回の計画に比べて具体性があり，会社の改善に向けた具体的な取り組みが明確になっていることから，今回の計画を了承した。

Ⅵ そ の 後

　計画提出後，社長は行動計画がしっかりと実行されるように，テーマを明確にした社内プロジェクトチームを立ち上げ，メンバーに意見を出させて改善を進めた。

　国内製造業の設備投資が，見込以上に活発化したこともあり，Ａ社の売上は計画以上に増加し，利益も大幅に改善した。

　社長交代時の財務指標と同様にして中小企業基盤整備機構の「経営自己診断システム」を利用して出した平成26年6月期の指標は図表－9のとおりである。

　売上総利益率は改善したものの，計画の28.0%には達しておらず，基準値と比べてもまだ差がある。

　しかし社長は粗利益率の改善の遅れを取り戻すべく，まず自分の報酬を削減し，さらに経費削減を進めた結果，営業利益率は基準値を大幅に上回っている。

　効率性指標は基準値に比べるとまだ改善の余地はあるが，計画作成

●図表－9　H26/6期経営指標比較

	指標項目	当社	基準値
収益性	売上高総利益率	26.3%	29.8%
	売上高営業利益率	4.6%	0.8%
	売上高経常利益率	1.6%	0.6%
効率性	売上債権回転日数	126.9日	58.9日
	棚卸資産回転日数	86.5日	14.8日
安全性	自己資本比率	2.1%	10.7%
	流動比率	223.7%	165.4%
	当座比率	151.6%	115.2%
	手元現預金比率	15.3%	10.4%
	借入金月商倍率	11.8か月	6.0か月
	売上高支払利息割引料率	2.7%	0.9%

時点に比べると大幅に改善している。

　また，安全性指標も大幅に改善しており流動比率，当座比率共に基準値を大幅に上回っている。

　資金繰りに余裕が出てきたので，社長は長期的課題への取組みを本格化した。

〔平田　仁志〕

9 精密研磨業のモデル利益計画
（レンズ研磨業の再成長戦略）

　精密研磨には，半導体ウェーハのような精度が数 nm の超精密研磨，金属加工のベアリングや金型研磨，高精細な画像を結ぶ光学レンズ研磨，さらに宝石や大理石他と多くの種類がある。なかでも中小企業に多い研磨は，多種多様な金属加工と光学レンズである。

　今回は，研磨工程の専業が多いレンズ研磨業に焦点を当て，再成長戦略を紹介する。

Ⅰ 業界の概要

1 精密研磨の分類

　まず，多種多様な精密研磨の主要な用途，研磨方式，研磨材を図表－1にまとめた。

　用途では，精度が最も厳しい半導体ウェーハから建材の大理石まで

●図表－1　精密研磨技術の分類

用　途		研磨方式		研磨材	
1	半導体ウェーハ	1	ラップ研磨	1	ダイヤモンド
2	液晶基板	2	バフ研磨	2	窒化ホウ素
3	光磁気ディスク	3	円筒研磨	3	アルミナ
4	光学レンズ等	4	ロール研磨	4	炭化ホウ素
5	金型	5	センターレス研磨	5	炭化ケイ素
6	バイト／刃物	6	内面研磨	6	酸化クロム
7	ドリル／ねじ	7	平面研磨	7	酸化チタン
8	ベアリング	8	ディスク研磨	8	酸化ケイ素
9	宝石	9	電界研磨	9	酸化セリウム
10	大理石等	10	CMP 研磨	10	ベンガラ

あるが，中小企業に多いのは光学レンズや金型，金属部品である。

　次に，研磨方式では，ラップ研磨，バフ研磨，円筒，ロール，センターレス等が中小企業で良く見られる。研磨材は，材質と研磨精度により選択されるため，中小企業での特徴は見当たらない。

　また，研磨工程はおおむね，粗研磨→中研磨→精密研磨→鏡面研磨であり，精度は最終工程で決まる。

② ● 精密研磨関連業界について

　中小企業での精密研磨は金属加工系とレンズ加工系が多いが，経済産業省の工業統計でその特徴を見てみる。日本産業細分類で，金属加工系は各種金属部品，工作機械部品，金属用，非金属用金型の４業種，レンズ加工系はレンズ・プリズム，光学機械，デジカメ，携帯・スマホの４業種を抽出した。

　まず事業者数では，金属加工系は2011年から2016年で，４業種とも若干の減少傾向である（2011年はリーマンショック影響の回復過程で以下同様。2015年は景気回復による設備投資増。）（図表－２）。

　一方，ガラス等のレンズ加工系の事業者数は金属加工系に比べ，絶

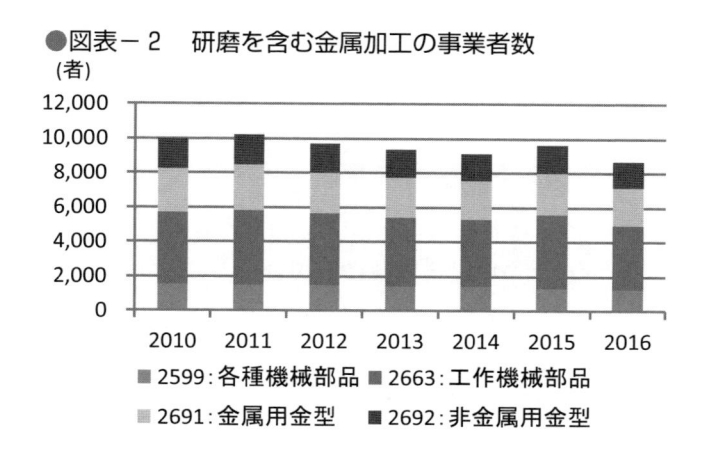

●図表－２　研磨を含む金属加工の事業者数

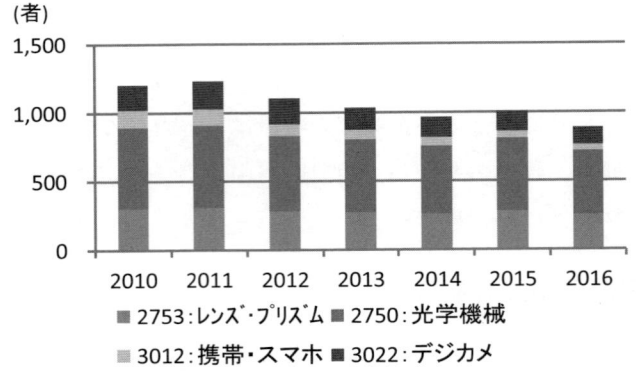

●図表－3　レンズ応用デバイス製造を含む事業者数

●図表－4　レンズ応用デバイス製造を含む従業者数

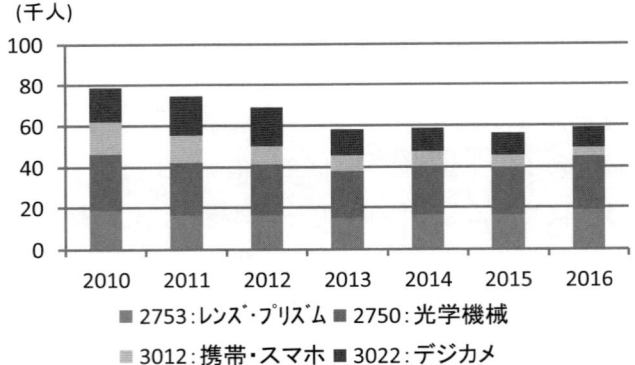

対数が約10分の1と少なく，かつ減少幅が年率6％強と大きい（図表－3）。

　次に従業者数では，金属加工系はほぼ事業者数と比例しているのでグラフは省略する。

　一方，レンズ加工系の従業者数は，図表－4に示すとおり減少傾向ではあったが，2013年以降，レンズ・プリズムと光学機械が増加に転じたことに注目されたい。

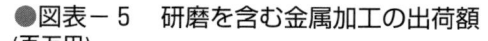

●図表－5　研磨を含む金属加工の出荷額

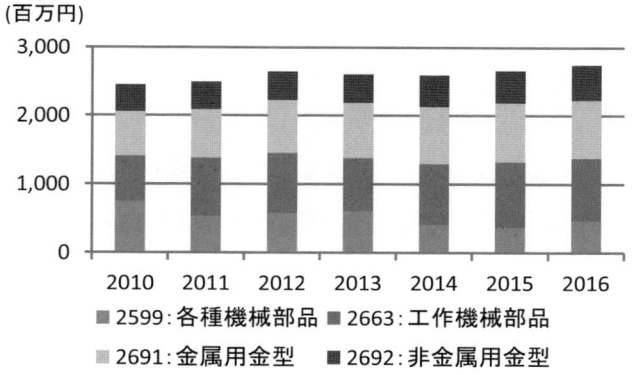

●図表－6　レンズ応用デバイス製造を含む出荷額

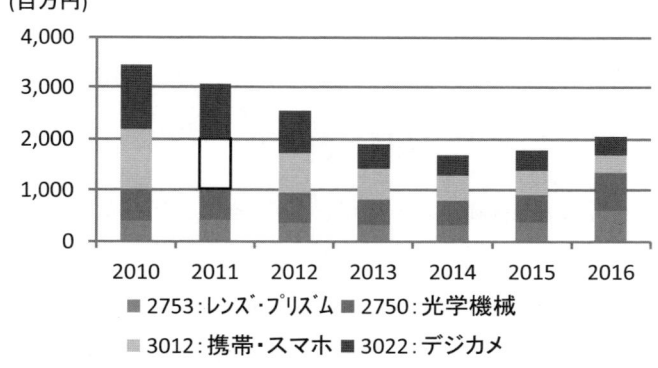

注：2011年は経済センサスにて携帯・スマホ欠落　⇒前後年の平均を代入

③ 精密研磨関連業の市場

市場動向として，同じく工業統計における出荷額（＝売上）推移を図表－5，6に示す。

出荷額は，図表－5の金属加工系合計は7年間で増加傾向にある。工作機械部品と金属用金型は増加率が大きいが，汎用が多い各種機械部品は減少幅が大きい。

レンズ加工系の出荷額は，デジカメ用途はスマホへの移行で大幅減，携帯・スマホは Apple や Samsung 等の寡占化で減少し続けている。しかし，レンズ・プリズム＋光学機械計では，2013年から2014年にかけて減少に歯止めが掛かったことが見て取れ，2016年に急増している。

以上により，精密研磨関連業種では，金属加工系は比較的堅調である。しかしレンズ加工系は，デジカメがスマホに取って代わられ，スマホはガラパゴスから脱却できなかった携帯電話メーカーの凋落により，斜陽産業とも呼ばれて来たが，直近では変化が見られる。

Ⅲ　精密研磨業の現状と課題

金属加工やレンズ加工の精密研磨業の工程と技術を概観し，中小企業での付加価値の状況，及び経営課題について検討する。

①　精密研磨を含む加工工程

精密工学会 Precipedia によれば，研磨とは，工作物と工具の間に砥粒や研磨液を介し，お互いを擦り合わせる相対速度と加圧力によって少しずつ材料除去していく加工法である。使用する工具の硬軟と砥粒の大小の組み合わせにより，粗面研磨と鏡面研磨に大別される。硬質工具と粗粒により粗面研磨のラップが，軟質工具と微粒により鏡面研磨のポリッシュが行われる。

加工方法は，金属でもガラスでも同様で，材料取り（切断），切削と研削（ラップ），研磨（ポリッシュ），表面コート（金属はメッキ等も）の順で行われる。ここでは例としてレンズ製作工程を図表－7に示す。

主な工程は，研削（粗削り）→精研削（中仕上げ）→研磨（ポリッシュ）→芯取（光軸出し加工）→コート（蒸着）であるが，中小企業では設備投資が巨額となる，最後のコート工程まで請負う所は多くな

●図表－7　レンズ製作工程

工程	写真	加工内容
研　削	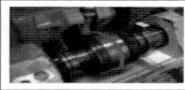	ダイヤモンド砥石を用いた研削盤によりプレス硝材にレンズ曲率を創成します。
精研削		ダイヤモンド砥粒の埋め込まれたダイヤモンドペレット皿によりレンズ表面あらさの微細化を行います。
研　磨		ポリウレタンパットを用いた研磨皿とそれぞれの硝種に応じた研磨剤によりレンズ表面を透き通った研磨面にします。 曲率の検査には，ニュートン原器や干渉計等精密機器を駆使して行います。
芯　取		レンズの光軸を出すと同時に外径形状を所定の寸法に研削加工を行います。
コート		コーティングによりレンズ構成枚数の多いズームレンズでも逆光時等のフレアーやゴーストを軽減し，高コントラスト，豊かな階調表現が可能になります。

出典：Nikon 社ホームページ

い。

　ここで最も技術を要するのが研磨工程であり，レンズ加工では性能を決定する重要な工程である。

　また，各工程には機械装置が必要であり，性能検査設備や蒸着設備等は高額なので，設備投資に伴う資金調達や減価償却費の負担が大きいことが特徴である。

② 付加価値と給与の売上比率

　金属加工とレンズ加工の中小企業4業種の，一人当たりの付加価値と給与およびその比率を比較する（図表－8）。

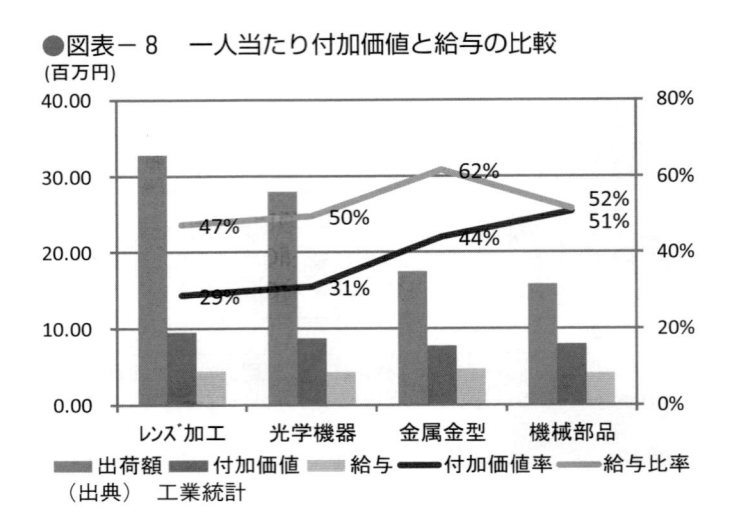

●図表－8　一人当たり付加価値と給与の比較

（出典）　工業統計

レンズ加工や光学機器は，金属加工や工作機械部品に比べ，一人当たり出荷額は高くなっている。これは支給品の影響である。一方，一人当り付加価値は，レンズ加工が一番大きい。熟練の成せる技によるものと思われる。一人当たり給与は金属金型より低いが，これは付加価値額における給与の比率が30％程度と低く，労働分配率が低いことが要因である。一方，レンズ加工と光学機器を比べた場合，付加価値比率，給与比率ともにレンズ加工業が高くなっている。これは光学機器の場合，付加価値が比較的小さい組立工程が含まれ，レンズ加工では付加価値の高い，研磨工程での"匠の技"の寄与が要因と思われる。

③ 共通課題と解決方向

精密研磨業の課題を，ヒト・モノ・カネ・情報の４要素について，図表－９にまとめた。

① ヒト：研磨工程の熟練技術の承継，それに必要な若者の採用・育成，さらには生き残りのための，新市場新素材に対応する技術力を身に付けることが課題である。

●図表－9　研磨業の課題と方向付け

	共通課題	内容／方向付け
1	職人 （ヒト）	・「匠の技」の研磨技能継承 ・若い人の採用，育成 ・プラスチック等素材技術 ・プレス用金型設計技術
2	研磨材 機械装置 （モノ）	・新素材用研磨材ハンドリング ・新素材用プレス機導入 ・研磨工程の機械化，自動化 ・老朽設備の更新
3	付加価値 設備投資 （カネ）	・匠の技の割に付加価値小 ・設備の維持・更新への負担 ・プラスチック化対応プレス機他
4	新用途＆ 販路開拓 （情報）	・IoT や第四次産業革命が追風 ・省力化設備/ロボットの新市場 ・IP カメラ/センサの新分野開拓 ・人感センサ用途赤外線レンズ

② 　モノ：新市場新素材に対応する設備導入，各工程の自動化，及び老朽設備の更新が，共通課題となっている。

③ 　カネ：下請の力関係から売価＝付加価値が不充分，設備投資のための資金調達，従来製品の受注減少に伴う赤字回避が課題である。

④ 　情報：営業力が乏しい下請では，新市場や新顧客開拓の動きが鈍く，IoT やロボットが機会と成りうる知見が必要である。

Ⅲ　カメラ業界の市場分析

まず，カメラの種類の変遷を図表－10で説明する。

カメラは銀塩フィルムから撮像素子へ，アナログからデジタルへ，デジカメはスマホへ，さらに，監視カメラ等のネットワークにつながった IP カメラへと変遷してきている。今後は IoT 画像センサーとして，レンズセンサーネットワーク一体型になっていくと思われる。

次に，カメラの応用範囲を図表－11に示し，最近の動向を見てみる。

まず，アナログカメラでは，民生用は銀塩カメラに始まり，産業用

●図表−10　カメラの変遷と今後

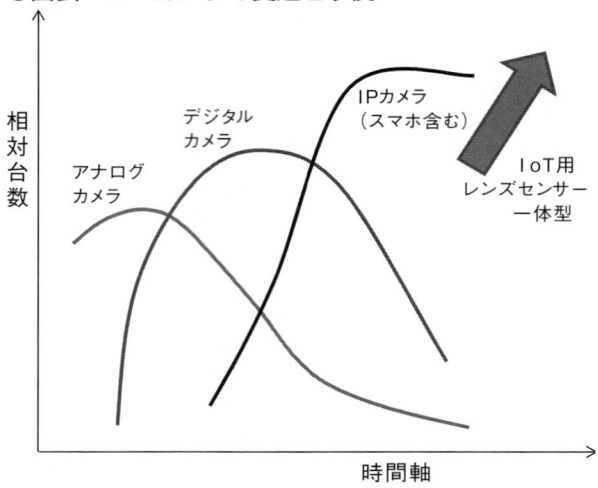

●図表−11　カメラ応用範囲の拡大

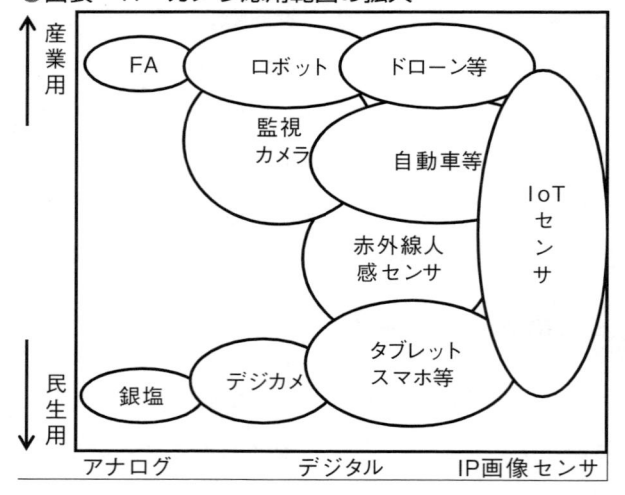

はFA用途から始まったが，いずれも日本メーカーの存在感が非常に
強かった。

　撮像素子によるデジタル化が進み，民生用は一気にデジカメが普及，
産業用ではロボットや監視カメラに市場が拡がった。

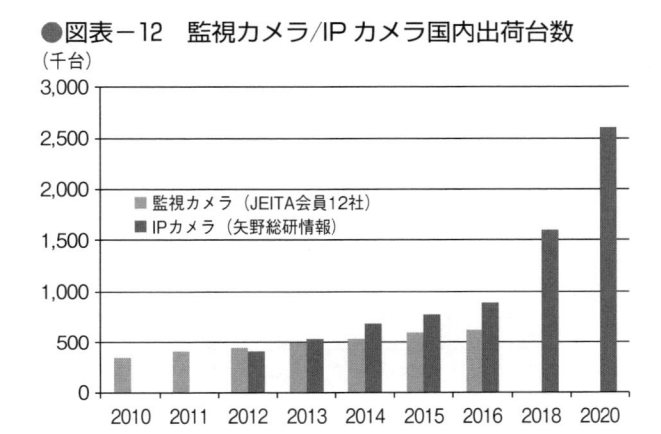

●図表－12　監視カメラ/IP カメラ国内出荷台数

　さらに，ネットワークに接続されたカメラではスマホ，自動車，ドローン等への応用が拡がり，第四次産業革命では IoT 画像センサーが爆発的に増加しそうである。

　一方，光の波長は，半導体回路描画用では nm の精度要求から紫外線以下の短波長へ，病院や介護及び見守りのヒトセンサーでは，赤外線の長波長へニーズが拡がっている。

　最後に，図表－12で監視カメラと IP カメラの国内出荷推移と予測を示す。今後 IP カメラが急激な伸びを示すことは明らかである。

Ⅳ　レンズ研磨業 A 社の概要

① レンズ研磨業の特徴

　企業規模は図表－13に示すとおり，従業員29人までの小規模な企業が多く，それより大きな企業には大手光学機器メーカーの子会社も含まれる。

　レンズ研磨の中小企業には，カメラ製造の大企業からスピンアウトした下請企業が多い。かつて大田区（Canon），板橋区（後述），諏訪

●図表−13　規模別光学研磨業

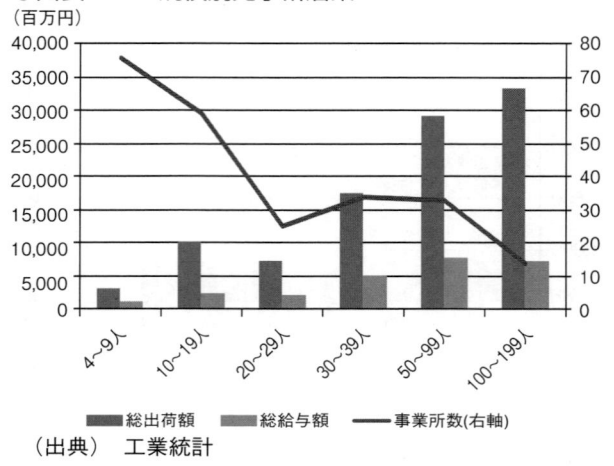

（出典）　工業統計

地方（Olympus），宇都宮市（Nikon），西宮市（Minolta）等にレンズ製造業が集積し，後者2地域は子会社の内製中心であった。

　板橋区にはペンタックス，トプコン他の光学機器大手が立地し，下請企業が多く集積していたが，縮小の一途をたどっている。

②　モデル企業A社の概要

A社の企業概要

創　　業：1961年

資本金：1,000万円

社　　長：三代目，46歳，就任5年目

従業員：正規社員4名（他にパート5名）

売上高：93百万円（平成31年3月期）

事　　業：レンズ加工・研磨（下請中心）

　A社は，1961年板橋区に，現社長の祖父が大手光学機器メーカーか

らスピンアウトして設立した，典型的な下請企業である。技術力に定評があり，元請けの信頼を得てピーク時には2.3億円の売上を記録した。しかし，カメラのコンパクト化→デジカメ化→スマホ転換に伴って，大口径高性能レンズの需要が減少し，企業規模は縮小してきた。

　リーマンショックで一時赤字に陥り，大手精密機器メーカー勤務だった現社長が入社し，監視カメラ向け等により業績を回復させた。

　しかし，その後も高性能レンズの需要は思った程は回復せず，５年後に現社長が経営承継し，現在に至っている。

Ⅴ　A社の現状分析

① A社の状況

１　業　　　績

　平成31年３月期の直近売上高は93百万円で，前年比微減であった。頼みの監視カメラ分野は激しい競争で価格下げが止まらず，利益はゼロか若干赤字が続いている。

２　従　業　員

　正規社員４名中３名は先代からの研磨の匠で，60歳代以上のベテランばかりである。もう１名は一昨年入社の若手で，プラスチックレンズの技術を習得中である。

　また，パート５名の内３名はフルタイムのベテランで，レンズ性能測定の検査工程他を担当している。なお，経理関係は社長の母と顧問税理士が担当している。

② SWOT分析

　A社のSWOT分析を，外部環境PESTと内部環境BSC要素に分けて図表－14に示し，A社に重要なO→S→T→Wの順に説明する。

❶ 機　会（O）

　ものづくり一辺倒だった先代を，5年前に41歳の若さで経営承継した社長のおかげで，市場の動きが見えるようになった。

　大きな機会は2つで，一つは監視カメラ関連の見守り用の赤外線カメラ用途，もう一つはIoTやロボット用のIPカメラである。

　前者はヒト感知が目的なので，精細度はそれほど必要なく，精緻なレンズ精度よりは広角赤外線対応がポイントである。

　一方後者は，用途によって要求性能が大きく変わり，A社が得意とする高精細低歪み性能を要求されることもある。

❷ 強　み（S）

　最大の強みは，やはりレンズ研磨の匠の技である。指の腹でサブミクロンの面粗度を感じ，細かなポリッシュ調整を行う熟練者達である。高性能大口径レンズ研磨の技術継承を行い，強みを維持していきたい。なお，あまり知られていないが，非球面レンズは球面に比べ，形状は難しいが精度は遥かに緩い。この事は，形状を金型で成形し，精度が劣るプレスによるプラスチックレンズが有利である。

　次の強みもヒトで，まだ若い社長は監視カメラ用途で大きな成果を挙げ，一昨年入社の若い社員も大変勉強熱心で，IPカメラ用途のレンズはどうあるべきかを検討している。

❸ 脅　威（T）

　技術革新が激しい昨今では，栄枯盛衰が瞬時に興る。アナログ銀塩カメラがあっという間にデジカメに駆逐され，フィルムが市場から消えたのが良い例である。そのデジカメもスマホに取って代えられている。脅威に繋がる変革の芽を，常にチェックすることが必要である。

　レンズの場合，IPカメラ用途では今後メガネと同じくプラスチック化と非球面化が一気に進むものと考えられ，そのための備えが急務である。

●図表－14　レンズ加工A社のSWOT分析

PEST分析		機会	脅威
外部環境	政治的(P)	・政府の第四次産業革命推進 ・ロボット，IoT，IT化他への支援	・米独に比べ大幅な出遅れ ・手厚い支援策でゆでガエル体質
	経済的(E)	・異次元金融緩和の円安で輸出好調 ・低金利と補助金により投資が容易	・平均収入減少，個人消費低迷 ・消費税の10%への引き上げ
	社会的(S)	・人手不足による生産性向上急務 ・家事や介護での自動化機械化要請	・人口減少で市場はマイナスサム ・少子高齢化で若手採用難
	技術的(T)	・ドローンやロボット技術による省力化 ・赤外線IPセンサーの技術革新	・大口径レンズカメラの市場減少 ・切削からプレスへの技術移行

BSC要素		強み	弱み
内部環境	顧客の視点	・下請は品質納期で多少の無理もOK ・新市場の赤外線IPカメラ用も対応可能	・元請の発注減少が加速 ・安いレンズは海外製
	財務の視点	・社有地で資産の償却進み借入金も少ない ・IPセンサー事業展開に設備投資のメド完	・長年の縮小均衡で自己資本減少 ・ここ数年赤字スレスレが続く
	業務プロセスの視点	・匠の技の研磨と性能品質の業務プロセス ・赤外線IPカメラ/センサープロセス構築中	・HPがUpdateなく貧弱 ・新事業の販路が未開拓
	学習と成長の視点	・50年来培ってきたレンズ研磨の匠の技 ・3代目46歳社長と若手が意欲的	・匠の高齢化，技能承継 ・IT技術とツールが不足

4　弱み（W）

　改善必須の内容以外は，目をつぶってよい。A社の場合，IT技術／ツールの不足，すなわち販路拡大ツールでもあるホームページのリニューアル以外は弱みをあまり気にする必要はない。財務の弱みの自己資本比率は結果であり，事業を改善すれば結果は自ずと付いてくる。

Ⅵ　再成長への課題と対応策

　SWOT分析からBSC手法により，課題と解決策を検討した結果を図表－15に示す。

1　顧客の視点

　最も大きな課題は販路開拓で，商圏の拡大を含む新規顧客の開拓である。対応策はホームページのリニューアルや展示会への出展，マッチング交流会への参加等で最新の技術力を売り込みたい。

●図表－15　BSC 手法による A 社の経営施策と期待効果

	課題	解決策	期待効果
顧客の視点	・「レンズ加工駆込寺」周知 ・赤外線レンズ対応 ・プラスチックレンズ化	・HP 改訂，展示会他 ・材料調達/熱影響特性等 ・設備投資と金型設計 CAD	・新分野顧客対応力強化 ・遠赤外の応用範囲拡大 ・匠の技のデジタル化
財務の視点	・当面の売上確保 ・新事業への資金調達 ・プラスチック化のプレス機導入	・既存製品の販路開拓 ・経営革新認定で低利借入 ・性能低くて可，中古品調達	・運転資金捻出 ・都の開発助成資金調達 ・プラスチック化参入売上増
業務プロセスの視点	・新市場新顧客開拓 ・IP レンズ/カメラモジュール検討 ・プラスチックレンズ製作工程の構築	・社長補佐営業を中途採用 ・レンズ/センサーモジュール先行 ・金型製作は CAD データで外注	・「レンズ応用機器業」へ ・強み技術の小モジュールから ・非球面や低歪化ノウハウの秘匿
学習と成長の視点	・マーケティング力向上 ・研磨の「匠の技」技能継承 ・プラスチック用金型設計技術	・中途採用の営業を育成 ・「暗黙知」のデジタル化 ・匠＋CAD 技術者	・育成と成長の企業文化 ・短期間で熟練に近い技 ・IT 化デジタル化で変革

　市場ニーズ対応としては赤外線カメラ対応で，材質や温度制御等の独特の課題がある。遠赤外カメラは高価であまり普及していないので，レンズへのニーズを市場調査する。

　また A 社には設備面で敷居が高いが，ガラスレンズのプラスチック化が急速に進んでおり，3 年目の若手中心に立上げを図る。プレス機や金型設計の CAD ツール等を，順次備えて行く計画である。CAD ツールは匠の技のデジタル化にも寄与し，技術伝承にもなるので，早めに導入したい。

② 財務の視点

　売上高が直近横ばいか漸減で，利益も赤字スレスレの状況がここ 3 年くらい続いているので，既存レンズ加工の新顧客開拓が喫緊の課題である。当面の運転資金分の売上確保を狙う。

　また新事業へは，経営革新計画の認定を取り，金融機関の低利融資を受ける。また強み技術を活かした新事業開発として，東京都の助成

事業への応募も行い，資金調達の予定である。

　なお，プレス機械装置は最新機種である必要がないので，中古で調達予定である。

③ 業務プロセスの視点

　販路開拓や新事業開拓には，営業力強化が必須である。新事業開拓は社長一人で行っているため，マーケティングもできる営業担当を中途採用で増員する。

　また，IoTで市場が急拡大するIPカメラにはすでに一部参入しているが，今後は小型化低価格化を目的に，レンズ／IPカメラ一体型モジュールの開発が必要となる。一昨年入社の意欲的な技術系学卒社員が，主担当として前段階のレンズ／カメラ一体型センサーの開発を行っている。しかし，通信機能も持った複合モジュールの開発は，回路基板等を含みリスクが高いので，将来課題と位置づける。

　また，プラスチック化の金型製作に必須のCAD導入は，匠の技である「暗黙知」のデジタル化にも有効なので，技術者の採用とセットで早期に実施する。

④ 学習と成長の視点

　「企業人也」が最も重要な視点である。

　A社では短時間勤務のパートにも，「やりがい重視」を意識して，仕事を与えている。

　まず，中途採用の営業の育成だが，販売増には広義のマーケティングが必要，との意識を持ってもらう。第四次産業革命を含む技術トレンドや応用機器，さらにはそのプレーヤー等，具体的な課題を与えながら育成する。

　匠の技の技術継承はデジタル化を含むので，次年度採用予定の工業

高校か高専の新卒 CAD エンジニアに託したい。

　またプラスチック化の金型設計も，匠の技を持つ熟練工と CAD エンジニアでペアを組み，用途に合わせて順次デジタル化を図っていく。

　優秀な人財採用のためには，「働き甲斐のある会社」を内外に知ってもらうことが重要で，活き活きと働く従業員の姿をホームページ等で発信し，かつ働き方改革等にも取り組む計画である。

Ⅶ　モデル企業Ａ社の利益計画

　上記の再成長への施策実行による効果を織り込んだ，Ａ社の３箇年利益計画を図表−16に示す。

●図表−16　モデル企業 A 社の利益計画

単位：百万円	直近期	1 年目	2 年目	3 年目
売上高	93	98	113	136
（高精度レンズ）	93	91	89	86
（赤外カメラ）	0	7	22	34
（IP 一体型）	0	0	2	16
売上原価	81	84	95	109
（仕入）	12	13	16	22
（労務費）	55	56	59	60
（外注費）	3	3	5	8
（他経費）	11	12	15	19
売上総利益	11.8	13.9	18.3	26.8
同利益率	13%	14%	16%	20%
販管費	10.9	13.8	14.6	16.9
営業利益	0.9	0.1	3.7	9.9
同利益率	1.0%	0.1%	3.3%	7.3%
従業員数（人）	8	9	10	9
一人当売上高	11.6	10.9	11.3	15.1
一人当粗利額	8.4	7.8	7.7	9.6

① 1年目事業計画

　重点施策は既存事業である大口径高精細レンズと監視カメラ用レンズの販路開拓である。4月中途採用の営業と社長で，新規顧客開拓に奔走している。

　すでに成果が現れ始め，小ロットでは望遠鏡とプラネタリウム，大ロットではプロジェクタ大手の一部に，新規採用されている。

　2社に参入済の監視カメラは，今後の広角赤外線化を見越して，客層拡大を狙う。並行して，赤外線新材料の技術習得を行う。

　なお，経営革新計画は6月に認定済である。

　以上により1年目は前期比5百万円の増収と，販管費増でも増益となる，営業利益率1％を見込む。

② 2年目事業計画

　2年目の重点施策は，工業技術系新卒者の採用（目星済），プラスチックレンズ用の中古プレス機とCADツールの導入，および売上増の目玉である，赤外／遠赤外線用レンズへの本格参入を計画する。

　遠赤外線レンズはGeやSiの新素材だが，形状精度や鏡面度は従来のレンズより緩いので，技術的には難しくないと考えている。

　見守り用途が多いらしく，広角組合せレンズとなり組立要求も来るが，外注含め対応する。なお，計測器は従来品で問題ない。

　当社にとって最も大きな技術革新であるプラスチックレンズのプレス成型では金型設計技術が必要で，新卒のCAD技術者に期待する。具体的には，3か月間熟練者に付いて研磨工程で実習，次の3か月は社外CAD研修を，都合2回繰り返す予定である。

　業績としては，赤外カメラ用中心に前期比15百万円の増収，従業員増を跳ね返す3.6百万円の増益，および営業利益率は大幅アップの

3.3%を見込む。

③ 3年目事業計画

　重点施策は，プレス機他によるプラスチックレンズ工程の稼働，及び一昨年入社の技術者が検討してきたレンズ・センサー一体型モジュールで，IoT用小型IPカメラへの本格参入である。センサーは顧客支給である。

　プレス成型プラスチックレンズの製品化が間に合わない時のためにも，外注で先行して製作予定である。

　営業では，IPカメラの既存顧客拡販とIoTセンサーの新規顧客開拓を行う。後者では，レンズセンサー一体型モジュールに無線基板を付けた，リモートイメージセンサーが今後主流となるが，当社でセンサーや基板を調達して一貫生産するかは，慎重に検討したい。

　業績目標は，前期比23百万円の増収，同6.3百万円の増益，営業利益率7.3%を見込む。

④ ま と め

　IoT時代の画像センサーと，医療福祉関係の赤外線センサーという，市場の変化にいち早く対応することが，レンズ研磨業の有力な生き残り策と考える。

　40歳代社長の市場の先を観る眼力とチャレンジ精神，また若手採用による社内の活性化が再成長の原動力となっている。また金型設計でのデジタル化により，研磨の匠がリタイヤしても，ある程度技術を残せる道を開いた。A社は今後少なくとも5年は，成長軌道が続くものと期待できる。

〔和田　武史〕

10 医療機器製造業の モデル利益計画

Ⅰ 業界の概要

　医療機器には，使い捨ての木のヘラのように単価数円の消耗品もあれば，MRIなどのような1台数億円の耐久消費財まで多くの種類があり，それぞれ収益構造が異なる。

　また，どの診療科でも使用するピンセットのようなものと，特定の診療科のみで使用するものとがあり，特定の診療科で特定の疾患の治療のみに使用するような器具を販売しようとする場合には，その疾患に対する厚生労働省の方針等を考慮する必要がある。

1 ● 人工透析機器（消耗品）

　腎臓疾患の人工透析では，ダイアラアーザーと呼ばれる血液をろ過する基幹部品を使用するが，これは1回毎に使い捨てる消耗品である。したがって，人工透析機器は消耗品を販売するビジネスモデルであると考えられる。

　人工透析は，生涯にわたって毎週2～3回程度行わなければならず，患者の経済的な負担が厳しすぎるため，治療費全額が国の補助で賄われている。国にとっては長期にわたって医療費を支払い続けなければならない疾患であるので，これを削減したいと考えている。そこで，人工透析に至る原因の約半数を占める糖尿病の予防と治療を徹底することにより人工透析患者の増加を防ごうとしている。この取り組みの成果として，人工透析患者数は2025年頃をピークに減少に向かうと予想されている。したがって，人工透析関連の医療機器の需要は今後10

年程度伸び続けるがそれ以降は徐々に減少すると予想されている。

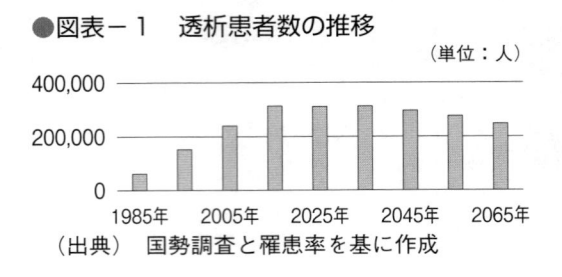

●図表－1　透析患者数の推移

（単位：人）

（出典）　国勢調査と罹患率を基に作成

②　人工関節（耐久消費財）

　関節疾患のための人工関節置換術の際に，患者の体内に埋め込むための人工関節は耐久消費財と考えられる。人工関節には，股関節，肩関節，肘関節，膝関節，指関節などがあり，それぞれ複数の部品を組み合わせて構成されている。例えば人工股関節は，大腿骨の付け根に相当する球体を含む部品と，球体の受け皿となる骨盤側のカップ状の部品，球体とカップの間にあってクッションとなるプラスチックの部品の3つの部品から構成されている。人工関節は患者1人に1セットずつ使用するが，上記のプラスチックのクッションが15年程度ですり減ってしまい機能が低下するので交換することになる。

　人工関節置換術を行うことにより高齢者の活動性が増して健康になり，患者の生活の質が向上する。人工関節の寿命は15年程度であるので，関節痛で15年間通院するよりも1回の手術とその後のリハビリの方が医療費が少なくなる。とはいえ高額の手術であるため，厚生労働省は2年おきに行われる診療報酬改訂に際して，人工関節置換術の診療報酬を毎回引き下げている。我が国の人工関節置換術の件数は，人口構成の高齢化とともに増加しており，今後も増加し続けると予想されている。

●図表－2　人口股関節の例

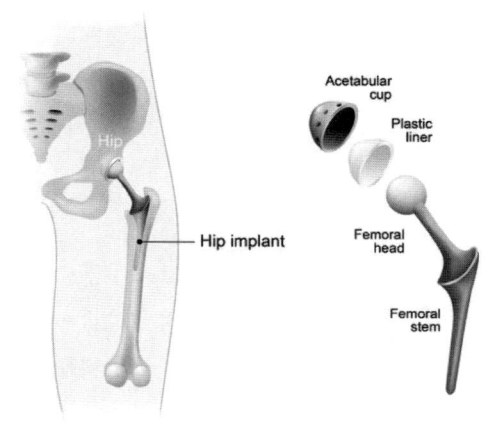

3 ●手術等の実施件数について

　人工透析や糖尿病など，医療費に大きな影響のある疾患については種々の調査データがあるが，人工関節置換術の実施件数は整形外科学会や人工関節学会でも把握できていない。現在人工関節学会が，人工関節置換術の実施件数や長期的な予後を調査する目的で，手術の登録事業を行っているが正確な実施件数は不明である。

　人工関節置換術をはじめとする手術等の実施件数として最も正確なのは，厚生労働省が2018年8月に発表した第3回NDBオープンデータに記載された2016年の保険診療の請求件数のデータである。これによると2016年の人工股関節置換術の請求件数は52,528件，再置換術は2,788件であった。

　NDBオープンデータは，厚生労働省が蓄積した健康保険診療の請求データ等を集計，加工したものである。2014年のデータを集計したものが第1回NDBオープンデータとして発表された。厚生労働省は今後継続して発表する予定である。本稿執筆時点（2019年6月）まで

に第3回 NDB オープンデータが発表されている（2018年8月）。今後，継続的に発表されるようになると，医療機器の市場規模分析に役立つデータとなるので，今後第4回目以降も継続して発表されることを期待する。

4 診療報酬と価格競争

人工関節置換術などの手術の診療報酬は，手術の技術に対する技術料と手術に使用する人工関節などの材料代とによって構成されている。材料代は厚生労働省が市場価格を随時調査し材料価格の基準（以下，償還価格という）を定め，診療報酬の請求に際しては償還価格で購入したものとして請求することになる。医療機関が特定材料をその償還価格よりも安く購入すると差額は医療機関の利益となるが，購入価格が償還価格よりも高いと，差額は医療機関の損失となる。そこで医療機関は少しでも安い材料を購入しようとする。

しかし，市場価格が安くなると，厚生労働省は償還価格を引き下げるため，医療機関の利益は少なくなる。医療材料メーカーが安く販売しようとして安い定価を設定すると，これが厚生労働省の償還価格を引き下げるための根拠資料となる。そのためメーカーは低価格を医療機関向けの広告等で広く訴求することができず，価格による差別化が難しい。

Ⅱ モデル企業の概要

 A 社の概要

業　種：人工関節インプラントの製造企業
創　業：1955年（昭和30年）株式会社設立

経営者：C氏　　　43歳

売上高：3億で増加中

従業員：15名。先代社長の時代からのベテラン技術者が多い。

　A社は人工関節を製造する製造企業である。創業者は刀鍛冶であったが，明治維新後の廃刀令により作刀ができなくなったため，1882年（明治15年）に鍛造による鋏の製造を始めた。縫製業や散髪業などの専門の職人向けの特殊な形状の鋏を製造して業績を拡大した。1955年（昭和30年）には株式会社化した。

　1990年代に入るとA社の鋏を使う専門の職人が減少し売り上げが減少してきた。現社長の父，当時の4代目社長のB氏は鍛造技術を活かして人工関節事業に参入しようと考え，人工股関節を開発した。

　技術だけでなく，信用が必要な業界であったため，参入当初は売り込みに苦労したが，鋏の製造で専門の職人の希望に応じた設計を行い，精密鍛造と切削加工の組み合わせで製品を作ってきた技術力を買われ，大手メーカーからOEM生産を受注し売り上げを伸ばすことに成功した。その後，大手メーカーの支援を受けて改良を重ねて品質向上に努めた結果，売上を2億5,000万円まで伸ばした。この間に鋏事業は5,000万円まで縮小している。

　人工関節事業に参入したB氏は，自身が高齢になってきたため引退して会長となり，息子のC氏に社長を譲ることにした。5代目新社長になったC氏はさらに業績を拡大するために，股関節よりも手術件数が多い膝関節を製造しようと考え，試作に成功した。我が国の人工股関節置換手術は年間52,000件前後であるのに対して人工膝関節置換術は77,000件である。ここに食い込むことができれば大幅に売り上げを伸ばすことができる。そこで，どれだけの売り上げ増加が見込めるのか，市場環境を調査することにした。

Ⅲ 利益計画の問題点

1 外部環境分析

　A社を取り巻く外部環境の変化を，PEST分析で把握した。

政治的環境：人口の高齢化による国民医療費の高騰から，厚生労働省は医療費を引き下げようとして，診療報酬や償還価格の引き下げなどを行っている。一方，厚生労働省は国民の健康を増進することに予算を使い，これによって病気を減らして医療費を減少させようとしている。このための施策が地域包括ケアである。医療機器の販売を増加させるためには予防の枠組みである「健康日本21」や「保険医療2035」「地域包括ケア」などの枠組みを考慮することが必要になる。

経済的環境：人口構成の高齢化により国民医療費が増大していることから，厚生労働省はこれを削減するために診療報酬の引き下げを行ってきている。このため，医療機関から医療機器業者に対する低価格要請が強くなってきている。

　メーカーや医療系商社が競合他社よりも安い価格を定価として設定すると，それが厚生労働省の償還価格設定の資料となってしまうため，メーカーは定価を設定せず，定期的にセールなどと銘打って安売りをする，などの工夫をする必要がある。

社会的環境：団塊の世代が定年を迎えて活動的な高齢者の人口が増えてきている中で，高齢による関節の疾患も増えてきている。

　そこで関節痛等を人工関節置換術によって治療をする患者が増えてきている。これは人工関節置換術にとっては追い風となっている。

技術的環境：コバルトクロム合金や純チタンなどの生体親和性の高い

●図表－3　人工関節の償還価格の推移

	2010年	2012年	2014年	2016年
人工股関節	￥983,600	￥898,600	￥795,100	￥667,700
人工膝関節	￥613,100	￥569,600	￥533,300	￥494,600

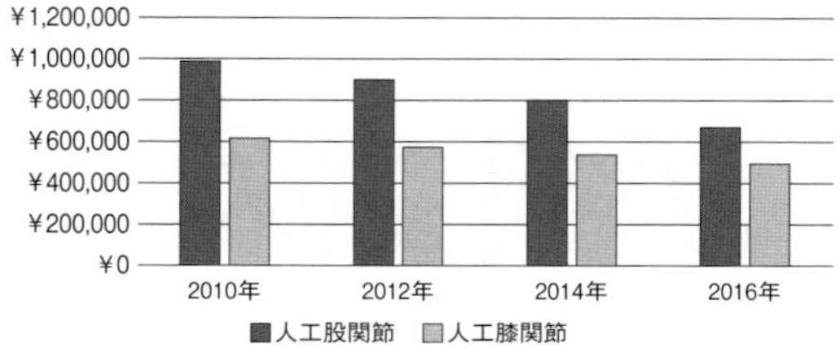

（出典）　厚生労働省ホームページを基に作成

　金属は，加工が難しかったが，これを加工する技術が発達してきて，壊れにくく寿命の長い人工関節が作れるようになってきた。

　人工関節を製造する技術については，薬事法が改正されて医薬品医療機器等法になると，製品の品質だけでなく，製造工程に対しても，品質を管理し向上し続けるための仕組みが要求されるようになった。これによって技術力の低い企業が淘汰され，高い技術を保有する企業のみが生き残ったため，競合他社との品質の差がほとんどなくなってきている。

　一方，東南アジアの国々の医療技術が進歩して人工関節置換術が行えるようになってきており，輸出ができる可能性が高まってきた。特に韓国では人工関節置換術が盛んに行われるようになり，人工関節の需要が高まっている。

❷ 内部環境分析（強み）

　A社は，企画設計，精密鍛造，精密切削加工の技術を保有しており，設計から製作，仕上げまでを一貫して行うことができる技術を有している。

競合他社が切削加工のみで人工関節を生産しているのに対しA社では鍛造で全体の概形を作り切削加工で仕上げをしている。このため①鍛造により金属の強度が増すため，他社よりも堅牢な人工関節を作ることができる。②鍛造により概形を作ってから切削加工を行うので切削量が少なく，材料代が少なくて済む。③切削量が少ないので加工時間が短縮される。金属ブロックから切削のみで削り出すと6時間必要だが，A社は鍛造のための過熱に1.5時間，鍛造に30分，切削に2時間の合計4時間で加工できる。

　CoCr合金や64チタンなどの硬い金属の加工技術を持っており，これらの素材による人工股関節も生産している。

　大手メーカーから技術力を評価され，OEM生産を継続して受注しており，また低コストで作れるので，内部に資金の蓄積がある。

③ 内部環境分析（弱み）

・OEM生産が大部分であるため，自社ブランドの認知度が低い。
・現社長が代替わりしたばかりなので，社長であるC氏のリーダーシップが弱い。
・生産能力が現状でぎりぎりいっぱいであるため，工作機械の設備投資をしないとこのままでは増産できない。
・OEM生産に頼りきりであるため，A社独自の営業力が弱い。

④ SWOT分析

　SWOT分析を行うために事業環境を表に整理した。

■ 低価格要請の脅威を機会に変える

　次頁表の「機会」の欄の第1番に挙げたが，国内外での人工関節のニーズの増加という事業機会がある。また，国内では償還価格の引き下げによる低価格要請が生じている。

●図表－4　A社のSWOT分析

S：強み	O：機会
他社より低コスト短納期で作れる 大手メーカーからOEM受注している 設計から仕上げまで一貫生産 CoCr合金などの硬い金属の加工技術がある 資金の余力がある	国内外で需要が増加している 償還価格引き下げによる低価格要請
W：弱み	T：脅威
独自の営業力が乏しい 生産能力に余力がない 社長のリーダーシップが弱い	品質に差が付き難くなってきた 償還価格引き下げによる低価格要請

　低価格要請は通常は脅威であるので，「脅威」の欄にも記載したが，鍛造と切削加工を組み合わせることで競合他社よりも低コストで生産できるA社にとっては，他社と価格による差別化ができるチャンスである。他社にとっての脅威も，A社にとっては機会になるのである。

　また，A社の人工関節は鍛造を行うことで素材の金属の結晶格子が変化して強度が増すという強みがある。さらに，鍛造を組み合わせることにより，切削時間が短縮され，製造リードタイムが短くなるという強みもある。

　競合他社と，寸法精度や表面性状などの品質で差が付き難くなっていることは，他社にとっては値下げ競争に陥りやすいという「脅威」であるが，コスト構造が他社よりも低コストであるA社にとっては，他社と同等の品質の製品を他社より低価格短納期で提供できる，という「強み」になる。

　従って，A社が強度面で他社より優れた製品を，他社より低価格で，他社より短納期で国内外に販売することで売上高を増やし業績を拡大できると予想される。

❷　機会を邪魔する弱み・営業力不足

　しかし，この実行を妨げる障害がある。それは，「弱み」の欄の第

１番に挙げた，独自の営業力がないことである。せっかく市場に機会があり，そこに投入できる強みがあっても，商品を市場に届ける営業力が弱ければ，買い手は自分が欲しい商品がそこにあることを知ることができない。

　しかも，健康保険制度の特徴として，厚生労働省による償還価格の引き下げという問題があるため，インターネット広告などによって低価格を訴求することもできない。低価格を訴求するには，各医療機関に営業担当者が御用聞き営業を行い，PR資料には価格を記載せずに，口頭のみで価格を伝えなければならない。従業員たった15名のA社ではとうてい不可能である。

　この営業力の不足というのがA社の１つ目の問題である。

❸　弱みを補う強み・OEM生産

　この時に役に立つのが大手メーカーのOEM生産である。大手医療機器メーカーは大手医療系商社との取引があり，商社が各医療機関に御用聞き営業を行っている。OEM生産は，自社ブランドの認知度が向上しないことが弱みとなる場合もあるが，A社の場合は一定数を確実に買ってもらえてユーザーに売ってもらえるので，営業力のなさを打ち消す強みになる。

❹　もう一つの弱み・生産能力不足

　OEMにより販売量が増加すると，２つ目の弱みが顕在化してくる。それは生産能力である。A社では，人工関節の概形を鍛造によって作り，これをさらに切削加工により仕上げている。切削加工は作業時間が長いため，この工程が生産量の上限を決めるボトルネックとなっている。現在の生産量が切削加工の上限に近づいており，これ以上の増産が困難な状況であることが２つ目の問題点である。

❺　ボトルネックとは

　ボトルネックというのは，工程全体の生産速度の上限を決定する工

程というだけであって，他の工程よりも劣っているというようなネガティブな意味合いはない。どんな生産ラインであっても，ラインを構成する工作機械にはそれぞれ作業速度の上限があるから，ライン全体の生産速度を決めるような工程が必ず存在する。

　ボトルネックとなる工程がわかっていれば，製品を受注する際に，ボトルネック工程の生産速度をオーバーするような受注をしてしまうと納期遅れが生じるので，生産速度による納期遅れを防ぐためにはボトルネック工程を重点的に調べればよいのである。

　A社の場合，切削加工工程がボトルネックであることがわかっており，売り上げ拡大のために切削加工工程の負荷を下げるか，加工能力を拡大するかしなければならない。そのためには，鋏事業を廃止してその分の生産能力を使うか，切削加工の一部を外注に出すか，設備投資を行って切削加工機を新たに購入し，従業員の拡充をするかのどれかを行うことになる。これは社長のC氏が決断しなければならない。

●図表－5　生産工程

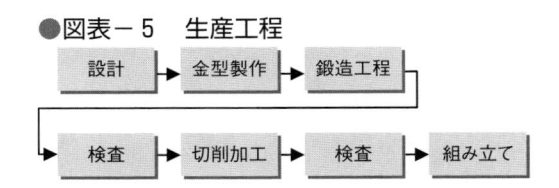

⑥　第3の問題・社長のリーダーシップ

　以上のようなことになると，3つ目の問題が見えてくる。それは社長のリーダーシップである。平成24年に社長に就任しようやく7年である。従業員の中には社長より年上で，技術も社長より上の職人が多い。人工膝関節の開発には成功したものの，従業員全員を率いて組織として動かしていくリーダーシップ力はまだまだ弱い。A社が新事業として人口膝関節を販売し業績を拡大するためには，販路，生産能力，リーダーシップの3つの問題を解決する必要がある。

Ⅳ　問題点の改善策

1　学習と成長の視点

1　理念の明確化を

　社長が代替わりをして新規事業を行おうとするときに重要なのは，C社長の考えを全社で共有することと，そのために社長自身が自分の考える理念と事業の方向性を明確にすることが必要である。

　A社は先代社長が人工関節事業に参入してから，鋏事業と人工関節事業の2つの事業を行っているが，鋏事業はニーズの縮小に伴って売り上げも大幅に減少し，事業を縮小してきている。生産余力がない現状で，新しく人工膝関節事業を行うに際して，鋏事業を継続するのかそれとも廃止するのかを，C社長が決断する必要がある。継続するにしても，鋏事業の従業員は「鋏事業が廃止されるかもしれない」という不安感を抱く可能性が高い。

　また，人工膝関節の開発に携わった従業員の中にも「本当に売れるのだろうか」という不安を持つものが出てくる。これらの不安に対して社長が明確なビジョンを提示して，全社が一丸となる必要がある。

●図表－6　A社の戦略フロー

財務の視点	顧客の視点	業務プロセスの視点	学習と成長の視点
売上の維持・向上	強靭で高品質な製品	外注の活用による生産能力向上	経営理念の明確化
利益率の向上	適正な価格	生産計画の精緻化	人工膝関節事業による社長の方針の伝達
	短納期の維持	納期管理とコスト管理の充実	鋏事業の存続と経営方針の明確化

　そこで，社長が第一にすべきことは，Ａ社の経営理念を明確にし，経営理念にのっとった今後の経営方針を決定して，これを従業員に何度も語り掛け，社長の理念と経営方針の共有化を図ることである。

　従業員数15名のＡ社の場合，全社員で経営理念の策定を行うと，社長との理念の共有化が図れ，社長がリーダーシップを発揮して全社の一体感を醸成し，従業員の不安感を払拭するのに効果的である。

❷　仲間を作る

　また，理念と方針の共有化に際して，社長が一人で話して回るだけでなく，それを助ける仲間がいると効果的である。幸いなことに，人工膝関節を社長主導のもと数人の従業員と共同で開発した経緯がある。この開発担当者を社長の思いを伝える伝道者として活用することで，全社に社長の思いを伝えやすくなる。

❷　業務プロセスの視点

　これから新規事業に参入し生産を拡大しようとしている現状で生産余力がないことは重大な問題である。前述したように，生産余力を確保する方法は３つある。鋏事業の廃止，外注の活用，設備投資である。

　人工膝関節事業は，今後伸びる可能性が高いが，継続的に売り続けられるかどうかは現状では未知数である。また売上が減少しているとはいえ，一定のニーズがあり売上を上げている鋏事業を廃止してしまうのは得策ではない。したがって，鋏事業は残したまま，まずは外注の活用で生産力を増やし，人工膝関節が継続的に売れる見通しが立ったところで設備投資を行うのが順当なところであろう。

　鋏事業，人工股関節事業，人工膝関節事業の３つの事業を同時進行で運営するので，鍛造機の生産計画，外注先の納期管理とコスト管理が重要になる。

3 ● 顧客の視点

　2016年の人口膝関節置換術の実施件数は7万7,000件余りであり，今後増加することが予想されている。この人工膝関節市場にA社の製品を販売するために，現在取引のある大手メーカーからOEM生産を受注しようとしているわけであるが，顧客である大手メーカーと最終ユーザーである患者とのニーズは，高品質な製品を適正な価格で短納期で納品されることである。

　この時に発揮される強みは，①大手メーカーからOEMを受注している取引実績，②CoCr合金や64チタンなどの硬い金属の加工技術，③鍛造による金属強度の加工硬化，④設計から仕上げまでの一貫生産力等である。

　設計や金型製作ができるということはOEM生産を行うにあたって，発注元の要望に沿う製品がすぐに作れるということである。すでに人工膝関節を扱っているメーカーであれば，A社製の人工膝関節もすぐに一定量の販売ができるだけの取引先を持っている。

　また，硬い金属の加工ができることも，OEM発注元にとってはうれしいことである。人工関節は強度が必要であり，硬い金属を使用することにより寿命が延び，エンドユーザーである患者の利益になる。大手メーカーとしても医療機関へ売り込みやすい。

　現在日本の人工関節市場では，製品の8割が米国などの外国製であり，国産は2割しかない。A社がOEM受注している企業も米国企業である。

　そこでこの米国企業を通して韓国や東南アジアに人工関節を輸出することによって売り上げを大幅に増加できる可能性がある。現在交渉中であり，3年後には具体化する予定である。

4 ● 財務の視点

　参入障壁の高い業種であるが，A社は設計から鍛造と切削加工までの技術を保有していたので，薬事関連の認可を取ることで参入できたうえに，大手メーカーからのOEM受注もできた。これによって利益を蓄積し，内部留保を蓄積できている。

　継続的に売上が上がる見通しが立てば，自己資金で設備投資が可能である。この場合，設備通しの採算性の計算はきちんとしておく必要がある。

Ⅴ　改善後の利益計画

　利益計画改善後のA社のPLを表に示した（図表－7）。外注の活用により生産量を増やし，大手メーカーのOEM受注により販売することで増収増益を果たしている。今後設備投資による外注の内製化を行うことでさらに増益できる可能性がある。

● 図表－7　A社のモデル利益計画

（単位：千円）

科目	直近期末		1年目		2年目		3年目	
	金額	構成比	金額	構成比	金額	構成比	金額	構成比
売上高（千円）	300,600	100.0%	320,600	100.0%	366,600	100.0%	412,600	100.0%
鋏	51,000	17.0%	51,000	15.9%	51,000	13.9%	51,000	12.4%
人工股関節	249,600	83.0%	249,600	77.9%	275,600	75.2%	301,600	73.1%
人工膝関節	0	0.0%	20,000	6.2%	40,000	10.9%	60,000	14.5%
売上原価	249,000	82.8%	264,500	82.5%	298,380	81.4%	332,260	80.5%
材料費	104,000	34.6%	112,000	34.9%	128,500	35.1%	145,000	35.1%
外注費	0	0.0%	7,500	2.3%	24,880	6.8%	42,260	10.2%
労務費	72,000	24.0%	72,000	22.5%	72,000	19.6%	72,000	17.5%
製造経費	73,000	24.3%	73,000	22.8%	73,000	19.9%	73,000	17.7%
売上総利益	51,600	17.2%	56,100	17.5%	68,220	18.6%	80,340	19.5%
販管費	24,900	8.3%	24,900	7.8%	24,900	6.8%	24,900	6.0%
営業利益	26,700	8.9%	31,200	9.7%	43,320	11.8%	55,440	13.4%

〔青木　仁志〕

11 ソフトウエア業の モデル利益計画

Ⅰ 業界の概要

1 ソフトウエア業とは

　コンピュータ本体や，コンピュータを構成する半導体などの電子回路やハードディスク，及び，周辺機器など物理的に存在するものを「ハードウエア」と呼ぶ。

　一方，手順やプログラムなど無形なものを「ソフトウエア」と呼び，ソフトウエアを開発する業を「ソフトウエア業」と呼ぶ。

2 ソフトウエア業の分類

■ 成果物による分類

　ソフトウエア業を成果物から分類すると，特定の顧客からの発注により，その顧客にあったオーダーメイドのソフトを開発する「受注ソフトウエア開発」と，汎用的なパッケージソフトを開発する「ソフトウエア・プロダクツ」に大別される。

　「ソフトウエア・プロダクツ」は，さらに「業務用パッケージ」「ゲームソフト」「コンピュータ等基本ソフト」に分類できる。

　2017年の事業従事者５人以上のソフトウエア業における売上構成比としては，「受注ソフトウエア開発」が８割を占めている。（図表－1）

■ 出身母体による分類

　出身母体による企業の分類としては，「メーカー系」「ユーザー系」

●図表－1　成果物による分類の売上構成比

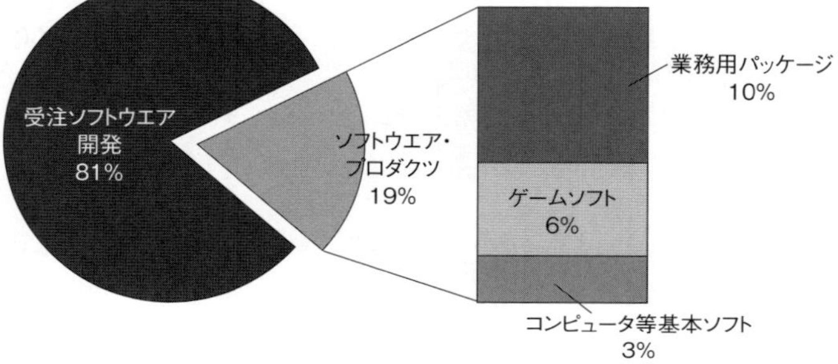

受注ソフトウエア開発 81%
ソフトウエア・プロダクツ 19%
業務用パッケージ 10%
ゲームソフト 6%
コンピュータ等基本ソフト 3%

（出典）　経済産業省「平成29年　特定サービス産業実態調査」
（「ソフトウェア業」の「事業従事者5人以上の部」から
編集）

「独立系」「外資系」などに分類できる。

3　市場規模と従事者数

　日本では，1950年代半ばから民間でもコンピュータの活用が始まり，1980年代にはソフトウエアの開発が増加する。1990年代後半からはPCが，2000年頃からはインターネットが本格的に家庭に普及し，ソフトウエア開発の需要はさらに拡大することとなった。

　このようなITの進展とともに，ソフトウエア業の年間売上高はリーマン・ショックの影響による一時的な落ち込みを除き，ほぼ右肩上がりで推移してきた。

　近年のソフトウエア業全体の年間売上高は10兆円台から11兆円台の間で推移している。

　2017年の売上高は，ユーザー企業のソフトウェア需要の高まりにともない，11兆3,259億円にも上り，同年のソフトウェア業務の事業者も，約64万人となった。（図表－2）

　事業従事者数の規模としては，4人以下の事業所が37%を占め，10

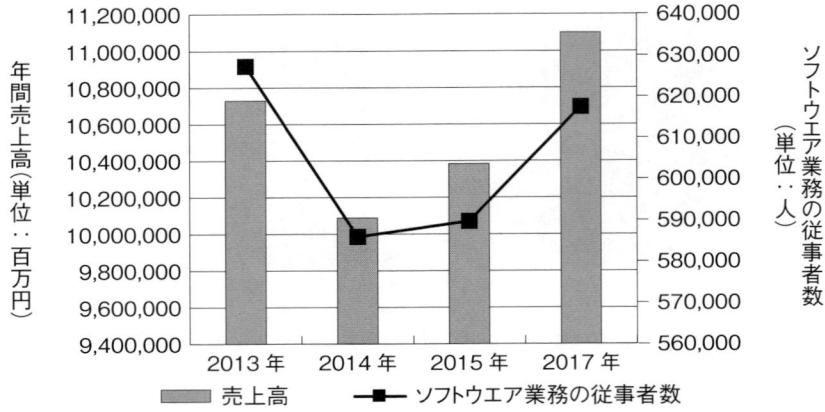

●図表－2　年間売上高とソフトウエア業務の従事者数

凡例：
- 売上高
- ソフトウエア業務の従事者数

（出典）　経済産業省「特定サービス産業実態調査」（各年のソフトウェア業の
内，「ソフトウェア業務の売上」，「ソフトウェア業務の従事者」を編集）
2016年は，未発表

●図表－3　事業従事者数規模別事業所構成比

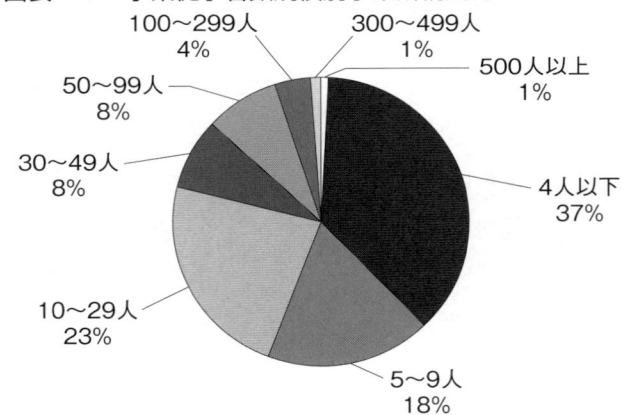

- 100～299人 4%
- 300～499人 1%
- 500人以上 1%
- 50～99人 8%
- 4人以下 37%
- 30～49人 8%
- 10～29人 23%
- 5～9人 18%

（出典）　経済産業省「平成29年度　特定サービス産業実態調査」
（「ソフトウェア業務の事業従事者規模別計」を編集）

～29人も23％となっている（図表－3）。

　2019年のソフトウェア業には，2つの特需が発生した。1つは，5月の改元である。和暦の表示となっている帳票やディスプレイ上の表

示を変更するためのシステム開発需要があった。

　もう1つは，10月の消費税増税への対策である。今回の消費税増税対策には，8％から10％への税率の変更のみならず，軽減税率制度への対応も求められる。標準税率は10％なのに対し，この制度により，「飲食料品」「定期購読契約が締結された週2回以上発行される新聞」などの軽減税率対象品目に係る税率は8％となる。ただし，飲食料品では，酒税法に規定する酒類が除かれ，さらに，外食も含まれないなどの仕様を正確にプログラムに反映することが要求される。

　中長期的にも，金融を高度化するフィンテックや，保険サービスを高度化するインステック，教育を高度化するエドテックなど，ソフトウェアは様々な業界の高度化に求められている。また，生産性を向上させるために，RPA（ソフトウェアロボットによる業務自動化）やAI（人工知能）などのソフトウェアもいっそう普及するとみられる。さらに，老朽化したシステムの改修も必要となる。このように，ソフトウェア産業は，ますます拡大する見込みである。

④ ソフトウエア業の業界構造

　成果物から見た分類で8割以上を占める「受注ソフトウエア開発業」では，ソフトウエア開発会社が顧客企業からソフトウエア開発を「元請け」として直接受注する場合もあれば，ピラミッド型の受注構造となる場合もある。

　後者の場合には，顧客から受注した「元請け」企業であるコンピュータメーカーや大手企業などからの発注による「下請け」として受注したり，その「下請け」企業からの受注をさらに「孫請け」として受注する多重下請け構造となることも多い。

⑤ ソフトウエア業の収益構造

平均的な中小のソフトウエア開発会社の売上高人件費比率は40%程度，売上高外注比率は30%程度となっている。多層的な下請け構造により，売上単価が低く抑えられ，売上高営業利益率は4〜5％程度に止まっている。

⑥ 最近のソフトウエア業の業界動向

　ソフトウエア業の動向は，非常に流れが早く多岐にわたる。

　ここでは，後述する今回の事例企業であるA社に関連する事柄を中心に最近の業界動向を記す。

■ 活況を呈すスマホ向けアプリ開発

　従来の携帯電話に比べて，ウェブサイトの閲覧やネット通販，交流サイト，ソーシャルゲームなどが使いやすいスマートフォンの普及が進んでいる（図表−4）。

●図表−4　スマートフォン個人保有率の推移

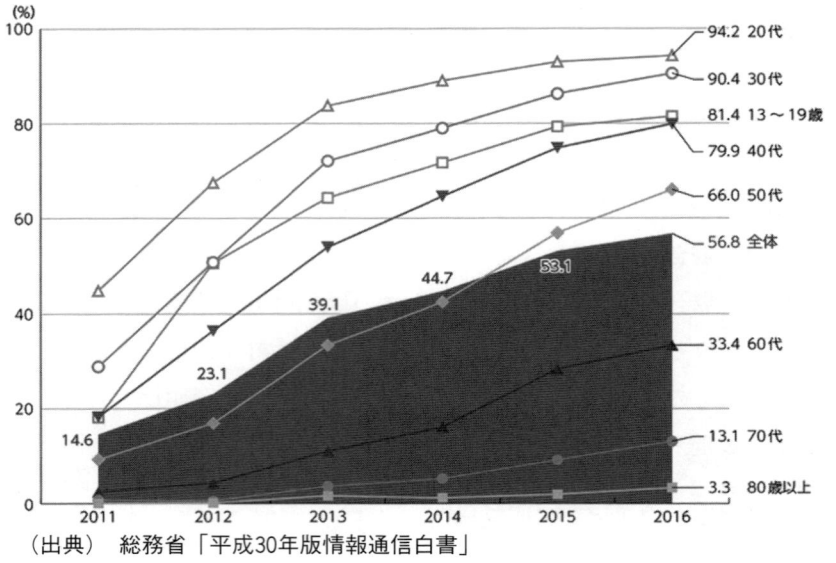

（出典）　総務省「平成30年版情報通信白書」

　個人のスマートフォンの保有率の平均値は，2011年には14.6％に過ぎなかったが，2016年には56.8％となった。この５年間で４倍に上昇しているのである。とくに，20代の保有率は，94％にまで達した。

　スマートフォンに搭載されるアプリの開発やサービスの拡充が急務となっているソフトウエア開発会社は，この新技術を有する人材を大量に採用している。

　また，スマートフォンによる業務利用も進んでおり，その場合には，スマートフォンからの不正アクセスや紛失時の対応などの情報セキュリティに関する措置が必要となる。

② クラウドサービスの普及

　通信速度の向上，コスト削減要請の高まりによって，近年，ユーザーが使用するサーバーやソフトウエアを，インターネット上のサービス提供者側で提供するクラウドサービスの普及が進んでいる。

　従来，企業がコンピュータを利用するには，自社で，ソフトウエアがインストールされデータが保管されるサーバーなどのハードウエアを持つのが通例であった。

　それに対して，クラウドサービスでは，ユーザーが，インターネットを通じて，サービス提供者が提供するソフトウエアを利用し，インターネット上のハードウエアにデータを保管できる。

　企業側の導入メリットとしては，「導入までの期間が短い」「初期コストが安い」「技術的な専門知識が不要」「運用コストが安い」などが挙げられる。

　これまで，自社システムをソフトウエア開発会社に発注していた企業では，クラウドサービスを利用することにより，新たな開発の発注を控える企業も多くなっている。

③ オフショア開発の進展

　オフショア開発とは，システム開発会社が，ソフトウエア開発を海

外のソフトウエア開発会社や海外子会社に委託することである。

オフショア開発により，安価にソフトウエアを開発することが可能となる。

オフショア開発が行われ始めた当初は，現地スタッフの技術力不足や国際間のコミュニケーションギャップにより，納期や品質に関するトラブルも多発していた。

しかし，現在では品質の向上が顕著である。委託先としては，従来は中国やインドが圧倒的に多かったが，近年はベトナムやフィリピン，さらには，バングラデシュ，ラオス，カンボジアなどが台頭してきている。

ソフトウエア開発の発注先が海外のソフトウエア開発会社に切り替えられてしまった国内ソフトウエア開発会社は，専門性の確保やソフトウエアパッケージ製品の開発などによる下請け体質からの脱皮を迫られている。

４　深刻な IT 人材の人手不足

ソフトウェア業の人手不足は深刻度を増している。経産省が2016年6月に発表した「IT 人材の最新動向と将来推計に関する調査結果」によると，2015年の段階で IT 人材が17万人不足しており，2030年には41〜79万人が不足すると予測されているのである。

人手不足の背景には，ユーザー企業のソフトウェアの開発需要はますます増加する一方で，エンジニアやプログラマーの仕事は激務なので，離職率が高いことがある。

ソフトウェア業の各社は，働き方改革を進める一方で，海外人材や高齢者の積極的な採用に取り組んでいる。また，一律の初任給制度を廃止して能力給や特別待遇枠を導入することで，能力の高い新人の採用を企てる新興企業もあった。

５　成長を続ける情報セキュリティ市場

●図表－5　情報セキュリティ市場規模（2018年以降は予測）

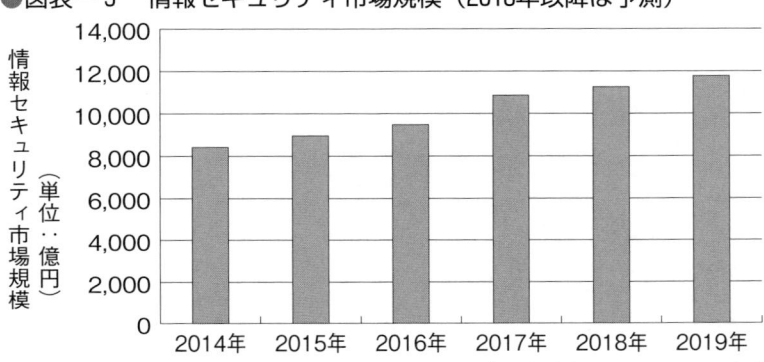

（参考）　日本ネットワークセキュリティ協会「国内情報セキュリティ市場
　　　　　2018年度調査報告」

　人々の生活や企業活動において，IT は不可欠のインフラとなって
おり，情報セキュリティの確保は社会的な要請になっている。

　日本ネットワークセキュリティ協会の発表によると，セキュリティ
ツールとサービスとを合わせた2019年の国内情報セキュリティ市場は，
前年比5％増の1兆1771億円に達した（図表－5）。

　この背景には，近年，企業の情報システムへの不正アクセスによる
情報漏洩が頻発していることがある。さらに，2020年の東京オリンピ
ック・パラリンピックに向けて，国内外からのサイバー攻撃のさらな
る増加が懸念される。

Ⅱ　モデル店 A 社の概要

1 ●A 社の概要

■ 創業から，リーマン・ショック前までの状況

　ソフトウエア開発会社A社は，ある SI 企業を親会社としたソフトウエア会社である。

　社長は，大手外資系コンサル会社時代には，数億円規模の案件を次々受注していた優秀な営業員であり，21世紀の幕開けと同時にそのコンサル会社の情報部門のメンバーとともに，スピンアウトしてA社を創業した。

　創業後は，製造業に強い親会社から受注した案件を十数人の優秀なSE とプログラマーがなんでもこなしていた。

　同社の強みは，社員の能力の高さである。社員は外資系会社の出身者で構成されており，その多くは英語が堪能である。ソフトウエア業では，新技術や新製品は，説明書やマニュアルが英語のみの製品もあるが，A社の社員は，難なく読みこなすことができるので最新の技術を容易に習得することができる。

　また，A社のプロジェクト管理能力は高く，A社が担当するプロジェクトはスケジュールどおりに完了することに定評があった。

　その反面，A社は，営業力のなさが弱みであった。営業力やブランド力がなく，これといった特徴を持たないA社は，親会社以外からの受注が難しい。

　今後について，危機感を抱いた社員が，A社ならではの専門性を身

に付け，その専門性を打ち出した営業活動を行うように社長に進言しても，社長は「別に心配しなくてもいいから」と短く答える有り様だった。

大手外資系コンサルタント会社時代は，大会社のブランド力を背景にして，そしてＡ社を設立後は，親会社からの受注に頼って，営業活動をしてきた社長は，危機感に乏しかったのである。

❷　リーマン・ショック以降の窮境

2008年のリーマン・ショックで，親会社からの発注が滞ったＡ社は，一気に窮境に陥った。IT投資の手控えに加えて，低価格となるクラウドサービスやオフショア開発に仕事が流れていったのである。

Ａ社の社長は，あわてて，「技術者を含めた全員で営業活動に当たるように」と命じたものの，効果は全くなかった。

Ａ社の技術者は，営業経験がないので，いきなり，社長から営業をしろと指示されても，どのように営業すればよいかも分からなかったからである。Ａ社には，親会社からの受注を通じて，セキュリティソフトの開発などのさまざまな開発実績を持っていたにもかかわらず，それを他社に横展開できなかった。

ブランド力のある大手外資系コンサル会社時代には優秀な営業員だった社長も中小企業としての営業活動はできず，全員に営業活動の指示を出してはみたものの本人は机の上でため息をつくばかりの毎日を過ごしていた。

Ａ社では，売上げに寄与せず，未稼働となる社員も多くなった。元の外資系企業と同等とした給与体系により，同業他社と比べて高額だった人件費も，営業利益を圧迫する原因となった（図表－6）。

この結果，Ａ社の社長は退任を余儀なくされ，それまでの副社長が新たな社長となり，Ａ社は再出発を図ることになった。

●図表－6　Ａ社の前々期，前期の損益計算書

（単位：千円）

	前々期実績	構成比	前期実績	構成比
売上高	245,516	100%	234,505	100%
売上原価	115,393	47%	112,562	48%
売上総利益	130,124	53%	121,943	52%
販売費及び一般管理費	125,929	51%	121,130	52%
うち，人件費	103,117	42%	98,492	42%
うち，広告販促費	198	0%	144	0%
うち，オフィス賃料	10,800	4%	10,890	5%
うち，その他	11,814	5%	11,604	5%
営業利益	4,195	2%	813	0%

Ⅲ　Ａ社の問題点及び課題

　Ａ社の新社長は，SWOT分析を行い，社内外の環境を明らかにして，自社の問題点や課題を洗い出した（図表－7）。

1 ● Ａ社の問題点や課題

■ 専門分野がなく社員の未稼働が多い

　Ａ社は，「Ａ社ならでは」といえる専門分野がない。ブランド力のない中小企業が専門性も持っていないと，潜在顧客にアピールすることができない。

　この専門性のなさゆえに，顧客が獲得できず，その結果，売上げに直接的に結びつかない未稼働の社員の多さへとつながっていた。

　未稼働の社員は，就業時間内に思い思いに自習やセミナー，講習会の参加を行い，自己研さんを図ってはいるものの，おのおのがバラバラの分野の技術を習得している状態となっており，悪循環となってし

●図表－7　SWOT分析

		強　み	弱　み
内部環境分析	財務	・借入金が少ない	・未稼働の人員の多さによる収益性の低さ ・人件費の高さ
	労務		・コミュニケーションの欠如による情報共有の不徹底
	販売	・親会社との強い関係性	・社員の月単価の高さ ・営業力のなさ ・プロモーション資料がない
	技術	・技術力の高さ ・英語の能力の高さ ・セキュリティソフトの開発実績 ・プロジェクト管理能力の高さ	

			機　会	魯　威
外部環境分析	ミクロ分析	顧客	・既存顧客からの高い信頼	・顧客基盤の弱さ
		競合	・A社のような技術力の高い企業は限られる	・安価なクラウドサービスやオフショア開発の進展
	マクロ分析（PEST）	政治的要因	・ネット選挙解禁の動き ・マイナンバー制度導入の動き	
		経済的要因	・セキュリティへの投資意欲	・リーマン・ショックや震災によるIT投資の手控え
		社会的要因	・スマートフォンの普及	
		技術的要因	・セキュリティ技術の進展 ・オープンソースシステムへの関心	

まっている。

❷　営業力がなく，新規開拓ができない

　A社は，長く親会社からの受注に依存した結果，新規取引先を積極的に開拓してこなかった。その結果，営業活動はほとんど行っていない。

　したがって，会社案内程度のパンフレットはあったものの，専門性のなさも相まって会社の売り物であるサービスやシステムを訴求したチラシやユーザー事例が作成されていなかった。

　また，ホームページはあったものの，会社紹介などのみになってしまっていることに加え，ここ数年はほとんど更新されていなかった。

❸　コミュニケーション不足により，情報が共有されていない

　A社は，各社員が個別に活動することが多く，コミュニケーション

が不足しており，技術情報や顧客情報などの情報共有が不十分だった。そのため，複数の社員で同じことを調べるなど，俯瞰してみると時間の浪費も多かった。

　また，同社は少人数ながらも，SE による「コンサルタント事業部」とプログラマーによる「ソフトウエア開発事業部」に分かれた事業部制を取っていた。ある事業部で人員が足りない時に，他事業部で未稼働となっている社員で充当できる作業にもかかわらず，コミュニケーション不足が災いし，他社からわざわざ要員を充当したこともあった。

Ⅳ　Ａ社の問題点の改善策

（1）問題点の改善策

　A社の新社長は，この窮境の打破を第二の創業と位置付け，以下のように問題点の改善策を策定し，戦略マップにまとめた。（図表－8）

■　セキュリティソフトの開発に特化

●図表－8　Ａ店の戦略マップ

財務の視点	顧客・消費者の視点	業務プロセスの視点	学習と成長の視点

売上げの増加 ← 新規客の増加 ← 高い専門技術の提供 ← セキュリティの学習
客数の増加 ← リピート客の増加 ／ 定例会の実施 ／ 専門性の強化
未稼動率の減少 ／ 顧客満足の向上 ← 営業資料の作成 ← 資格取得の奨励
利益率の向上 ／ 口コミの増加 ／ 提案営業の実施 ← 顧客志向の徹底
未稼動率の減少 ／ 下請け比率の減少 ／ 営業セミナーへの参加
利益の増加

　A社は，セキュリティソフトの開発に特化することとした。

　専門分野をセキュリティソフトに定めた理由は，今後，市場の拡大が見込まれることに加え，セキュリティソフトの開発は，難易度が高く，かつ，アメリカから技術が入ってくることが多いので，技術力が高く，英語に強いA社には適切だったからである。

　これにより，データ分析に関する開発が得意なSEが同社を去ることになってしまったが，その担当者は円満退社し，今後も，その担当者の転職先の会社とは，提携することになっている。

❷　プロモーション資料を作成し，営業力を強化

　顧客志向を徹底し，外部の営業セミナーにも参加し，営業力の強化を図る。また，同社の専門分野をセキュリティと定めたのでセキュリティソフト開発に関する実績やユーザー事例の紹介のチラシを作成した。

　同時に，ホームページを改修し，セキュリティ開発の紹介や実績を全面に押し出し，頻繁に更新を図ることとした。今後，展示会にも出展する予定である。

　定評のあるプロジェクト管理は，潜在顧客にもアピールできるように，社員にプロジェクト管理に関する資格取得を奨励した。

●図表－9　A社の改善後モデル利益計画

（単位：千円）

	前期実績	構成比	1年目	構成比	2年目	構成比	3年目	構成比
売上高	234,505	100%	246,230	100%	258,542	100%	271,469	100%
売上原価	112,562	48%	110,804	45%	108,587	42%	114,017	42%
売上総利益	121,943	52%	135,427	55%	149,954	58%	157,452	58%
販売費及び一般管理費	121,130	52%	113,500	46%	122,500	47%	122,500	45%
うち,人件費	98,492	42%	90,000	37%	99,000	38%	99,000	36%
うち,広告販促費	144	0%	500	0%	500	0%	500	0%
うち,オフィス賃料	10,890	5%	11,000	4%	11,000	4%	11,000	4%
うち,その他	11,604	5%	12,000	5%	12,000	5%	12,000	4%
営業利益	813	0%	21,927	9%	27,454	11%	34,952	13%

さらに，企業の目に見えない無形の資産である知的資産については，知的資産経営報告書を作成し，見える化を図っていく。この報告書は，採用活動にも，活用する予定である。

3 情報共有の徹底

事業部制を廃止するとともに，月次で全体ミーティングを行い，顧客情報の共有化を図った。

また，その全体ミーティングでは，社員が持ち回りで，現在の技術動向をまとめて発表することにより，技術情報も共有している。

Ⅴ 改善後の利益計画

改善策の実施により，技術の横展開ができるようにしたので，新規顧客数が増加する。専門分野の特化により，付加価値が向上するとともに，今までは，孫請けが多かった商流が，元請けとなることも多くなることにより，客単価が向上する。

さらに，A社の高い技術と予定どおりの進捗に満足した顧客がリピート客となったり，他の顧客を紹介していただくことが期待できる。この結果，売上高が増加する。

広告宣伝費は若干，増えるものの，未稼働率が減少することにより相対的な費用の比率が減少することで，営業利益は増加する。2年後にはセキュリティに精通した人材を増員し，体制強化を図る。

〔山辺　俊夫〕

建 設 業

12 住宅リフォーム業のモデル利益計画
（リノベーションに重点を置いて）

　住宅リフォーム業には，内装工事業やリノベーション，コンバージョン業を含むが，政策の推進もあり，より付加価値が高く民泊対応等にも有効なリノベーションに重点を置いて解説する。

I 業界環境と市場動向

1 中古住宅の建設業関連4業種

　国土交通省（以下国交省）の定義によると，

① **リフォーム**：新築時の目論みに近づくように復元する（改修）
② **リノベーション**：新築時の目論みとは違う次元に改修する（高付加価値改修）
③ **コンバージョン**：住宅，事務所，店舗等の相互変更（用途変更：業界用語）
④ **内装工事**：建築工事の最終工程で建物の内装仕上げを行う（内装）

とある。リフォームとリノベーション，コンバージョン，内装工事との境界は厳密でなく，統計では広義の住宅リフォームに含まれる。

　また，上記4業種には住宅以外も含まれ，かつ，内装工事には新築も含まれる。

2 社会環境の変化と住宅について

　急激な人口減少と高齢化により，地方の活力低下が著しい。近年の公共工事の減少も影響し，元々建設業に依存してきた地方市町村の産

業振興が課題である。また三大都市圏でも，高度成長期に建てられた大規模団地の老朽化と住民高齢化が急速に進んでいる。

　住宅購買層に目を向けると，平成29年には住宅一次取得世代（ほぼ30歳代）が高度成長期より約300万人減少，加えて親世代と比較して相対的な収入が減少しており，居住用新築住宅の市場が急速に縮小してきている。

　それゆえに，2050年には全国居住地域の6割以上でピーク時より人口が半減以下になると予想される中，自治体は空き家や中古住宅等を活用して，人を呼び込むことを目指している。過疎地の移住政策では，子育て支援と共に安価で質の良い住宅提供が鍵となっている。

　一方，国交省は新成長戦略（平成22年6月18日閣議決定）に基づき，新築中心の住宅市場から，リフォームにより住宅ストックの品質・性能を高めて中古住宅流通市場へ転換するために，「中古住宅リフォームトータルプラン」をとりまとめた。従来の新築重視の方針を，やや軌道修正した形だ。

③ 市場の状況

　図表－1に示すように，新設住宅戸数は年々減少してきて，リーマ

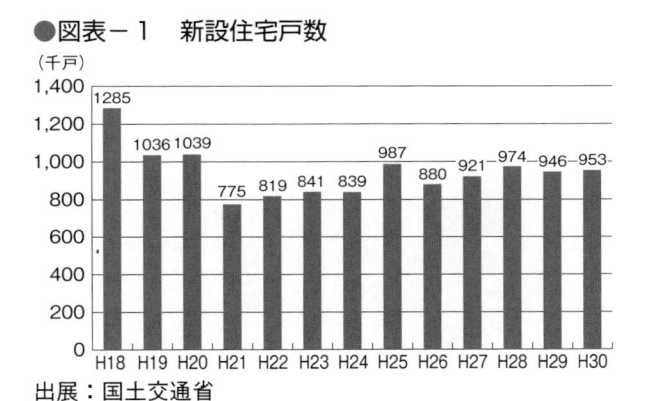

●図表－1　新設住宅戸数

（千戸）

出展：国土交通省

ン・ショックの平成21年に約78万戸となった。その後，平成22年の住宅エコポイント，以降住宅ローン税額控除，住宅取得生前贈与等の政策により底上げを図ってきた。基本は横ばいを維持しているが，最近は異次元の金融緩和で，投機的な側面も出ている。

　次に，住宅種別を見ると平成30年度で，貸家（多くはアパート）が39万戸，持家29万戸，以下，分譲戸建て，マンションである（図表－2・1）。

　東京都だけを見てみると，分譲マンションの比率が全国平均の2倍以上であり，全国では半分近い戸建て合計が，四分の一弱と低い。

　一方，社会的に深刻なのは図表－3に示す空き家の増加で，平成30年で840万戸，全住戸数の13.8％にのぼる。この比率は年々増加して

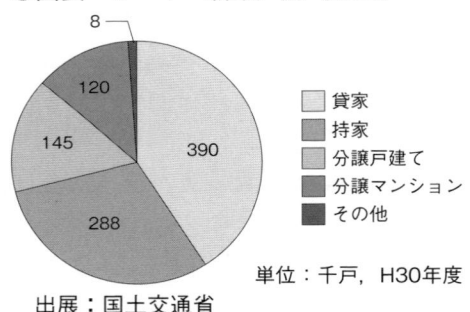

●図表－2－1　新築戸数（全国）

凡例：貸家／持家／分譲戸建て／分譲マンション／その他

単位：千戸，H30年度

出展：国土交通省

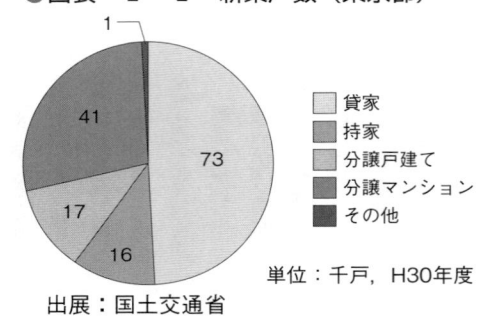

●図表－2－2　新築戸数（東京都）

凡例：貸家／持家／分譲戸建て／分譲マンション／その他

単位：千戸，H30年度

出展：国土交通省

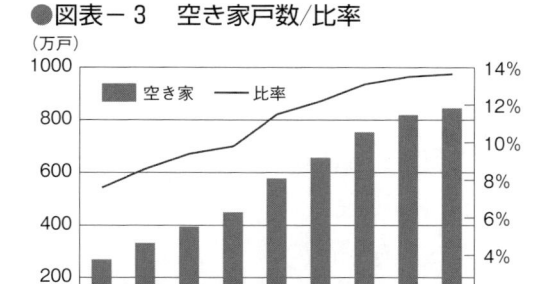

●図表－3　空き家戸数/比率

出展：総務省

おり，地方の市町村ではさらに深刻である。

　政策面では1点目として，平成28年度に大阪府や大田区のように旅館でも簡易宿所でもない，国家戦略特別区における「民泊」制度が始まった。更にインバウンド対応と2020年東京オリンピック・パラリンピック対応で，平成30年に住宅宿泊事業法が施行され，要件を満たせば，Airbnb等のサイトから予約を受けられる，一般住宅への有料宿泊対応が可能となった。

●特区民泊の要件（国家戦略特区施行令）

① 　床面積が25㎡以上の居室

② 　出入口，窓は施錠可能

③ 　居室間，廊下等との境は壁造り

④ 　換気，採光，照明，防湿，排水，エアコン設備

⑤ 　台所，浴室，便所及び洗面設備

⑥ 　寝具，机椅子，収納家具，調理器具，清掃器具

⑦ 　施設使用法，緊急時情報の外国語併記，及び外国語による必要な役務

⑧ 　その他：7泊以上等，条例による

●住宅宿泊事業法での民泊の主な要件

① 都道府県知事等に届出を行う

② 台所，浴室，便所，洗面設備が完備

③ 営業は年間180日を超えない

④ 清掃および換気を行う

⑤ 床面積が3.3㎡／人を超えない人数

⑥ 避難経路等の安全設備を設置

⑦ 近隣住民とのトラブル回避策を講じる

　2点目は，現在は努力目標である「住宅・建築物の省エネルギー基準」が，令和3年には義務化される方向である。新築以外でも「省エネリフォーム」や「エコリノベーション」のビジネス機会が増加することも期待できる。

　以上のように住宅リフォーム業は，先に述べた社会情勢からのニーズと政府の後押しも有り，インフラ改修と並んで建築業の中では堅調な業種となっている。

Ⅱ　業界の現状と課題

①　住宅リフォーム業の現状

　政府の公共工事縮減により建設業の市場は縮小傾向にある。一方，建築物のリフォーム・リニューアル（リノベーションと同義）は図表－4に示すように増加傾向にある。非住宅には事務所や店舗等を含み，コンバージョンとして受注機会になる。住宅だけを見ると平成29年度で，年間4兆円弱の受注高となっている。

　次に業種別事業高比率を図表－5に示す。地場の工務店が約半数を

●図表－4　建築物リフォーム・リニューアル工事受注高

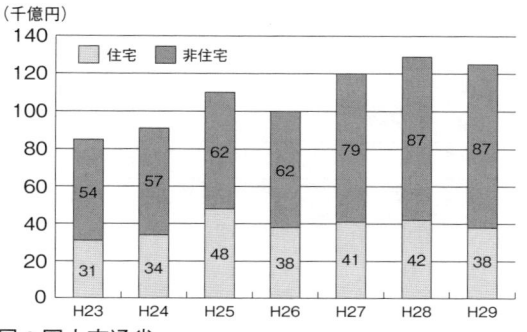

出展：国土交通省

●図表－5　業種別事業高比率

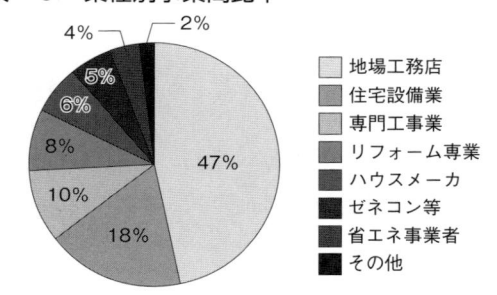

出典：www.mlit.go.jp/common/000135252.pdf を元に筆者作図

占め，以下住宅設備業（大手が多い），専門工事業，リフォーム専業
等の順である。都市圏や地方の区別なく，中小事業者が多いことも特
徴の一つである。

　東京都での統計は見つからなかったが，支援先の感触によると，地
場の工務店比率は2割程度で全国平均の半分以下，とのことで淘汰が
進んでいる。

　業種内の状況を見てみると，図表－6のように総合工事事業者数は
減少傾向だが，内数である建築リフォーム事業者数は急増している。
平成28年で，事業者数が2万7,000，従業者数が13万人となっており，
激しい競争状態である。

●図表－6　建築リフォーム事業者数と従業者数

単位：千件＆千人

事業者数／従業者数	H18	H21	H24	H28
事業者数	10	15	24	27
総合工事全事業者数	225	229	221	215
従業者数	56	74	106	130
総合工事全従業者数	2,014	1,929	1,874	1,809

出典：総務省経済センサス基礎調査

　その背景として，従来，大手ハウスメーカー，中堅ビルダー，町の工務店でうまく棲み分けができていたが，市場の縮小に伴いリフォーム／リノベーションにも大手や中堅が参入して来たことが挙げられる。

　競争を勝ち抜くためには，住宅リフォーム業への多様な客先の期待を捉え，その実現と顧客満足を最大化する運営が，経営者には求められている。

②　課題と解決の方向付け

　ここでは住宅リフォーム業で，市場ニーズを的確に捉え，競争力をつける方策を打ち，経営力強化を図る内容について述べる。

■　業者選定理由

　顧客の期待を知るため図表－7に，国交省の「中古住宅・リフォームトータルプラン」にある業者選定の視点をまとめた。

　これを見ると，価格の安さより，透明性や説明の分かりやすさが上位にきている。また，仕様の内容や技術の高さ等がポイントであることが分かる。

　特にアフターメンテナンスのよさは，住宅リフォームならではの要求事項である。きめ細かく対応する事で顧客関係性を深めることで，リピート受注は勿論のこと，人生節目のリノベーションまで，生涯支援顧客の獲得につながる。

●図表－7　業者選定の視点 Top10

1	価格の透明性・明朗さ	39%
2	説明のわかりやすさ・丁寧さ	33%
3	価格の安さ	32%
4	これまでの実績・施工事例のよさ	30%
5	気軽に相談できる	27%
6	接客対応の態度のよさ	19%
7	施工技術の高さ	19%
8	アフターメンテナンスのよさ	17%
9	大工など職人の腕	13%
10	工事に対する保証の内容	12%

出典：国土交通省「中古住宅・リフォームトータルプラン」

　それには，品質面で妥協せず，デザインやセンスにこだわり，職人が匠の仕事をして，客先の期待を上回ることが重要である。

❷　高付加価値のリノベーション

　競争力の源泉は付加価値である。住宅リフォームの中で，付加価値の高いリノベーションの種類を筆者が抽出し，図表－8に示す。

　この内，＃1～3が顧客の人生節目リノベーションである。また＃4は，断熱材＋塗装，ガラス窓，熱交換省エネ等の新技術対応が必要である。＃5は地方自治体がUターンや移住対策に進めており，今

●図表－8　高付加価値リノベーション

#	種　類	ニーズ
1	家族減少リノベーション	○
2	家族増加／転居リノベーション	◎
3	バリアフリー・リノベーション	○
4	省エネ・エコ・リノベーション	◎
5	空き家古民家リノベーション	◎
6	住宅宿泊事業リノベーション	◎
7	「特区民泊」リノベーション	◎

◎：今後伸長，○：現有市場，△：減少傾向

後はインバウンド対応含め＃6，＃7の「民泊」リノベーションが全国に拡がりつつある。＃6では多言語対応が必要だが，特に木造かやぶき古民家がインバウンドに人気がある。

③　共通課題と解決方向づけ

　業界における共通的な課題と解決の方向付けを，筆者の支援経験から図表－9にまとめた。

1．ヒトでは職人を自社で抱え過ぎず，外部人財との連携ネットワーク構築が鍵となる。付加価値の源泉，デザイナー等は採用したい。また，仕入先や販路の人脈も重要である。

2．モノ（商品力）では，差別化のためのインテリアコーディネータ等によるデザインや個性ある提案力が鍵である。付加価値の高い，リノベーションやコンバージョンに注力したい。また，木材や水回り設備で，品質が良くて安価な仕入先を確保することが重要である。

3．カネでは，ショールーム付き店舗の設置と，中間＋最終の二回検

●図表－9　共通課題と解決方向付け

	共通課題	解決の方向付け
1	技術人財 （ヒト）	・個性伸ばす育成（資格）/採用 ・インテリアコーディネータ/デザイナー採用 ・技術/技能者外部連携体制 ・見積，品質，納期の経営力量
2	差別化 リフォーム （モノ）	・自然素材活用のリノベーション ・他にないデザインと提案力 ・古民家空家活用コンバージョン ・専門性による特注高品質 ・木材や住宅設備仕入ルート ・断トツ低コスト差別化
3	コスト 店舗等 （カネ）	・客先予算に応じた多様な提案 ・ショールーム設置店舗 ・中間確認／完成の二度払い
4	顧客網 IT活用 （情報）	・住空間コンサルでリピーター化 ・人生節目のリノベーション提案 ・HP充実，SNS活用で進捗報告

収／分割払いが顧客満足の向上にも役立ち，サイト短縮と併せて一石二鳥である。投資では，自然素材をふんだんに使った，デザインセンスの良いショールームが必須である。写真だけでなく，手に触れたり，檜の香り等も楽しめるのが良い。

4．情報では，顧客 DB を整備して，住宅コンサルに留まらずライフプランパートナーとなり，人生節目のリノベーション提案で，顧客囲い込みを図るのが良い。デザイン優先の HP や SNS 等の IT スキルは必須である。

Ⅲ　モデル企業 A 社の概要

　東京郊外に昭和41年，地域の工務店として創業，その後大手デベロッパーの２次下請けで業績を伸ばしてきた。特にツー・バイ・フォー構法（２×４インチ四方の角材とベニヤ板で壁面を構成）により，最盛期には５億円のピーク売上高を記録した。

株式会社 A 社の概要

創　　業：昭和41年

資本金：2,600万円

従業員：常用９名（他に契約職人：10名）

売上高：２億1,200万円（平成30年３月期）

事　　業：木造戸建て，マンション内装

　しかしバブル崩壊後，ハウスメーカーによるプレファブ構法（工場で建材一式を作り現地は組立のみ）への転換と，近年の住宅都心回帰により当社の売上高は急減した。マンションの内装工事にも進出したが競争が激しく，リーマンショック時に赤字に転落し，ここ数年は採算スレスレの状況である。

Ⅳ　A 社の現状と分析

① A 社の現状

❶ 業　　績

　自前の木工所によるツー・バイ・フォー構法で，ピーク売上げは 5 億円を超えた。しかしバブル崩壊とプレファブ構法への転換で売上が急減し，リーマンショック時に戸建て売上が 1 億円まで落ちた。元請け系列のマンション内装工事に進出したが得意分野では無く，専門外の外部職人への外注費がかさみ，利益貢献ができていない。

❷ 従　業　員

　先代の創業期では，職人を家族同様に扱う地域の工務店であった。昭和48年の大手デベロッパーの 2 次下請け開始が転機となった。多数の大工を雇用し，木造戸建て住宅の一括受託で，売上が急伸した。

　ピーク時には従業員を30人雇用していたが，売上が減少するたびに職人の独立を促した。リーマンショック後は10人前後に減少したが，60歳後半の腕の良い大工が 4 名いる。

　一方，建設業では労働者の派遣は禁じられており，社会保険料対象外の短時間労働者や季節労働者の比率が高い。雇用状況は，震災復興に加え2020年東京オリンピック・パラリンピックやホテル増改築で，建設労働者の人手不足は A 社でも深刻である。

② SWOT 分析

　A 社の収益改善策を検討するために，SWOT 分析を実施した。

　外部環境を PEST（政治・経済・社会・技術），内部を BSC（バランストスコアカード）の視点から，検討した SWOT 分析結果を図表 −10に示す。

●図表－10　A社のSWOT分析

		機会	脅威
外部環境	政治的	・政府による住宅リフォームの推進 ・民泊への政策転換	・成長戦略不発，規制緩和進まず ・英国EU離脱の不透明感
	経済的	・中古を含む各種住宅取得優遇税制 ・異次元の金融緩和による超低金利	・国民収入の減少傾向，個人消費の低迷 ・消費税の10％への引き上げ
	社会的	・若者世帯の住まいの都心回帰 ・都心の新築住宅は価格的に手が出ない	・少子高齢化による人口減少 ・非婚／晩婚／晩子の傾向加速
	技術的	・断熱含む省エネ／創エネ／蓄エネ技術 ・素材や工法での技術向上とレシピ化	・住宅関連でも製造業衰退の危機 ・外国人労働者解禁で技術力低下
		強み	弱み
内部環境	顧客の視点	・自然素材と木材加工技術に強み ・木造戸建て住宅の豊富な経験	・B2Cは経験少ない，営業弱い ・ショールームがない
	財務の視点	・独自の広い木材加工場を所有 ・借入金は同業に比べ少ない	・木材加工場含む土地建物の固定費大 ・赤字脱却も採算スレスレで推移
	業務プロセスの視点	・木造戸建て住宅で培った業務プロセス ・内装工事での都心不動産店長人脈	・B2Cの販売チャネルが乏しい ・HPが古く貧弱である
	学習と成長の視点	・専門学校卒採用の女性デザイナー ・建築会社出身ご子息への事業承継近い	・職人の高齢化，独立化 ・IT技術が不足

1 強み（S）

　強みとしては，自然素材と木材加工場，木造戸建て住宅の一括受託の業務プロセス，社長の不動産独立店長との人脈，さらに女性採用で入社した専門学校卒デザイナー等が挙げられる。これらの強みはフルに活かしたい。

2 弱み（W）

　弱みの中で解決が必須の項目として，自社ビルと木材加工場の固定費負担大，ショールームがない，HPが古く貧弱，職人の高齢化が挙げられる。

3 機会（O）

　機会では，都心団地のリノベーションニーズの高まり，優良中古住宅への優遇税制，省エネ基準義務化に向けたエコリフォーム伸長，更には民泊へのリノベーション等，追い風が多い。

4 脅威（T）

　当社にも関わる脅威は，最後の項目の外国人労働者増加への対応で

ある。技術技能伝承は地方の仕入先縁故により採用した若い基幹人員に対し行い，外国人には原則，基幹人員から教える等の工夫が必要である。

　経営資源が乏しい中小企業で，重視すべきSWOT項目は強みと機会である。強みを活かして機会を捉える方策を考えることで，重点課題を抽出できる。

Ⅴ　課題と解決策

　SWOT分析をふまえ，BSC手法でA社の課題を抽出し，解決策と期待効果まで検討した結果を，図表－11に示す。

① 顧客の視点

1 課　　題

　当社は従来B2B中心で，B2Cのチャネルが細いこと，人生節目の住み替え対応，自然素材を活かすこと，等が挙げられる。

2 解　決　策

　強みの専門性から，商圏は従来より広く取れるはずで，販促はセンスの良いHPへの改修とSNS活用が鍵である。またショールームで，

●図表－11　BSC手法によるA社の経営施策と期待効果

	課題	解決策	期待効果
顧客の視点	・B2Cの顧客との接点なし ・人生節目の住み替え ・空き住宅の活用 ・自然素材を使った優しい住宅	・HP改修とSNS開設 ・住み替えずにリノベーション ・賃貸か民泊転用 ・仕入先，木工所，熟練大工	・Web営業，クチコミPR ・顧客満足の最大化⇒囲い込み ・クチコミ販促⇒受注増 ・得意分野の活用⇒粗利増
財務の視点	・事務所と木工所の固定費大 ・ショールームなし ・見積，品質，納期の経営力量	・二拠点統合，一方を売却 ・ショールームを新設 ・工事管理システム導入	・固定費削減，木の香り事務所 ・実物PR⇒受注増 ・原価・品質・納期の管理向上
業務プロセスの視点	・リノベーション提案力 ・各工程と職人の連携 ・中間検収含む二度払い	・客に合ったデザイン／センス ・個人事業主ネットワーク活用 ・戸建てで培った設計施工手順	・差別化による受注増 ・付加価値が高い分だけ配分増 ・顧客満足と資金繰りの両立
学習と成長の視点	・新人女性デザイナーの育成 ・高齢化職人のノウハウ伝授 ・HPやSNS等のIT活用	・インテリアコーディネータの女性も採用 ・材木産地人脈からの高卒採用 ・ご子息と若手の力量アップ	・切磋琢磨による提案力の向上 ・木工大工のノウハウ伝承 ・Web営業と関係性の向上

洒落た住空間と木の香りを実体験して頂くことも重要である。

❸ 期 待 効 果

自然素材他による，高品質リフォームで顧客満足を勝ち取る。その後，終生節目のリノベーション提案ができるような，信頼関係を構築したい。

② 財務の視点

❶ 課 　 題

事務所と木工所の固定費負担大が課題で，ショールーム設置の資金調達も必要である。

❷ 解 決 策

木工所の自社所有地を売却する。駅近の自社ビル裏の建物の1F／2Fを吹き抜けに改築，材木置き場と木工所機能も集約する。併せて，リノベーションに必須となる，ショールームをビル店舗内に設置する。

❸ 期 待 効 果

固定費削減とショールームの資金調達を同時に達成でき，さらには共通管理費も節約できる。また，お客様がショールームをご覧になったあと，木工所で自分好みの檜等の木材を選んで頂けるのも大きな優位性である。

③ 業務プロセスの視点

❶ 課 　 題

最も重要なプロセスは，顧客要求のヒアリングだけでなく，家族の指向や雰囲気をご自宅とショールームで感じ取り，素材やデザインで特長を出した提案営業をすることである。

また，起こりがちな顧客の「見込み違い」を防止し，常に顧客満足を一定以上に保つことも重要である。

2 解　決　策

　良い提案のためには，優秀なデザイナー，インテリアコーディネータ，建築士等の力が必要である。また，顧客満足の確保手段としては，中間検収による分割決済が，売掛金サイトの短縮にも寄与し，一石二鳥である。

3 期　待　効　果

　優秀な人財による提案型営業で，顧客の期待を超える付加価値の提供が可能となる。また中間検収は，注文住宅の仕組みを流用しているが，顧客満足にも資金繰りにも効果を発揮できる。

④ 学習と成長の視点

1 課　　　題

　デザイナーやインテリアコーディネータ，建築士は女性比率が高く，女性の採用と活用が中核人財確保への方策となる。

　一方，匠の世界では，4名の70歳近いベテランから20〜30歳代の若者に技能伝承することが，当社の技術力確保の鍵である。

2 解　決　策

　若手職人の採用は，地方の木材等仕入先の縁故と，Web/SNSによる公募である。できれば高卒を採用したい。一方，WebとSNSは，ご子息と若手社員が講習会等を受講し，自らホームページの充実と情報発信を行う事が望ましい。軌道に乗るまでは，ITコンサルを使ってスピードを上げるのが良い。

3 期　待　効　果

　Web＋SNSで「口コミ」を興せれば，住宅リノベーション専門店としての地位も，確保できるようになる。最小限のIT技術は自前で持ちたいものである。以上，A社はベテランと若手が，各々持ち味を発揮して，新事業を中心とした業績改善施策に取り組んでいる。

Ⅵ　A社のモデル利益計画

　上記施策を実施する前提での効果を織り込んだ，A社の3か年利益計画を図表－12に示す。方策は人員と人材育成を除いて，1年目に実施する前提である。

1 ● 事業展開と売上計画

　A社伝統の戸建て木造住宅事業は，最近富裕層の間で，木（檜等）の香りの注文エコ住宅がやや増加傾向にある。件数は少ないが単価が高いので，まだまだ中核事業である。

●図表－12　施策実行後のA社利益計画

単位：百万円	直近期	1年目	2年目	3年目
売上高	212	234	274	304
（戸建て）	149	155	160	164
（内装）	63	59	54	50
（リノベーション）	0	20	60	90
売上原価	165	180	210	228
（仕入）	35	37	41	45
（労務費）	29	34	39	35
（外注費）	89	99	120	138
（他経費）	12	10	10	10
売上総利益	47	54	64	76
同利益率	22%	23%	23%	25%
販管費	46	45	48	49
営業利益	1	9	16	27
同利益率	0.5%	3.8%	5.8%	8.9%
従業員数（人）	9	＋2－1	＋2－1	＋1－2
一人当売上高	23.6	23.4	24.9	30.4
一人当粗利額	5.2	5.4	5.8	7.6

また，儲けが薄いマンション等の内装工事は，ゼネコンとの関係を考慮して自然体とし，売上は漸減傾向の計画とした。従来のリフォームは内装区分に入れた。

　新規事業のリノベーションは，不動産店長人脈からの，素性が分かった紹介顧客でまず始める。価値創造の提案と施工品質最優先で，顧客満足を勝ち取ることに全力を挙げる。人財と職人連携の体制を整えた後，積極的な販売促進を開始し，売上高は2年目に内装工事を上回る計画とした。

②　人 員 計 画

　本年度に採用した専門学校卒の女子デザイナーが，センスの良いリノベーションを提案中である。引き続き女子インテリアコーディネータの1名増員を計画する。また，60歳台後半のベテラン職人4名から技術技能を継承する目的で，向こう3年で高卒新人（優先）を2名以上採用する。もし，外国人を雇う必要が出た場合，日本人と気質が似たベトナム人2名を採用する。各技能工程毎にベテラン職人とペアを組んで，計画的に技術技能承継を図る。

③　利益について

　富裕層向けの木造注文戸建て住宅は，現状粗利率が約3割と高い。一方，マンション向け内装工事は，職人の殆どを契約外の外注に頼る関係で，粗利率は1割程度である。

　今後，戦略的に伸ばすリノベーションは，如何に顧客の期待を超える提案ができるかに掛かっており，ご満足いただける限り定常的な粗利率は25％以上の見込みである。

　尚，トイレやユニットバス，システムキッチンなどの汎用設備は，新築と併せて納期を最優先として原則，在庫を持たない方針とする。

設置工事の工夫や高級感溢れるデザインの提案により，粗利率向上を狙う。

4　まとめ

　住宅業界でも長年，施主やゼネコンの要求通り，図面通りの建物や住宅を作って来た。経済成長が望めない「もの余りの世の中」では，多様なニーズに対応することは勿論のこと，個別顧客に合った提案が生き残りの鍵となってきている。

　したがって住宅リフォーム／リノベーションでの利益の源泉は「顧客価値の創造」に有ると考える。即ち，顧客の嗜好にマッチした，粋なデザインや思いもかけない良質の木材等による，他では真似のできない住空間を創り出すことにある。このことは，主力事業である，新築木造戸建ての注文住宅にもシナジー効果を発揮できる。

　建設業界では，リノベーションも過当競争に入ってきたが，熾烈な競争を勝ち抜くためには，顧客の嗜好や顧客状況の変化に対応できる，密な信頼関係の構築が重要である。顧客の期待を上回るキメ細かな提案営業とフットワークに優れた中小企業が，真価を発揮できる業界であることは間違いない。

〔和田　武史〕

13 左官工事業のモデル利益計画

Ⅰ 業界の概要

1 左官工事業とは

　左官（さかん）とは，元々建物の壁や床などを鏝（こて）を使って塗り仕上げる職種のことで，古くは平安時代の宮殿の建築や宮中の修理を担ってきた伝統的な職種である。

　「左官工事業」は，総務省による日本標準産業分類では，大分類「建設業」，中分類「職別工事業」に分類され，主として左官工事，木舞（こまい）工事並びに現場における擬石研ぎ出し・磨き上げ工事及びモルタル吹付工事を行う事業所をいう。

2 建設業許可業種

　建設業を営む場合は，軽微な建設工事（工事一件の請負代金が500万円未満，建築一式工事については1,500万円未満）を請負う場合を除き，建設業の許可を受けなければならない。同法の業種区分は2つの一式工事のほか，27の専門工事の計29種類に区分されている。そのうち「左官工事業」は，工作物に壁土，モルタル，漆くい，プラスタ

●図表－1　主な建設素材

素材	説明
モルタル	砂（細骨材）とセメントと水を練り混ぜてペースト状にしたもの
漆喰（しっくい）	消石灰に，海藻のり・すさ（繊維質のもの）などをねりあわせたもの
プラスター	鉱物質の粉に水を練り混ぜたもの

一，繊維等を鏝（こて）塗り，吹付け，又ははり付ける工事とされている。

3 ● 許可事業者の推移

　左官工事業の許可事業者数は2018年3月末現在2万4,842事業者である。建設業全体では微増傾向だが，左官工事業は2009年の1万8,355事業者と比べるとこの10年で35％増加していることになる。

　これは近年住宅リフォームや中古住宅のリノベーションなどの市場が注目されており，大工工事など他の建設業許可事業者が多角化の一環として，新たに左官工事業の許可を取得するケースが増えていることが主な要因と考えられる。

4 ● 資本階層別の許可業者数

　左官工事業の許可業者数を資本金別にみると，資本金2,000万～

●図表－2　資本階層別許可業者数

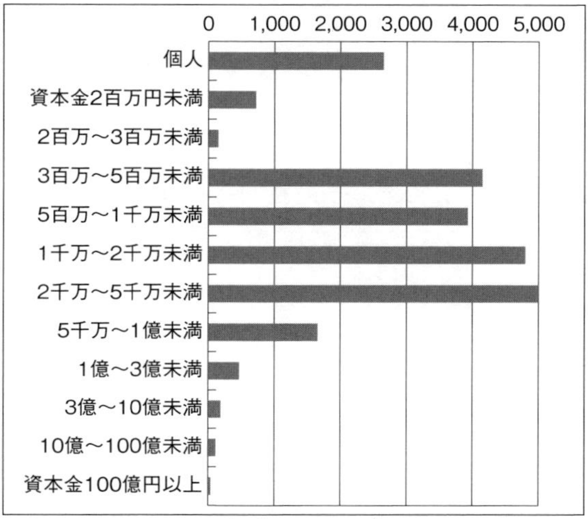

（出典）　国土交通省「建設業許可業者数調査の結果について」

5,000万円未満が6,017社（24.2%）と最も多く，次が資本金1,000～2,000万円未満の事業者の区分となる。また，個人事業者も2,616社（10.5%）と大きな比重を占めており，個人事業者と資本金5千万円未満までの事業者で全体の約90%を占めている。これは建設業全体とほぼ同様の傾向を示している（図表－2）。

⑤ 市 場 規 模

国土交通省の建設工事施工統計調査報告書（2017年度実績）によると，建設業全体の完成工事高は87兆8,000億円となっている。そのうち左官工事業の完成工事高は2,692億円であり，建設業全体の0.31%を占めるにすぎない（図表－3）。

●図表－3　左官工事業の完成工事高の推移

（単位：億円）

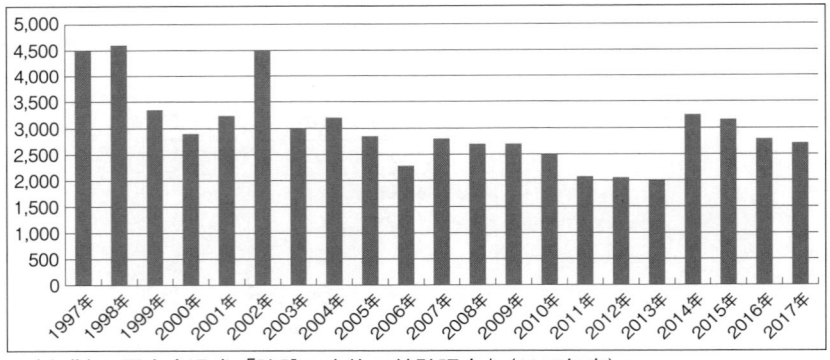

（出典）　国土交通省「建設工事施工統計調査」（2017年度）

■ 長く続いた衰退傾向

左官工事はながらく衰退傾向にあるといわれてきた。これは左官工事の特徴として，

① 現場で砂やセメントを混ぜてモルタルなどの材料を作るため，規格建材に比べ手間がかかり，工期が長引く傾向があること

② 仕上りが職人の技術力に左右される部分が大きくバラつきが出や

194

すいこと

③　施工中はもちろん施工後も乾燥を待つ時間を必要とするなど，自然条件に左右されやすい工法であること

など，工程管理面のデメリットが主な要因であった。

❷　見直される塗り壁の魅力

しかし最近は，天然素材を原料とする塗り壁の魅力がシックハウス対策や環境意識の高まりとともに再評価される傾向があり，一層の市場拡大が期待されている。

6 ● 高い下請比率

建設業界は大林組，大成建設など，いわゆるスーパーゼネコンといわれる大手5社を頂点に重層的な下請構造を形成している。

左官工事は建設工事の工程では最後の仕上げ部分を担当することもあり，元請会社からの依頼で工事に参加することが多かった。「職別工事業」全体の下請比率が75％であるのに対し，左官工事業は88％と下請比率は高い傾向にある（図表－4）。

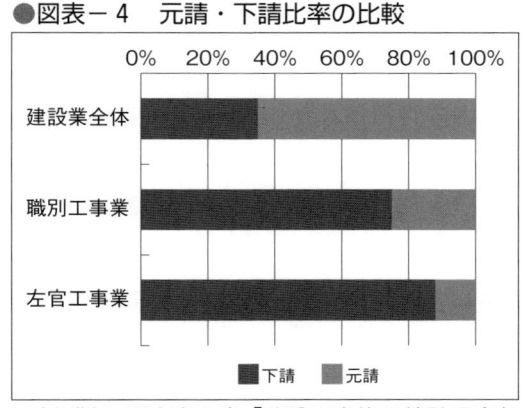

●図表－4　元請・下請比率の比較

（出典）　国土交通省「建設工事施工統計調査」
　　　　（2017年度）

7 ● 高い労務費，人件費率

　建設工事の過程で企業の活動により新たに加えられた価値，つまり完成工事高から自ら生産したものではない材料費や外注費を差し引いたものを「付加価値」といい，国土交通省はこれを労務費，人件費，租税公課，営業損益の合計として公表している（図表－5）。

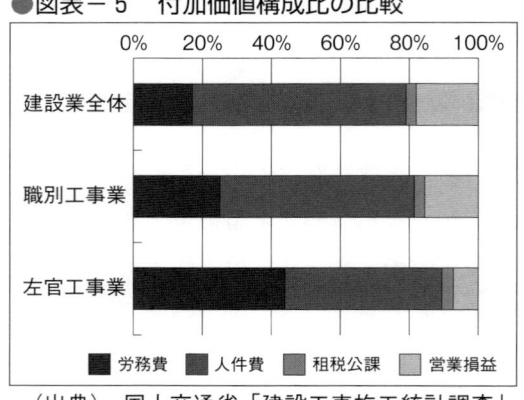

●図表－5　付加価値構成比の比較

（出典）　国土交通省「建設工事施工統計調査」
（2016年度）

　左官工事業は職別工事業と比べても労務費と人件費の割合が高く営業利益率が低い傾向にある。そのため建設業の中でも特に現場の職人を中心とした人的資産の有効活用が収益性に与える影響は大きいと考えられる。

8 ● 経営上の課題

　国土交通省の「建設業構造実態調査」（2014年度版）によると，左官工事業において「経営上の課題」として一番割合が高かったのは「人材不足」であり，「後継者問題」も建設業全体よりも高い割合であった（図表－6）。

●図表－6　経営上の課題（上位1，2位集計）

経営上の課題	建設業全体	左官工事業
人材不足	37.7%	50.7%
利益率の低下	44.7%	35.1%
民間需要の減少	37.1%	27.1%
コストダウン要請の高まり	20.4%	24.1%
後継者問題	11.2%	24.1%
官公需要の減少	25.5%	13.7%
顧客ニーズの多様化	6.8%	5.5%
契約を巡るトラブルの増加	0.6%	5.1%
情報化への対応の遅れ	1.9%	3.4%
設備過剰	0.6%	3.2%
資金調達が困難	4.5%	2.8%
人員過剰	1.2%	0.8%
取引先の倒産・廃業	1.7%	1.1%
環境規制への対応の遅れ	0.8%	0.7%
その他	1.5%	0.0%

※数値は各合計を100とした場合の構成比（複数回答）
（出典）　建設業構造実態調査

⑨ 事業戦略上の対策

　また同調査によると，「事業戦略上の対策」として現在実施している内容では「組織の活性化」が最も多く，次いで「高コスト体質からの脱却」，「取引先の選別」，「既存事業の付加価値向上」が続き，利益率向上のための取り組みが多かった。今後予定している対策では，「既存事業の見直し・再編」，「将来予測による新サービスの開発」の割合が高く，事業構造を大幅に見直す必要性を感じている経営者が多いことが分かる（図表－7）。

●図表－7　事業戦略上の対策

対　　　策	実施している対策	今後予定している対策
高コスト体質からの脱却	34.1%	31.2%
既存事業の見直し・再編	6.7%	47.5%
組織の活性化（従業員のモラール向上等）	40.6%	47.8%
M&A・企業間提携等による事業再編・再構築	0.0%	1.5%
新しいビジネスモデルの作成	6.9%	10.3%
将来予測による新サービスの開発（新資材・新工法の開発）	0.1%	40.5%
既存の事業の付加価値向上	29.6%	44.1%
事業の効率化のための積極的な外部委託の活用	17.8%	26.0%
リスク対策の強化	17.4%	25.6%
他工種への進出	4.2%	13.5%
異業種への進出	0.0%	1.4%
取引先の選別	32.3%	45.9%
資源リサイクル・環境保護重視の事業推進	10.1%	17.0%
CSR（コンプライアンス等）経営の取組	12.6%	19.6%
その他	2.9%	11.3%

※数値は各合計を100とした場合の構成比（複数回答）
（出典）　建設業構造実態調査

10 今後の市場動向

■ 新設住宅着工数は減少傾向

　新設住宅の着工数はバブル崩壊前の1980年代後半の年160万～170万戸から，景気の変動や消費税増税前の駆け込み需要などで上下しつつも，全体としては減少傾向が続いている。

　2018年度は95万3,000戸で前年比0.7%増となったが，規模としてはバブル崩壊前の半分近くまで減少している。

　そして，今後の長期的なトレンドも減少傾向が続くと予測されており，野村総合研究所は2025年度には73万戸，2030年度には63万戸まで減少すると予測[※1]，三菱 UFJ リサーチ＆コンサルティングも2030年

度には60万戸台前半まで減少するとの展望を発表している。^(※2)

❷　リフォーム市場は横ばいで推移

　公益財団法人住宅リフォーム・紛争処理支援センターでは，2016年度の住宅リフォームの市場規模を約6.8兆円と算定している。リーマンショックや景気の変動などで増減はありつつも，ほぼ横ばいで推移しており，野村総合研究所は2030年頃まで 6 〜 7 兆円台でほぼ横ばいに推移すると予測している^(※1)。

（※ 1 ）　野村総合研究所ニュースリリース（2019年 6 /20）

（※ 2 ）　三菱 UFJ リサーチ＆コンサルティング経済レポート（2016年 5 /18）

Ⅱ　A 工務店の概要

【概　要】

業　種：左官工事，塗装工事，吹付け工事，リフォーム

経営者：C 氏（ 2 代目）47歳

資本金：1,000万円

従業員：26名（内職人22名）

創　業：1965年設立

組織形態：株式会社

---

①　A工務店は，南関東にある左官工事を中心に手掛ける工務店で，もともと左官職人の B 氏（現会長）が1965年に独立し創業した。

②　戸建て住宅の内装左官工事を中心に，高度経済成長の波に乗り業容を拡大し，徐々に左官職人の数を増やしてきた。

③　2 年前に息子である C 氏に経営権を引き継ぎ，B 氏は代表権の無い会長として社長のサポートにあたっている。

④ Ａ工務店は社内に20名を超える職人を抱えており，特にベテラン職人の現場対応力には定評がある。

⑤ 自らも左官職人であったＢ会長は常に「仕事に気を入れろ！」を合言葉に現場を重視，社内には一つひとつの現場を丁寧かつ確実に仕上げる姿勢が浸透しており，地元工務店からも評価されている。

⑥ Ｃ社長は約５年間，他の工事会社に勤務した後Ａ工務店へ入社し，職人としての経験を積んできた。現在社長就任後２年が経過し，今後の改善の方向性を模索中である。

Ⅲ 現状の把握と改善の方向性

① 外部環境

Ａ工務店の現状分析として，外部環境を５フォース分析で整理した。

1 新規参入の脅威

昔から左官職人は親方の下で技術を習得した後は「一人親方」として独立する傾向が強いこともあり，新規参入は一定の割合で続く。また，新たに左官工事業に参入する事業者も増えることが予想され，競争環境は一層厳しくなるものと考えられる。

2 同業他社との競合

Ａ工務店の売上の約８割は地元の設計会社及び工務店から依頼される下請工事である。ほとんどの元請け会社と継続的な取引が続いているが，案件によっては価格面で折り合わずに失注するケースもある。

3 代替品の脅威

建設業界一般の流れとして，天候に左右されず工期を短縮でき，仕上がりにバラつきが少ないプレハブ工法や規格建材などの乾式（かんしき）工法が主流となってきたため，左官工事のような湿式（しっしき）工法は代替品の脅威に晒され続けてきた。

　A工務店も左官工事を主体としつつも，リフォーム，塗装工事，吹付け工事と職域を拡げることで対処してきたが，今後も新たな建材や建設工法が開発されれば，現在の技術が陳腐化するリスクがある。

④　売手の交渉力

　左官工事の請負形態は大別して，「手間請（てまうけ）」と「材料持ちの包括受注」がある。基本的に前者では材料が支給されるため，労務だけの契約となり，後者は材料費が発生する。A工務店は材料費持ちの包括受注の契約が増えているため，材料費の高騰は利益押し下げの要因となる。また，人手不足から外注費や人件費も上昇傾向にある。

⑤　買手の交渉力

　新築戸建て物件は施工件数が減少傾向にあり，低めの単価でも受注する事業者もあることから，単価を大幅に引上げる交渉は難しい状況にある。自社請けのリフォーム工事の場合は基本的に相見積もりとなるため，提案内容と料金がカギとなる。

②　内部環境

①　強　　み

・地元の左官事業者では最も知名度がある。

・社内に20名以上の職人を抱えており，特にベテラン職人の現場対応力には定評がある。

・自らも左官職人であったB会長の現場を確実に仕上げる姿勢が社内に浸透しており，地元工務店からも評価されている。

・女性の職人が3名在籍している。

・B会長は地域で豊富な人脈を持っている。

・過去において大きな設備投資や投機的な失敗が無く，赤字の期はありつつも財務的に安定している。

・息子への事業承継が円滑に進んでいる。

・下請仕事が長く続いてきたこともあり，リフォームに関する企画提案力が弱い。

・職人を正社員として抱えているため，受注が減る時期は固定費の負担が重くなる。

・職人の高齢化が進んでいるが，技術の伝承が現場任せになっている。

・中堅の職人が不足している。

・若い職人がなかなか入って来ない。

・現場ごとの採算管理ができていない

3 ● 改善の方向性

A工務店の現状と課題をSWOT分析の手法で整理し，今後進むべき方向性をクロスSWOT分析の手法で検討した（図表－8）。

●図表－8　A工務店のSWOT分析

		内　部　環　境	
		強み	弱み
（内部環境） 自社である程度コントロールが可能 （外部環境） 自社でコントロールは不可能		・左官一筋としての知名度あり ・左官職人20名以上，技術力あり ・女性職人3名在籍 ・財務的な健全性が保たれている ・会長が地元建設業界に豊富な人脈 ・事業承継が円滑に進んでいる	・リフォームの企画提案力が弱い ・受注が減ると職人の固定費が重い ・職人の高齢化，技術の伝承不十分 ・中堅の職人が不足している ・若い職人の採用難が続いている ・現場ごとの採算管理が出来ていない
外部環境	機会（自社に有利に働く）	積極的に展開（機会＆強み）	改善を進める（機会＆弱み）
	・リフォーム市場の拡大 ・シックハウスなど健康意識の高まり ・自然素材への関心高まり ・和モノ，和風ブーム	・機能性をアピールして直接受注拡大（多湿，結露，省エネ，防音，不燃） ・知名度，信用力を活かした訴求 ・施主からの直接受注を増やす（知名度，人脈を利用する）	・企画提案力の向上（商品開発） ・機能性をアピールできる体制強化 ・職人にとって魅力ある職場作り ・職人の魅力を積極的に発信する
	脅威（自社に不利に働く）	差別化を指向（脅威＆強み）	守り・縮小検討（脅威＆弱み）
	・左官工事業の許可事業者数の増加 ・新築住宅着工数が減少傾向 ・低価格で請け負う事業者の存在 ・新工法により現在の技術が陳腐化 ・工事原価（材料，人件費）の上昇	・「左官一筋」をアピールして差別化 ・現場での対応力を訴求する ・新工法，新素材は常にキャッチアップ ・女性職人の感性をアピールする	・新築住宅の下請け中心から脱却 ・低価格競争に巻き込まれない ・コスト高でも利益が出せる体質へ

▉ 積極的に展開する（機会＆強み）

① 自然素材への関心の高まりに対して，塗り壁の機能性を提案できる体制を整える（商品づくり，広告方法）。

② 「左官一筋」の知名度，信頼感，技術力を活かす方向で訴求する。

③ 施主から直接受注の機会を増やすための活動を強化する。

▉ 差別化を指向する（脅威＆強み）

① 他社には無い現場での対応力を訴求する。

② 新工法，新素材の情報をいち早く提供できる体制を整える。

③ 女性職人の感性やきめ細やかな対応をアピールする。

▉ 改善をすすめる（機会＆弱み）

① 企画提案力の底上げ。

② 職人にとって魅力的な職場づくり。

③ 若い職人が希望を持ち働ける環境づくり。

▉ 守り・縮小を検討（脅威＆弱み）

① 今までの新築住宅中心から方向転換する。

② 低価格の見積もり競争に巻き込まれない。

③ 人件費や材料費の値上がりにも迅速に対応できるような管理体制を構築する。

Ⅳ　A 工務店の改善策

① 一般向け営業の強化

　元請けから仕事を振ってもらうという「待ちの営業」姿勢から，こちらから積極的に提案する「攻めの営業」姿勢への転換をはかっていく。

▉ 珪藻土（けいそうど）など，機能性のアピールを強化

　リフォーム向けに珪藻土を使った塗り壁など機能性を積極的にアピ

ールする。珪藻土とは植物の藻が堆積して化石化した土のことで，無数の小さな穴が空いているため，吸放湿機能に優れ，結露予防による防カビ効果，耐火性，断熱性，脱臭効果，遮音性にも優れている。

これらを「住まいのお困り・リフォーム対策」として HP やチラシ等で積極的に紹介し受注につなげる。

❷　HP 掲載情報の見直し，強化

会社案内程度に使っていた HP の内容を見直し，一般向けに自社の魅力を伝えるツールとして強化する。

（掲載する情報）
・社長，会長の現場にかける想い
・塗り壁の機能性の紹介
・住まいのお困り・リフォーム対策
・実際の施工事例の紹介
・モデル料金の体系
・設計会社，工務店，一般のお客様の声
・女性職人が活躍している様子
・職人の人柄が伝わるブログ

②　組織力の強化

❶　職人の魅力を伝え，計画的に若手を育てる

3 K（汚い，きつい，危険）の職場と思われがちな左官職人のイメージもいまや変わりつつある。若手職人の計画的な育成システムや女性職人を積極的に採用・支援している同業者の事例もマスコミでたびたび取り上げられている。

最近は，就職・転職候補先の情報をまずネットで検索して調べる傾向があるため，A社は上記 HP 掲載情報の見直しの際に，「ものづくり本来の楽しさや創造性」，「現場仕事の達成感」，「技術を段階的に習

得する充実感」など職人の魅力を紹介し，若手の採用強化やミスマッチの解消につなげる。

また，若者の早期退職の防止，技術の計画的な伝承の観点から，同業者で先進的な取り組みをしている事例を参考に計画的な技術研修を充実させる。

❷ 利益目標の設定と先行管理型への転換

A社は職人を社員として雇っているため，一部歩合の給与はあるが，年間の人件費はほぼ固定費化されている。

そのため，受注が減る時期は固定費の負担が重くなり，資金繰りが厳しくなる状況を繰り返してきたが，裏を返せば会社を維持発展させるために必要な粗利益は予め計算することができ，その粗利益を確保するために必要な売上高や工事件数もある程度事前に把握できる。

今後は，①年次，月次の目標粗利益を設定し，社長と幹部社員間で共有する。②現在の受注状況の確認と目標売上高に対する不足分への対応を検討する経営会議を毎月開催する（上記会議では，現場毎の粗利（概算）の予定・実績の確認も行う）。

❸ 管理部門を含めた生産性の向上

一般向けの営業強化に伴い，見積り依頼や見積もりのための現地確認，小規模修繕の増加などが予想され，職人のスケジュール管理や見

●図表－9　バランススコアカード

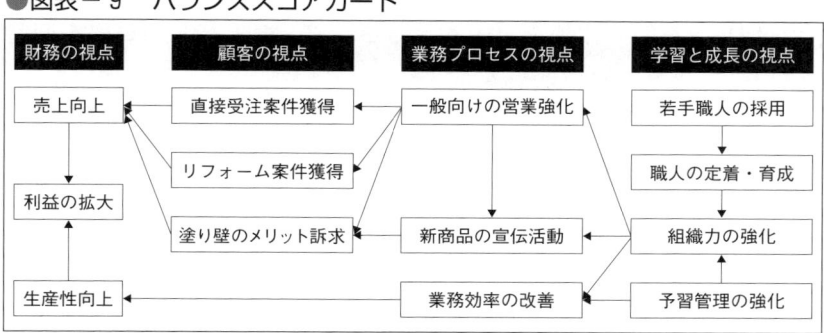

●図表−10　収益改善計画

（単位：千円）

科目		現行期予想 金額	構成比	1 年後 金額	構成比	2 年後 金額	構成比	3 年後 金額	構成比
売上高		390,000	100.0%	418,500	100.0%	436,800	100.0%	471,000	100.0%
売上原価	仕入高	58,500	15.0%	66,960	16.0%	69,888	16.0%	84,780	18.0%
	外注費	78,000	20.0%	79,515	19.0%	74,256	17.0%	70,650	15.0%
	経費	31,200	8.0%	37,665	9.0%	41,496	9.5%	44,745	9.5%
		167,700	43.0%	184,140	44.0%	185,640	42.5%	200,175	42.5%
売上総利益		222,300	57.0%	234,360	56.0%	251,160	57.5%	270,825	57.5%
販管費	人件費	116,400	29.8%	122,900	29.4%	129,800	29.7%	141,400	30.0%
	その他経費	93,120	23.9%	97,776	23.4%	100,709	23.1%	103,731	22.0%
		209,520	53.7%	220,676	52.7%	230,509	52.8%	245,131	52.0%
営業利益		12,780	3.3%	13,684	3.3%	20,651	4.7%	25,694	5.5%

（注）　管理上，社員職人分の人件費は販売管理費の人件費に計上している

積もり作成などの管理業務を効率的に行う必要性が増す。

　受注管理，スケジュール管理，見積もり管理，請求・入金管理，収支管理など，現在別々のファイルやシステムで運用している業務を段階的に見直し，管理業務の効率化をはかる。

Ⅴ　改善後の利益計画

　一般向け営業の強化により段階的に下請中心からの脱却を目指す。並行して人材育成など組織力の強化を計画的にすすめ，管理面では月次で PDCA を回す体制を定着させることで，売上高と利益率を同時に向上させることは可能である。

〔幡野　康夫〕

14 板金・金物工事業の モデル利益計画

I 業界の概要

1 板金・金物工事業とは

　建設業は，業種により，①総合工事業，②設備工事業，③職別工事業に3分類されるが，日本標準産業分類（平成19年11月改訂）によると，大分類：「D：建設業」，中分類：「07：職別工事業」，小分類：「076：板金・金物工事業」に分類される。

　さらにその中は，細分類：「0761：金属製屋根工事業」，「0762：板金工事業」，「0763：建築金物工事業」に分けられている（図表－1）。

2 板金・金物工事業の説明・内容例示

　日本標準産業分類（同上）の説明及び内容の例示は次の通りである。
●金属製屋根工事業：主として，亜鉛鉄板・鋼板・アルミニウム板な

●図表－1　建設業の業種分類（板金・金物工事業）

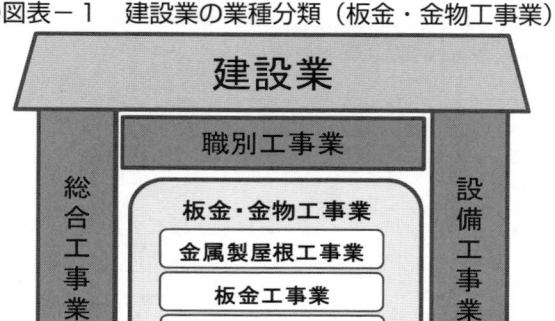

どを用い，折板・瓦棒・波形平板葺などの工法による屋根工事を行う事業所をいう。

●板金工事業：主として，樋・水切・雨押・スカイライト・ブリキ煙突などの工事を行う事業所をいう。注文を受けて板金工事用の製品を製作し，これを現場で取り付ける事業所も含まれる。

●建築金物工事業：主として，面格子・装飾金物・メタルラスなどの建築金物工事を行う事業所をいう。

③ 許可業種

建設業を経営するには，原則として，工事の種類ごとに許可を受けなければならない。

●図表－2 「許可業種」業種区分

総合工事業		9	金属製屋根工事業
1	一般土木建築工事業	10	板金工事業
2	土木工事業	11	塗装工事業
3	造園工事業	12	ガラス工事業
4	水道施設工事業	13	建具工事業
5	舗装工事業	14	防水工事業
6	しゅんせつ工事業	15	内装工事業
7	建設工事業	16	はつり・解体工事業
8	木造建築工事業	設備工事業	
職別工事業		1	電気工事業
1	大工工事業	2	電気通信工事業
2	とび・土工・コンクリート工事業	3	管工事業
3	鉄骨工事業	4	さく井工事業
4	鉄筋工事業	5	熱絶縁工事業
5	石工工事業	6	機械器具設置工事業
6	煉瓦・タイル・ブロック工事業	7	消防施設工事業
7	左官工事業	8	その他の設備工事業
8	屋根工事業		

出所：国土交通省「建設工事施工統計調査報告」（平成28年）

　建設業の中で，「板金・金物工事業」は，「住」に係わる「金属系外装専門工事業」であるが，「板金工事業」及び「金属製屋根工事業」は，建設業法に基づく28種類の許可業種である（28種類を基本として，32種類に区分）（図表－2）。

4 ● 建築業全体における位置付け

①　業種別完成工事高比較

　平成28年度実績の「業種別完成工事高」では，「職別工事業」（「板金・金物工事業を含む」）は，12兆5,156億円で，建設業全体の中では14.6%であった（図表－3）。

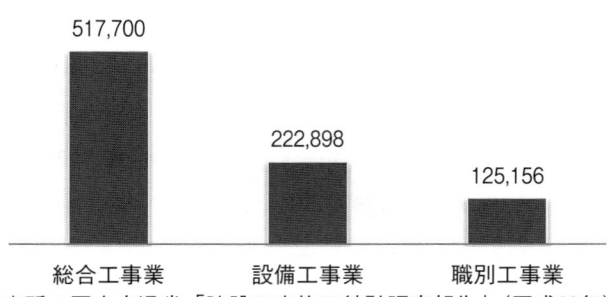

●図表－3　業種別完成工事高比較（平成28年度）
■ 完成工事高(億円)

出所：国土交通省「建設工事施工統計調査報告」（平成28年）

②　職別工事業完成工事高比較

　平成28年度実績では，「板金・金物工事業」の完成工事高は，「金属製屋根工事」で1,979億円，「板金工事」で2,597億円，併せて4,576億円で，職別工事業の中では3.6%，建設工事業全体の中では0.5%であった（図表－4）。

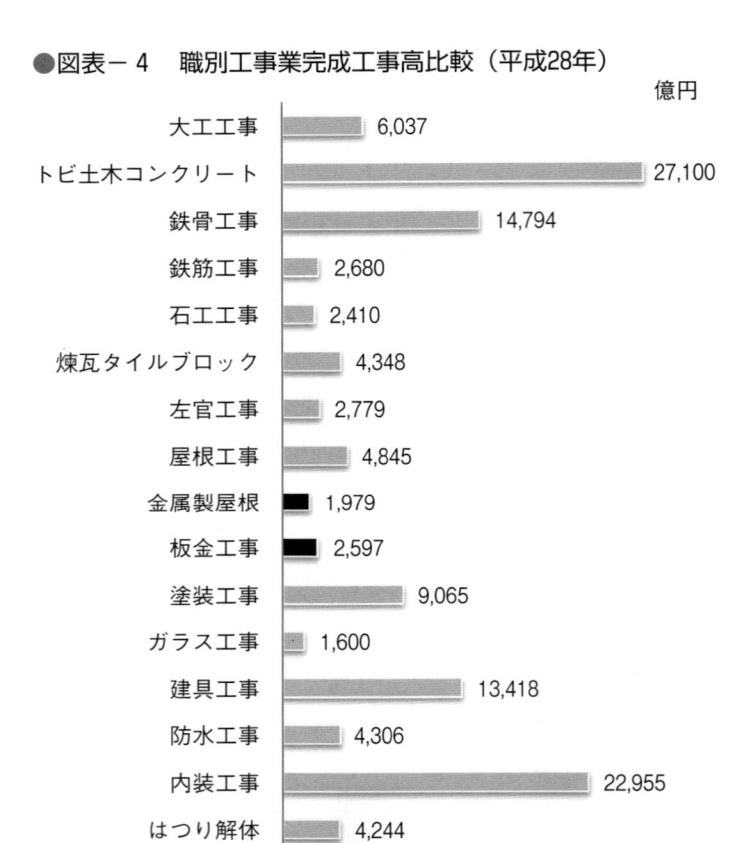

●図表－4　職別工事業完成工事高比較（平成28年）

出所：国土交通省「建設工事施工統計調査報告」（平成28年）

⑤ 建設業構造実態調査

　「建設業構造実態調査」（国交省）（平成23年度）によれば，調査結果のポイントを次のようにまとめている。

● 1社あたりの平均完成工事高は， 3億4,380万円で，前回調査比23.5%減少。

● 経常損失を抱える企業は，全体の25.8%で，前回比6.1ポイント増加。

●下請工事を受注している企業数は，全体の79.2％で，前回比3.3ポイント減少。

●下請完工高のある企業の内，特定の元請業者１社との取引が50％以上となっている企業は31.7％で，前回比2.7ポイント増加（資本金の低い階層で専属比が高くなる傾向。）。

●公共工事受注比率は，30.4％で，前回比4.6ポイント増加。

●外注費比率は，44.1％で，前回比0.6ポイント減少。

●原価割れ工事を抱える企業の割合は，66.8％で，前回比1.7ポイント減少。

●１社あたりの平均従業者数は，14.3人で，前回比8.9％減少。

●保険の加入状況について，医療保険は84.5％，年金保険は83.7％，雇用保険は80.5％の企業が加入している。

●７〜８割の企業が，「利益率の低下」，「民間需要の減少」を経営上の課題として認識。また，「人材不足」が11.0ポイント，「後継者問題」が5.7ポイントと，前回比大きく増加。

●４〜５割の企業が，「高コスト体質からの脱却」，「組織の活性化（従業員のモラール向上等）」，「取引先の選別」を事業戦略上の対策として実施。

●３〜４割の企業が，「定年延長」，「中途採用」，「熟練従業員の再雇用」を人事面の対策として実施。また，「雇用調整助成金の活用」が13.1ポイントと，前回比大きく増加。

●直近３年間において，「建設業の他の業種」，「リフォーム・維持修理」を始めた企業が多い。建設業以外では，「農業」，「不動産業」，「環境」が多い。

⑥ 建設市場の動向

建設投資額は平成17年〜20年までは横ばい，平成20年〜22年までは

減少傾向にあったが，平成23年〜24年にかけて再び増加に転じている。

平成22年まで減少した理由は，マンション工事などの民間需要の減少，公共工事の減少，サブプライムローンによる金融引き締め，建設資材の高騰などが挙げられる。

平成23年に入り，東日本大震災の復興需要，民間設備投資の増加などにより業績は回復基調にあり，さらに，平成24年末からはアベノミクスの目玉である公共事業投資，国内景気の回復など，建設市場にとっては好材料が揃ってきた（図表－5）。

また，2020・東京オリンピック・パラリンピック開催が間近かに迫り，鉄道網や高速道路などのインフラ整備が加速しており，東京都の試算によると2020・東京オリンピック・パラリンピックによる経済波及効果は建設業界で4,745億円としており，長らく低迷が続いていた建設業界にとっては大きなチャンスが到来した。しかし，オリパラ開催と東日本大震災の復興特需が重なったため，建設業界では深刻な人手不足が発生しており工期の延長が予想され，また，円安による輸入資材の高騰が続いておりコストを圧迫する結果となっている。

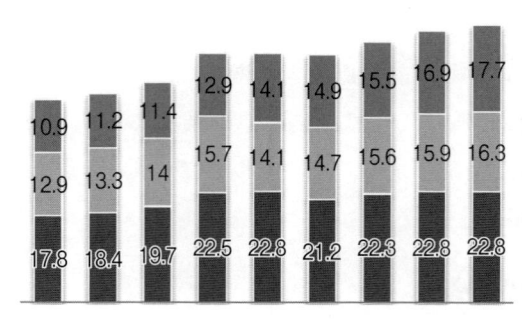

●図表－5　建設投資額（名目値）の推移（兆円）

■ 政府　■ 民間住宅　■ 民間非住宅

出所：国土交通省「建設投資見通し」（平成28年6月）

Ⅱ 板金工事業の現状と動向

① 板金とは

　一般に「板金」（ばんきん，古くはいたがね）という薄く平らに形成した金属である。また，その素材を常温で塑性加工することも板金・鈑金と呼ぶ。その金属板を利用・加工することにより事業を営んでいる板金業には，大別して「建築板金」と「工場板金」がある。

① 建築板金

　建築板金とは，主に薄い金属版（薄物といわれる）を使って，これを切断したり，折ったり，貼り合わせたり，変形させたりする加工を行う。

　これらの加工により，屋根・外壁・雨樋をはじめ，厨房用金物・ダクト・天蓋・排気筒，あるいは内壁・工芸品など，主として建築板金製品を製造し，建築物の所定箇所に取り付ける工事までを行う業態のものをいう。

② 工場板金

　工場板金とは，主に厚い金属板（厚物といわれる）を使って，原理的には前者と同様な加工過程を踏むことにより，自動車などのボディー，あるいは装置を納めるための筐体などの板金製品を製造し，目的とする生産が主として工場内で完了する業態のものをいう。

　両者とも金属板を加工することによって目的とする製品を作り出すという共通点がある。しかし，建築板金はその施工場所が建築物の所在地，そして，行われる建築物の一部を構成するのに対し，工場板金はそれぞれの工場内で行われ，工業製品の一部をなすという点において，基本的に異なる。

2 建築板金に求められる専門的能力

建築板金には以下の特色があり，高度な専門的技能・技術が必要とされる。

① 金属板の塑性加工能力

金属を加工するためにはその金属の特性に精通し，高度な技能や技術が必要である。

② 建築外装施工における雨仕舞い（水処理）

建築物において，最後の仕上げに属する雨仕舞い（水処理）がその建築物の耐久性に大きな影響を及ぼすことになる。水処理の高レベルな施工の技能・技術が必要となる。

③ 美観・景観づくりのセンス

建築物それ自体の優美さはもちろん，周囲とのバランスから見た時の景観は，建築物の施工する側に美的なセンスが必要となる。

3 建築板金工事業の課題

課題の多くは建設業全般にわたる課題と同様であるが，特に以下の2点が挙げられる。

① 作業管理分野の重要性

近年の建設業における課題として，建設コストの低減，生産性の向上，品質・性能・安全の確保が強く求められており，これらの課題に的確に応えるためには，「仕事の段取り，とりまとめ」といった作業管理が重要である。

② 作業管理を担える人材育成の重要性

建設工事現場での施工の実情に詳しい技能者（職長等）が，現場の実情に応じた施工方法を技術者に提案・調整し，現場の技能者に対しては適切な指揮・統率を行って行くことが重要である。こうした役割

を担う「基幹技能者」の確保・育成・活用が企業の生命線となる。

　「基幹技能者」は全国で2,000名が取得しているとされるが，取得者は働き盛りの40代が多く，一級技能士取得後に受験資格が得られるハイレベルなものである（図表－6）。

●図表－6　資格間における基幹技能者の位置づけ

一級
技能士　➡　基幹
技能者　➡　一級
施工
管理士

④ 就業者数・完工高の推移

① 　就業者数の推移

　図表―7の通りである。

② 　完成工事高の推移

　図表―8の通りである。

●図表－7　板金工事業の従業者数の推移
■ 就業者数（千人）

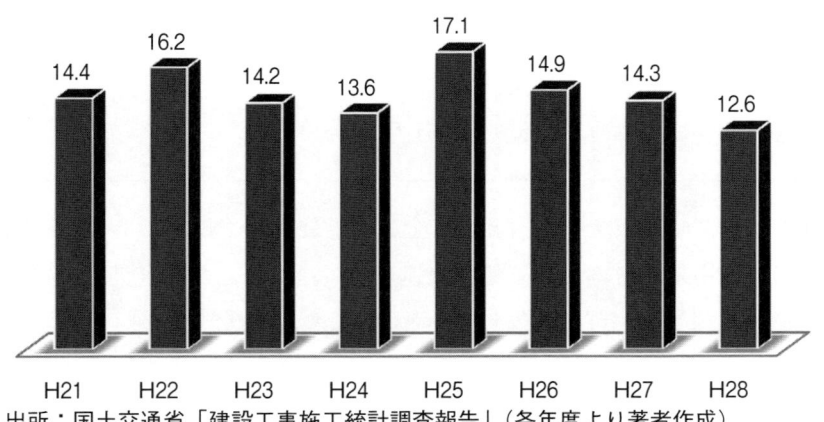

出所：国土交通省「建設工事施工統計調査報告」（各年度より著者作成）

●図表－8　板金工事業の完成工事高の推移

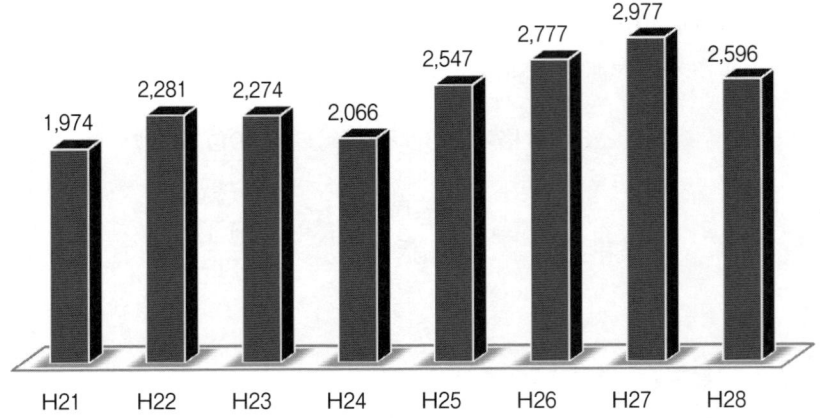

■ 完成工事高(億円)

出所：国土交通省「建設工事施工統計調査報告」（各年度より著者作成）

Ⅲ　モデル店 A 社の概要

●創業　昭和57年

●組織形態　株式会社

●資本金　3,000万円

●従業員　10人

●事業内容　板金工事業

●年間完成工事高　1億8,200万円

●A社は，建築板金を専門とする金属系外装専門工事業であり，全国組織である全日本板金工業組合連合会（全板連）の組合員で，建設業法に基づく許可を取得している。

●A社は，伝統的な飾りの系譜を踏んだ独特な高度で繊細な技能と技術を持っていることで定評がある。

●A社の完工高は，最盛期には３億円を超えることもあったが，最近では２億円を超えることはない。

●A社の就業者数は，最盛期には15名を超える従業員がいたが，現在は10名である。高齢化しており，若年労働者の確保が急務である。

●A社の場合は，１名の「基幹技能者」がいるが，社長はもう２〜３人増やしたいと考えている。

●後継者は常務（長男）を予定している。

Ⅳ　モデル店の利益計画の現状と課題

板金工事業の下請け比率および民間工事比率は以下の通りである（図表－９・10）。

●図表－９　板金工事業の下請け比率（最近８年間平均）

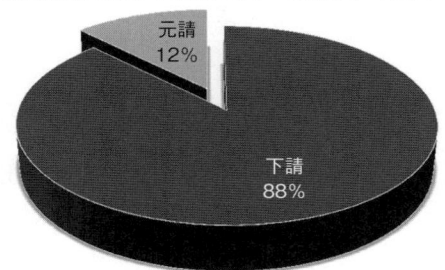

出所：国土交通省「建設工事施工統計調査報告」（各年度より著者作成）

●図表－10　板金工事業の民間工事比率（最近８年間平均）

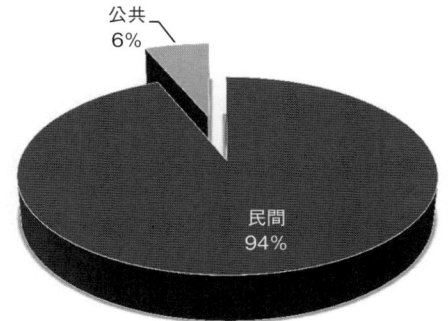

出所：国土交通省「建設工事施工統計調査報告」（各年度より著者作成）

1 ● 営 業 形 態

① 「元請け」・「下請け」

A社の場合も，業界同様，圧倒的に下請工事が多く，9割超が下請工事である。

また，ハウスメーカー数社からの受注で営業しており，環境変化による受注の急減リスクが高く，半期ごとのコストダウンの見直し要請も強く，受注の自由度は極めて低い状況である。取引先の開拓・拡大が課題である。

② 「民間工事」・「公共工事」

A社の受注は，ハウスメーカーからの新築工事が多く，今後は，取引先の開拓・拡大を図る中で，リフォームを手掛ける地元工務店からの修理工事や，大手ゼネコンからの公共工事の受注拡大が課題である。

③ 「材料持ち」・「手間請け（材料支給）」

一般的にハウスメーカーによる下請工事は材料持ちのケースが多い。

A社の場合も一部の特殊材料を除き，自社での材料手配・部材手配・自社加工が圧倒的に多い。しかし，円安による輸入材料の高騰が続いているので，国内材料の調達など資材調達の変更や材料高の見積への反映交渉が今後の課題となる。

④ 平均受注単価

建設投資の冷え込み，施主の安値要求，元請けであるハウスメーカーによる安値受注競争の激化などから，下請けへのコストダウン要求は一段と厳しく，受注量の減少と受注単価の下落が続いている。

A社の場合も，元請けからの半期ごとの定期的な単価の見直し要求があり，その対応が課題である。

⑤ 「一貫施工」・「外注委託」

「自社で営業・施工・アフターフォローまで一貫して行うか，営業

中心で施工は外注任せ」など種々の形態がある。

　A社の場合は，「一貫施工」を謳ってはいるが，板金加工の大半は外注加工頼り，板金工事に特化している。板金工事の外注委託は手が足りない時に限ってはいるが，今後は「人手不足」の深刻化が予想され，その対応が課題である。

2 ● 経 営 資 源

① 人材

　業界としての共通の悩みであるが，A社も技能者の高齢化と若手技能者の確保難にある。いかにして若手技能者を採用・育成し，技術を伝承していくかが最重要課題である。

② 設備

　板金工事業としては，大掛かりな設備は必要としないが，今後の事業展開を考えた場合，高齢化対策としての省力化機器やコスト対策のための効率化機器の導入・更新が必要となる。

③ 資金

　現状では下請仕事が圧倒的に多いため，工事代金回収などで苦しむことは少ない。

　今後，「脱下請」や「材料持ち」の仕事がさらに増えた場合には，それなりの資金需要が発生するので，今まで以上の資金管理が必要となる。

④ 技術力

　厳しい受注競争を勝ち抜くためには，基本となる現場施工力を向上させるとともに，ハウスメーカーなどが開発する新工法への積極的な対応が課題である。

　そのためには国家資格の取得支援などをして，技術者・技能者の能力拡大による提案力・企画力の強化が必要となる。

⑤　情報化

　CAD による図面の作成，PC による見積や積算など，効率的な事務作業をするため，IT 技術活用による対応が必須である。

　また，施工現場の管理において，複数の施工現場を管理するために，スマホによる工事日報作成やタブレットによる進捗管理など，「見える化」による全体最適化が必要となる。

③　工事現場の QCD

①　Quality

　板金工事の「出来栄え」は，建物の美観を左右するほどの重要な要素となっている。「飾り物」は A 社に頼め，といわれるほど評価が高く，A 社の強みである。

　しかし，本質的に重要なのは，「雨仕舞い」（水処理）であり，この工事の巧拙が建物の耐久性に大きく影響する。問題があれば，それは建物や設備の基本機能を損なう重大欠陥となる。A 社にはそのような瑕疵がないのが自慢であり，業界評価の高さの理由である。

②　Cost

　コストダウンの対象は材料費であるが，最近は金属製ではなく合成樹脂製や複合素材の材料・部材などが指定され普及しており，単なる仕入に留まり，加工を施す付加価値が少なく，コストダウンする余地が少なくなってきている（図表－11）。

③　Delivery

　元請けの信頼を勝ち得るのは，設計変更や仕様変更があっても，きちんと工期通りに完成させることである。また，天候異変や雨天の連続，材料遅れ等により工期遅れが発生しても，前工程や自工程の遅れをリカバリーするため，残業や緊急の外注依頼などの特別手配や管理は避けては通れない。

●図表－11　A社の工事原価内訳

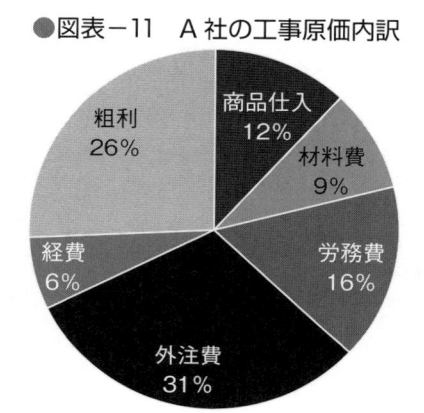

4 ● A社の問題点

　課題をSWOT分析（図表－12）で整理すると，問題点は以下のようになる。

> ●元請依存体質のため，受注減のリスクがあり，売上低下に歯止めがかからない
> ●規格化されたデザインの建築物が普及し，板金技術を発揮出来る工事が少ない
> ●営業・運営管理が旧態依然とし，非効率な現場工事が目立ってきた
> ●若手従業員の確保・育成がままならず，高齢化が進み，技術承継が出来ない

Ⅴ　課題の改善策

●図表－12　A 社の SWOT 分析

		強み	弱み
内部環境	財務の視点	・大きな設備投資がない ・ほぼ無借金経営	・近年の売上減少で内部留保が減少 ・競争激化で受注単価低下傾向
	顧客・消費者の視点	・ハウスメーカーからの高い信頼 ・地元工務店・業者間での高評価	・BtoB が多く, BtoC の接点が少ない ・宣伝等の販促活動の経験がない
	業務プロセスの視点	・「飾り物」で評価が高い ・「雨仕舞い」でのノウハウ蓄積	・旧態依然とした運営管理・現場管理 ・安易な外注委託, 購買管理
	学習と成長の視点	・現社長は業界での知名度が高い ・後継者がいる	・技術者・技能者の高齢化 ・若年技能者の確保難・技能不足
		機会	脅威
外部環境	政治	・自民党による安定政権 ・防災やインフラ老朽化対策重点化	
	経済	・2020年オリンピック効果 ・アベノミクス第 3 の矢による成長戦略	・円安による輸入品の高騰化傾向 ・消費税10%, 2019年10月実施
	社会	・地方創生による人口, 雇用対策 ・住宅リフォーム需要, 空家対策	・少子高齢化, 内向き志向 ・人手不足, 後継者難
	技術	・モバイル機器, アプリの普及 ・エコ, 省エネ, 太陽光発電	・国内製造業の空洞化, 技術流出 ・技能, 技術承継の時間切れ

① 成 長 戦 略

① 成長市場を取り込む

　住宅市場は, 新築住宅が減り, 住宅リフォーム市場が大きくなっている。今後の高齢化を考えると, 高齢者が新築住宅を建てるとは考えにくく, 今までの住宅をリフォームした安くて安全な家を求めている（図表－13・14）。

　A社は, 新築工事はハウスメーカーの下請工事を軸としつつも, リフォーム工事については, 現社長の知名度を活かし, 地元工務店との関係を強め, リフォームの板金工事を積極的に取り込む。

② 住環境ニーズに取り組む

　最近の住環境ニーズは, 「省エネ・スマートハウス」であり, その第一歩は, 屋根の上に設置する「太陽光発電」の工事から始まる。

　太陽光発電システムは誰でも簡単に設置出来るものではない。太陽

●図表－13　新設住宅着工戸数の推移（千戸）

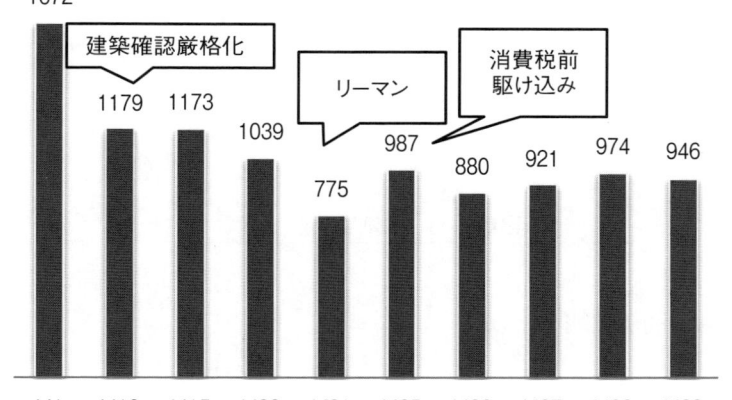

出所：国土交通省「建設着工統計調査報告」（平成29年度）

●図表－14　住宅リフォームの市場の推移（兆円）

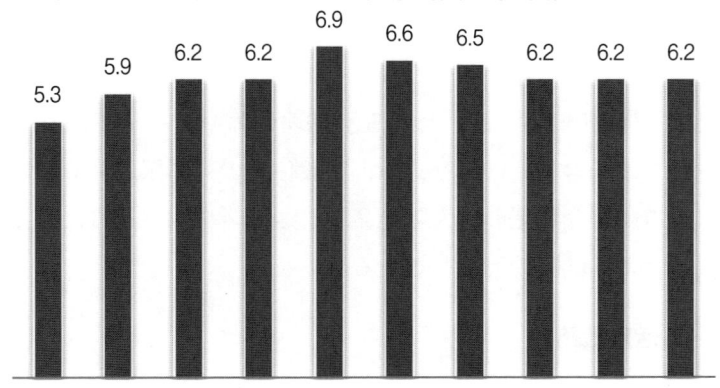

出所：矢野経済研究所「住宅リフォーム市場に関する調査結果2018」

光発電システムの各メーカーではメーカー主催の施工研修を行っている。その研修を受講し認定された販売店・工事店だけがメーカー ID を発行され，販売や取付工事することが認められている。

　A社は，各メーカーの認定を取得し，「雨仕舞い」処理の強みを発揮して，「太陽光発電」のニーズを取り込む（図表－15）。

●図表－15　成長戦略

	既存市場	新市場
既存技術	【ハウスメーカー】 新築工事 「飾り物」高級志向	【地元工務店】 リフォーム工事 雨仕舞い（水処理）
新技術	【ハウスメーカー】 省エネ・太陽光電池 設置工事 「雨仕舞い」（水処理）	

② 差別化戦略

① 既存取引先との取引を深耕する

「飾り物はA社に頼め」といわれる技術・工法を積極的にハウスメーカーに売り込み，最近では少なくなったが，高級志向の建築需要を取り込む。

② 新規取引先を開拓する

A社は，「雨仕舞い」といわれる水処理に強い技術・工法を地元工務店やリフォーム業者に売り込み，一般住宅の「屋根周り」に関するリフォームや集合住宅の「太陽光発電」ニーズを取り込むため，他の専門業者との「戦略的連携」をする。

③ IT活用戦略

① 営業：ホームページをパンフレット代わりにする

ハウスメーカーや地元工務店から声が掛かるのを「待って」いるBtoB体質から脱却するため，またBtoCのリフォーム事業をターゲットにするためには，ホームページ作成が必須である。技術・工法・価格・過去の実績等をわかりやすくPRする。

② 運用管理：最新モバイルを利用する

今やスマホやタブレットなどのモバイル端末が安価に提供されてお

り，また通信環境も Skype などの多面通信も簡単に利用できる。

これらを活用することで，デジタル情報や画像情報などの収集・配信が「早く・安く・簡単」になり，現場工事の情報処理・伝達能力を大幅にアップし，「見える化」につながる。

（4）人材育成・パートナー戦略

① 新規事業は後継者に任せ，自信を持たせる

BtoC のリフォーム事業，官公需要，地元工務店への営業など，新規事業については，後継者に任せる。そして，成功体験を積み重ねることで，経営に対する自信を持たせる。

② 内部「技能者」の資格取得を支援する

工事でものをいうのは，最後は個人の「技術力」であり，組織としての「施工力」である。そのために「技能者」のレベルアップを図る。

従業員対策として，関係する国家資格取得に挑戦し，資格を取得させることは，業界内での技能者としての評価や自己価値の向上になる。また，業務面の遂行においても高いモチベーションを維持・増進する。

③ 外部「同業者」と戦略的連携をする

工事現場では予期せぬことが起きる。そこで問われるのは，出来事に対応する「動員力」であり，最後までやり切る「貫通力」である。

地域の同業者や異業種との戦略的連携は不可欠であり，同業者との勉強会など，常日頃のコミュニケーションの円滑化による情報交換やネットワークづくりをする。

Ⅵ 改善後の利益計画

「顧客の視点」を基軸に「BtoB」から「BtoC」にウエイトをシフトし，戦略フロー（図表－16）に基づく改善策を確実に実行することで，利益計画は実現可能となる（図表－17）。

●図表－16　利益計画改善戦略フロー

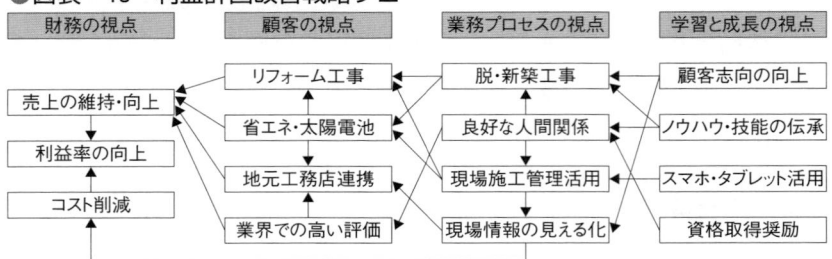

財務の視点	顧客の視点	業務プロセスの視点	学習と成長の視点

- 売上の維持・向上
- 利益率の向上
- コスト削減
- リフォーム工事
- 省エネ・太陽電池
- 地元工務店連携
- 業界での高い評価
- 脱・新築工事
- 良好な人間関係
- 現場施工管理活用
- 現場情報の見える化
- 顧客志向の向上
- ノウハウ・技能の伝承
- スマホ・タブレット活用
- 資格取得奨励

●図表－17　今後の収益改善予想

単位：千円

科目	直近期末		1 年目		2 年目		3 年目	
	金　額	構成比	金　額	構成比	金　額	構成比	金　額	構成比
売上（既存）	182,000	100.0%	172,900	94.5%	164,255	89.1%	156,042	83.9%
（新規）	0	0.0%	10,000	5.5%	20,000	10.9%	30,000	16.1%
計	182,000	100.0%	182,900	100.0%	184,255	100.0%	186,042	100.0%
売上原価	148,000	81.3%	146,400	80.0%	144,976	78.7%	143,722	77.3%
（材料費）	40,000	22.0%	41,200	22.5%	42,436	23.0%	43,709	23.5%
（外注費）	56,000	30.8%	53,200	29.1%	50,540	27.4%	48,013	25.8%
（労務費）	40,000	22.0%	40,000	21.9%	40,000	21.7%	40,000	21.5%
（経費）	12,000	6.6%	12,000	6.6%	12,000	6.5%	12,000	6.5%
売上総利益	34,000	18.7%	36,500	20.0%	39,279	21.3%	42,320	22.7%
販管費	23,000	12.6%	23,000	12.6%	23,000	12.5%	23,000	12.4%
営業利益	11,000	6.0%	13,500	7.4%	16,279	8.8%	19,320	10.4%

（注１）　売上は，増加は望めない（新築工事の受注減等）ので，民間工事のリフォーム工事で
　　　　補う想定にした。
（注２）　材料費は，リフォーム工事を取り込むことで，前同比＋３％と想定した。
（注３）　外注費は，リフォーム工事は一貫作業を目指し，前同比▲５％を目指す。
（注４）　労務費は，高齢従業員退職と若年従業員採用による入れ替えが発生するが，賃金は同
　　　　一とした。
（注５）　経費は，固定費とみなし，従前同様とした。
（注６）　販管費は，新規客を開拓するに当たり変化するが，従前同様とした。

〔佐藤　節夫〕

15 電気工事業のモデル利益計画

I 業界の概要

1 電気工事業とは

一般家庭の電気工事から事業所向けの電気工事など様々な種類，規模の工事があるが，具体的な例としては，照明設備工事，電車線工事，信号設備工事，発電設備，変電設備，送配電設備，引き込み線工事，工場などの構内電気設備（非常用電気設備を含む）などを設置する工事などが挙げられる。電気工事業は，建設業法に基づく29業種の建設業許可業種のうちの一つで，開業には許可が必要な業種である。

電気工事業を営むためには，「電気工事業の業務の適正化に関する法律」に基づき電気工事業者の登録等の手続きを行わなければならない（継続性がある場合は無償で行う場合も登録が必要となる。）。この法律では電気工事業者とは，①一般用電気工作物及び②500kW 未満の自家用電気工作物の電気工事を行う(a)登録電気工事業者(b)みなし登録電気工事業者(c)通知電気工事業者(d)みなし通知電気工事業者の 4 通りの事業者に分類されている。

「電気工事」とは，一般用電気工作物や自家用電気工作物の設置・

●図表－1　電気工事業者の区分

電気工事業者の種類	電気工事の種類	建設業の許可
登録電気工事業者	一般用電気工作物のみ又は一般用・自家用電気工作物	不要
みなし登録電気工事業者		必要
通知電気工事業者	自家用電気工作物のみ	不要
みなし通知電気工事業者		必要

変更の工事である。一般用電気工作物は家庭・商店の屋内配電設備や小出力の太陽電池設備などの電気設備を指す。また，自家用電気工作物とは500kW未満の需要設備のことで，基本的には電気工事士の資格がなければできない電気工事を指す。また，建設業法の規定により500万円（税込）以上の電気工事を請負う場合には，電気工事業の建設業許可を受けることが不可欠。しかし，資格がなくても可能な軽微な工事であっても，事業として行う場合には登録が必要となるので注意する。

電気工事業に関しては法令上の様々な制約があるため，クライアントとして支援する場合は特に注意を要する。

② 業界の概要と状況

国土交通省「平成29年度建設工事施工統計調査報告（平成31年3月公表)」によれば，電気工事業の完成工事高（売上高）は約8兆7千億円，対前年度比で約0.5％減となり2年連続で減少傾向だった。電気工事業が建設業全体に占める割合は約1割，設備工事業に占める割合は約4割で，業界のピークは平成8年度の約11兆6千億円。平成29年度の業界規模はピーク時の約7割強である。

また，建設工事業では，作業計画に基づき各種工事が進行するが，工程の遅れは電気工事業者にしわ寄せされることが多く，定休すら確実に取得することがままならない現状がある。休日出勤や習慣化した残業が若年層の入職を阻害するとともに，賃金上昇などコストアップによる収益圧迫要因となっている。

③ エネルギーシフトを背景に業界の市場規模は拡大

クラウドコンピューティングを始めとした様々な情報通信技術や産業の発達，スマートシティ（地域電力供給事業）構想などによる電力

●図表－2　電気工事業と関連業界の完成工事高（売上高）過去5か年の推移

（単位：億円，％）

区　　分	電気工事業の完成工事高		設備工事業の完成工事高		建設業全体の完成工事高	
		対前年度増減比		対前年度増減比		対前年度増減比
平成25年度	81,801	16.5	204,794	9.0	821,861	10.3
平成26年度	88,442	8.1	211,569	3.3	854,266	3.9
平成27年度	81,801	0.1	216,586	2.4	842,477	3.3
平成28年度	87,696	7.2	222,898	2.9	865,755	2.8
平成29年度	87,279	−0.5	219,893	−1.4	878,372	1.5
平成25年度対平成29年度比	6.7%増		7.3%増		6.9%増	

（出典）　国土交通省「建設工事施工統計調査報告　平成29年度実績」（平成31年3月29日公表）を参考に作成

●図表－3　電気工事業と関連業界の元請完成工事高（元請売上高）過去5か年の推移

（単位：億円，％）

区　　分	電気工事業の完成工事高		設備工事業の完成工事高		建設業全体の完成工事高	
	（元請売上高）	対前年度増減比	（元請売上高）	対前年度増減比	（元請売上高）	対前年度増減比
平成25年度	43,072【75.6】	15.0	107,208	3.7	522,742	11.0
平成26年度	50,071【76.0】	16.2	112,519	5.0	549,256	5.1
平成27年度	49,477【76.5】	−1.2	116,734	3.7	564,137	2.7
平成28年度	48,875【55.7】	−1.2	120,626	3.3	555,486	−1.5
平成29年度	49,477【56.1】	0.2	120,086	−0.4	572,065	3.0
平成25年度対平成29年度比	14.9%増		12.0%増		9.4%増	

（出典）　国土交通省「建設工事施工統計調査報告　平成29年度実績」（平成31年3月29日公表）を参考に作成
　　　　【　　　】内は元請工事高（売上高）に占める民間工事の割合

需要の増加を背景に今後も安定的に市場規模の拡大が期待できる。

　さらに既存の電力設備の老朽化による更新需要など，どれも電気工事抜きには実現できない。一方で長期的には，人口減少などに起因した市場の減少も懸念される。

　市場としては有望である反面，経営の点から考えると課題が山積である。電気工事業へのニーズは高まる一方，慢性的な人手不足と社員の高齢化により「仕事はあるのに，工事をやれる人間がいない」時代を迎えつつあり，これからは電気工事士をある程度抱えている電気工

●図表－4　電気工事業就業者数の過去5か年の推移

（単位：人，％）

区　　　分	電　気　工　事　業		設備工事業全体	
		対前年度増減比		対前年度増減比
平成25年度	340,007	11.6	966,254	9.0
平成26年度	321,697	−5.4	800,129	3.3
平成27年度	312,202	−3.0	778,033	2.4
平成28年度	338,255	8.3	864,266	11.1
平成29年度	317,538	−6.1	826,666	−4.4
平成25年度対平成29年度比	6.6％減		14.4％減	

（出典）　国土交通省「建設工事施工統計調査報告　平成29年度実績」（平成31年3月29日公表）を参考に作成

※就業者数は従業者数十外注者数である。

●図表－5　電気工事業許可（登録）事業者数の過去5か年の推移

（単位：社，％）

区　　　分	電　気　工　事　業		設備工事業全体	
		対前年度増減比		対前年度増減比
平成27年	56,702	2.3	472,921	0.5
平成28年	57,203	0.9	467,635	−1.1
平成29年	57,984	1.4	465,454	−0.5
平成30年	58,896	1.6	464,889	−0.1
平成31年	59,896	1.7	468,311	0.7
平成27年対平成31年比	5.6％増		1.0％減	

（出典）　国土交通省「建設業許可業者数調査の結果について」―建設業許可業者の現況（平成31年3月末現在）―を参考に作成

事会社しか生き残れない時代になり，M&A等による業界再編の加速化が考えられる。

Ⅱ　電気工事業の業績回復のために何をしたら良いか

①　強みを生かす経営をアドバイスする

　これまで述べてきたことを参考に，顧客企業の強みをよく見極めたうえで，経営や戦略の方向性をアドバイスする。財務諸表の改善のみの視点では縮小均衡のまま業績は悪化するが，それを避けるためには

①　ターゲット（対象とする顧客）

②　ニーズ，ソリューション（どのようなサービスを提供し，問題解決を支援するか）

③　独自の能力（どのような技術やサービスを提供することができるか）を明確化・整理したうえで業態を確立し，競合他社との差別化を図る必要がある。企業戦略を意識した経営の下，待ちの姿勢から攻めの姿勢へ転換できるかがポイントである。

　例えばリフォーム市場をターゲットとする場合，責任施工を行う前提で元請に進出する。この場合，発注者は単一ではなく，不特定多数の消費者であるため，信頼を獲得するために，必要な情報等をタイムリーかつ正確に提供・提案できることが必要である。

②　確実に利益を得る仕組みづくり

　下請け仕事中心の場合の問題点として，次のようなものを挙げることができる。

・適正な契約が締結されない

・原価計算に基づいた交渉ができないことによる，指値による採算割れの受注

・工事内容の変更などがあっても，工期や請負代金の変更が適正になされていない

・廃材等の処理費用や福利厚生費などが見積協議の際に適正に計上されない

・専門工事業者の意見が設計や施工に反映しない結果，非効率が生じている

・コスト計算に基づいた適切な原価管理ができていない

・元請に対して，価格以外の提案をできない，あるいは元請の競争環境を踏まえた提案ができない

　安定的に企業を継続するためには，これらの課題について，ヒト，モノ，カネなどの観点から改善の取組みが不可欠である。

（3）現状を認識し将来のためのアクションを起こしてもらう

　業界や自社の現状を認識したうえで，競争力強化を図るための方策として，次のようなものがある。

① 他業種企業も含めた多様な連携

　長期的視点に基づく経営方針，経営組織の改革や企業連携等が企業規模の大小を問わず非常に重要であり，現に競争力の強化のために多様な連携に取り組む電気工事業者も出始めている。

　連携の形態は取引先（営業エリア）を拡大するための連携，工事分野等において相互の特性を活かすための連携，技術開発を行うための連携など多様な目的の連携が見られる。

　連携の相手も，「同業者連携」の場合にとどまらず，他の専門工事業者と連携する「異業種連携」，さらには，設計事務所なども含めて連携するケースがある。電気工事業界においても M&A の兆しが現れてきている。人材不足，関連技術の補完やあらたな顧客市場の獲得など，自社に不足する経営資源の獲得による業績拡大，総合設備工事業への展開が目的である。

② ワンストップサービスの提供や専門分野への特化

　一括発注により施工の効率性やコストダウンを実現したい元請やリフォーム工事などにおいて発注者のニーズに対応する。元請や発注者の要求に応えていくためには，直接施工を引き続き担いつつ，ワンストップ化を推進する方法がある。従来の業種区分にこだわらず，周辺業種も取り込むことによって，広範な業種を一括受注できるようにしていく。

　なお，ワンストップ化に当たっては，技術者の多能工化等により直接の施工能力を高めることのほか，他社との連携等の中で，企画・提案能力や施工管理能力を高めていくことが重要である。

　一方，企業の規模や特徴により，ワンストップ化ではなく，反対に専門分野への特化を図る戦略を選択することも有効である。この場合，他社との補完的連携がポイントとなる。

④　電気工事業の業績改善のヒント

　経営の方向性や戦略を定めたら，次は戦略の実効性をどのように担保するのかがポイントとなる。一般家庭をターゲットにする際は，モノを売るのではなく，コトを売る，ソリューション（顧客の課題解決）を提供するという発想が重要である。改善ためのヒントは次のとおり。

■　マネジメント，経営戦略面における業績改善のヒント

○「家業から企業」へ，「電気工事業からサービス業」への認識の転換が必要。単なる電気工事屋の意識だとライバルとの競争にあっという間に巻き込まれる。自社にとっての新分野を開拓する。

○誰に対してどのようなサービスを提供するのか？顧客に提供するサービスの本質は何か？これは改善のための最も重要な視点である。例えば，顧客の「安全・快適住空間」に焦点を当てるならば，空調設備の取り付けだけでなく，防犯，電気給湯，床暖房や換気設備の

設置工事などのオール電化対応サービスを行うことなどを検討する。

○一般家庭をターゲットとする場合は，住所録程度の情報でダイレクトメールを発送するような顧客管理システムでは，顧客のニーズに応えていくには不十分である。工事履歴のデータベース化など情報化のレベルを常に意識する。

2 提供技術，マーケティング面における業績改善のヒント

○差別化・高付加価値化の推進のためにコストダウンによる競争力強化とともに，新工法の開発，品質の向上，提案力の強化などの差別化，高付加価値化による競争力の強化を図る。

○工事価格以外の面の競争力を獲得する努力が必要である。例えば，工法が環境等の新たな課題に対応したものであることや，リニューアルを含めたランニングコスト，ライフサイクルコストの低減化等の提案も差別化につながる。

○一般家庭をターゲットとするためには，顧客を呼べる接客技術習得も改善の目標にするとともに，「早くて」，「安くて」，「安心」，「きれい」，をコンセプトに，サービスやオペレーションを見直すことが重要である。

3 労務管理・サービスオペレーション，人材確保面からの業績改善のヒント

○自社のノウハウを反映した作業マニュアルの整備と業界団体等が主催する技術講習会への定期的な参加の義務付けによる，安全・環境等の社会的要請への的確な対応，サービス品質の標準化，品質保持がポイントとなる。

○工事，作業の1A（安全）＋5S（整理，整頓，清掃，躾，始末）に加え，3M（ムダ，ムリ，ムラ）の排除による基本動作の徹底で作業における事故を無くす。1A＋5S＋3Mは電気工事業の経営アドバイスでは特に指摘しておく。

○受付，設計，図面確認，施工工事，検査等の作業をスムーズに行い，サイクルタイムの向上を図る。

○熟練技術者には若手の指導や完成後の検査の役割を充てるなど，作業品質の確保，ノウハウの共有などで工事を高品質かつ効率化する。

○定番作業を明確にした後，月間，週間，曜日，1日，時間等の単位で誰が何をするのか作業割当表を作成し，スケジュール，作業内容をチームや個人単位で確認する。

❹ 財務管理面からの業績改善のヒント

○競争力の強化～コストダウン及び差別化・高付加価値化の推進

① コスト管理能力の強化

これからの競争の時代を生き抜くために，コストを計算する能力，コスト計算に基づいた適切な営業・受注活動，作業工程を分析しコストを管理する能力など総合的なコスト管理能力の育成が不可欠である。

② 生産性の向上

生産性は，設計や施工計画，施工状況にも大きく左右され，コストダウンは元請・下請の共同作業の側面がある。したがって，現場ごとに元請及び下請の調整等により施工体制（段取り）や設計の改善，現場の施工や労務管理等の効率化のための IE（Industrial Engineering）の視点による作業改善が重要。

○サービスオペレーションの見直しを行い，受注～作業完了，請求・入金までの一連の処理速度，サイクルタイムの向上を図り，キャッシュフローの改善を図ることがポイントである。

○基本はオペレーション全体の効率化，オペレーションコストの低減。効率化で達成したコストダウン分は社員に一部還元する。

○大型作業車や作業機材などは，レンタルなどを積極的に活用しバランスシートのスリム化を図る。

○人件費の管理は，作業時間の管理がポイントとなる。製造業で行わ

れている作業分析，標準時間の設定，稼動分析等を参考にして，一人当たり及び全体の生産性を上げることで，サービスの質を落とさずに総人件費を削減することが可能となる。

Ⅲ　モデル企業 C 社の概要

1 ● C 社のプロフィール

・創　　　業：昭和60年
・資　本　金：1,000万円
・事業内容：構外・構内電設工事，空調，セキュリティ関連電気工事，委託工事
・従　業　員：25人
・平成28年度期売上高：約400百万円
・拠　点　数：2

　C 社は，専業の電気工事業者である。郊外の街道沿いに立地し，1階が作業場兼資材倉庫，2階が事務所である。創業以来，建設会社，地域工務店の建売住宅の電気工事や受託電気工事などを中心に業績を伸ばしてきたが，年々元請会社のコスト低減要請が厳しさを増している。

　また，工事を受託している大手電力会社による委託先の絞り込みが行われており，C 社には今のところ影響がないが，将来的なことを考えると受託工事の先細りも懸念される。

2 ● C 社の現状と課題

　これまで，元請会社の発注をこなすことで業績を伸ばしてきた C

社では，短期的な売上目標の設定はあるが，経営環境の変化を意識した中・長期的な経営計画は策定していない。

　C社の現状と課題について，■1マネジメント・経営戦略，■2技術・サービスマーケティング戦略，■3労務管理・サービスオペレーション，■4財務管理面，の4つの切り口で分析する。

■1　マネジメント・経営戦略面の現状と課題

① 　短期的，成り行き管理的な経営に陥っている。戦略的視点に立った計画的な経営を行う必要がある。

② 　総務・経理と工事部門の2部門構成となっているが，工事部門は仕事の割当に明確なルールがない。

③ 　今後の業界動向などに対応した収益の第2の柱が育っていない。よって，長期的な視点からの経営の新たな柱が必要である。

■2　技術・サービスマーケティング戦略の現状と課題

① 　元請からの信頼は厚いが電気工事屋的な発想が強く，いわゆる3K職場となっている。

② 　他の電気工事会社との差異が不明確であり特色がない。取引先側から視点の，マーケットイン・顧客満足の発想が必要である。

③ 　ビジュアル的な工事内容の説明資料も不足している。受注時に工事内容，工事料金などが不明確な場合があり，元請からの指値での受注も多い。

④ 　技術やノウハウが組織内で共有されていない。技術が属人的になっている。

■3　労務管理・サービスオペレーションの現状と課題

① 　受注と同時にスケジュール表を確認し，工事担当者の割り振りを行っている。元請けや他業種下請けの作業工程の遅れなどでC社の工事スケジュールも変更になることがあり，そのたびに作業者のスケジュール変更等を行っている状況である。

●図表−6　C 社クロス SWOT 分析

	機会（Opportunity） ・住宅リフォーム市場の拡大 ・顧客のリフォームニーズの多様化 ・自動車で20分圏内に病院，学校，工業団地等小規模事業所，住宅地を抱える立地 ・インターネットの普及による消費者の購買行動の変化 ・商圏内人口の増加 ・官公庁による契約の分離発注の推進	脅威（Threats） ・長期的には新規住宅着工件数の鈍化 ・建設業界全般にわたる高齢化と少子化による人材採用難 ・官公庁による契約の分離発注の推進 ・インターネットの普及による官公庁の電子入札の推進 ・元請単価の下落による受注単価低減圧力，売上高の減少
外部環境 **内部環境**		
強み（Strength） ・下請工事で培った技術力 ・元請顧客との継続的な取引が多い ・地域に根差した創業30年の信頼 ・社長の改革意欲，ITスキルの高さ	強みで事業機会を最大限に生かす ・家業的業種経営から顧客ソリューション解決型サービス業をコンセプトとした企業的経営への転換 ・顧客のコト・ソリューションの観点からの事業オペレーションの見直し ・施工管理情報の整備による元請との関係強化 ・新市場進出による，経営の第2の柱の育成 ・社員のスキルアップのための，業界団体などの外部研修の積極的な活用	強みで外部からの脅威を回避する ・経営ベクトルの統一とサービスコンセプトの確立 ・戦略策定と下位計画の裏打ちによる戦略の実行性の担保 ・クラウドを活用した業務改善，ITツールの導入による生産性の向上 ・整備された技術情報に基づく的確な提案 ・部材等の仕入先の新規開拓による仕入コストの低減
弱み（Weakness） ・電気工事屋意識が強く企業的経営に脱皮できていない。 ・粗利益率の低下 ・明確なルールが存在しない組織運営 ・属人的な技術，ノウハウの保持 ・下請企業間の競争激化による収益力低下	弱みで事業機会を取り逃がさない ・管理部門の新設による分離発注などへの積極的な対応 ・地域の新規顧客の開拓の徹底による地域密着型営業の強化 ・一般家庭を対象としたくらしと電気のリフォーム業への進出 ・技術・サービスメニューの開発，見える化による他社との差別化の徹底	弱みと脅威で最悪の事態とならない ・工程，段取り作業の標準化，マニュアル化による業務サイクルタイムの向上 ・業務改善ITツール導入によるデータに基づく経営管理の深化 ・住宅リフォームフランチャイズへの加盟などによる隣接業種のノウハウ取得 ・一般リフォーム客取り込みのため，接客技術向上，コンサルティングサービスの展開

② 　人員採用は欠員が出た都度行ってきたが，最近では思うように採用ができていない。

③ 　計画的な教育・研修は行われておらず，技術者の技術水準がまちまちである。このため，施工やサービス品質にばらつきがある。

④　作業マニュアルはない。ベテラン作業者が必要に応じて現場指示
　を行いながらノウハウや技術を伝授している状況である。

４　財務管理面の現状と課題

①　人件費抑制によるローコスト・オペレーションに頼っている。

②　単価下落による売上高の低下によりキャッシュ・インの水準が低
　下。流動比率，当座比率とも低下傾向である。

③　元請け比率は５％と低い。このため，粗利益率も業界平均と比較
　し15ポイントほど低い数値となっている。

④　従業者１人当たり売上高などの生産性は業界水準の８割程度であ
　る。従業者１人当たり賃金の水準も業界平均をやや下回る。

Ⅳ　C社のモデル利益計画

1　マネジメント・経営戦略面の取組み

○経営理念，中・長期の経営計画策定および翌期の事業目標の設定を
　行い，社員と共有を図った。経営計画を策定したことで月別の状況
　を把握できるため，どうやったら目標を達成できるか，社員同士で
　話し合うことができることにより社員の行動が変化。予実管理に基
　づく経営の見える化が可能となった。

○工事部門を従来の下請工事部門と，一般家庭工事が対象の部門とそ
　の他工事などを対象とした２部門制とし，それぞれ技術工事第１課，
　技術工事第２課とし，個別に損益管理を行うこととした。

○新市場分野への進出の一環として，一般家庭を対象とした電気周り
　のリフォーム需要を取込むため，インターネット上に自社のホーム
　ページを立ち上げた。

○一般家庭向けの技術工事第２課は，接客技術，工事内容を伝えるた
　めの写真付説明資料等の作成を行い，工事着工前後の工事内容の見

える化を図った。顧客が納得したうえで工事を進めることにより，クレームの発生は今のところ皆無となっている。

② 技術・サービスマーケティング戦略面の取組み

○受注時の担当技術者による元請け企業との打ち合わせや，一般顧客に対する事前面談，問診の徹底を図り，施工内容に齟齬が生じないよう配慮。顧客からの信頼獲得につなげた。

○施工内容に関する責任意識を醸成するために，技術作業者の写真を社内に掲示するとともに写真入り社員証を作成。客先に出向く際は掲示を義務付けた。

これにより技術作業者も責任を持って施工するようになり，施工ミスや作業の手戻りが大幅に減った。

○技術作業者の定期的な作業能力の把握を行い，施工品質の確保に努めた。また，技術力向上のため，業界団体主催の技術講習会に，作業技術者全員を交代で定期的に受講させた。さらに，作業完了時にはチェックリストによるチェック体制を構築。これが作業・施工品質の確保や，ベテランと若手の作業や技術についてのコミュニケーションを図る機会となり若手作業者の育成にも役立てている。

③ 労務管理・サービスオペレーション面の取組み

○ASP（Application Service Provider）を活用した業務改善，ITツールの導入を図り，作業のスケジュールやステータス管理，工事部材の在庫管理やクレーム管理を行った。導入システムはスマートホンなどによる外部からのアクセスも可能なものとなっている。

○朝礼実施による社内の意思の統一，コミュニケーションの向上を図った。なお，朝礼を利用し，各社員が前日発生した問題点と自身の反省点や対応について簡単に発表している。

④ 財務管理面からの取組み

○簡単な原価計算の仕組みを取入れ，部門や工事ごとにコストを把握
　できるようにした。
○わかりやすい数値による目標管理から着手した。具体的には受注工
　事ごとの「粗利益管理表」を作成し，管理を開始。工事ごとに集計
　した月次報告を，社員間で共有することで，社員１人１人がコスト
　意識をもって作業を行うようになった。

Ⅴ　C社の改善の効果

　Ⅳ で挙げた取組みを C 社の実情に合わせ，実行可能なものから
順次段階的に実施した。新規市場開拓の一環として，一般家庭の電力
周りのリフォームニーズに対応することに加え，近隣の福祉施設や小
規模事業所などからの工事依頼を取込んで，取組み２年目に工事件数
ベースで約２割以上アップした。

　さらに，官公需の受注強化のため分離発注への対応を図った。具体
的には，総務経理部門を廃止。管理部門を新設し，総務・経理係と管
理係を設置し担当者を決めた。これにより入札案件への積極的な直接
参加を図った。この結果，参加した入札案件で複数の受注を獲得する
ことができた。

　また，定期的な技術講習への全技術社員への参加を図った結果，技
術力の向上や若手社員の離職率の抑制などの効果も現れている。

Ⅵ　電気工事業の継続的な発展のために
　　—中・長期的視点からのアドバイスのポイント

　最後に，電気工事業の経営上のアドバイスを行う際，中・長期的な
視点でのポイントをまとめたので，参考にしていただきたい。

■現状のまま生き残ることは困難であることを，クライアントに認識いただく。元請け・下請けを問わず，厳しいコストダウン圧力は今後さらに高まっていく。

■官公需をターゲットとする場合，分離発行方式への対応が必要。元請けとなりうる力があれば業績を着実に向上するチャンスとなる。

■新たな作業方法の開発，施工品質の向上，提案力の強化などによる他社との差別化，高付加価値化への継続的な努力が必要。

■近隣他業種他企業との連携の推進に加え，小規模工事会社のM&Aも視野に入れる。

■官公需受注の信用力を背景に一般家庭を直接のターゲットとしたオール電化対応リフォームなどの新分野進出も検討する。

■クラウドコンピューティングの活用によるグループウェアの導入などで生産性の向上を図る。

■標準作業，標準工数による作業の合理的管理が不可欠。加えて施工技術マニュアル，施工データベースの構築を図り，施工品質の向上を行う。

■基幹となる技術者や多能工の育成と確保のため，透明性，納得性の高い人事管理，給与体系を構築する。

●図表－7　Ｃ社　主要比率の改善前後の比較

区　　　　分		改善前	改善後	参考値
完成工事高総利益率	（％）	26.5	36.8	43.0
売上高対人件費比率	（％）	24.9	23.8	32.8
売上高対諸経費比率	（％）	15.7	16.7	18.3
従業者1人当たり売上高	（千円）	14,424	16,800	17,320
従業者1人当たり有形固定資産額	（千円）	1,150	1,532	2,241
従業者1人当たり人件費	（千円）	3,600	3,980	4,449

※参考値は政策金融公庫小企業経営指標調査（調査年度2018年度　2019年8月掲載）業種別経営指標「電気工事業」）黒字かつ自己資本プラス企業平均による。

●図表－8　電気工事業Ｃ社ポジショニングイメージ

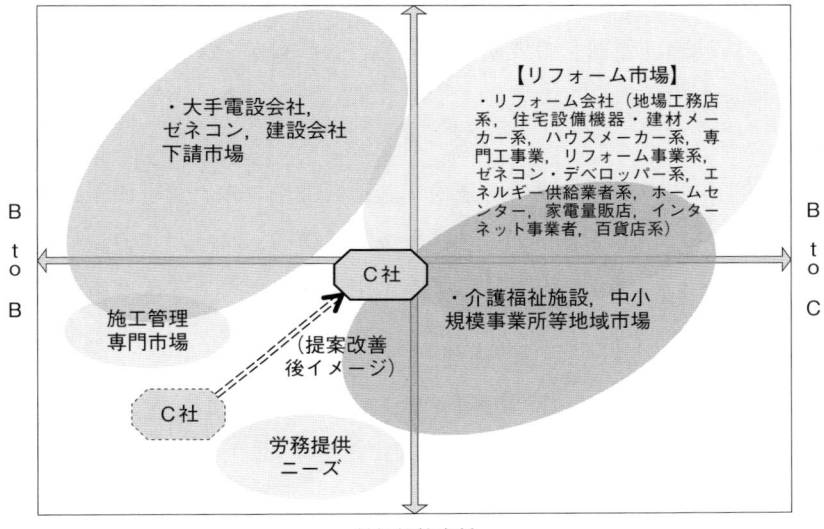

付加価値率高

【リフォーム市場】
・リフォーム会社（地場工務店系，住宅設備機器・建材メーカー系，ハウスメーカー系，専門工事業，リフォーム事業系，ゼネコン・デベロッパー系，エネルギー供給業者系，ホームセンター，家電量販店，インターネット事業者，百貨店系）

・大手電設会社，ゼネコン，建設会社下請市場

Ｂ
ｔ
ｏ
Ｂ

Ｂ
ｔ
ｏ
Ｃ

Ｃ社

施工管理専門市場

・介護福祉施設，中小規模事業所等地域市場

（提案改善後イメージ）

Ｃ社

労務提供ニーズ

付加価値率低

※BtoB：企業間取引
　BtoC：企業対一般消費者

■同業のみならず隣接業種や業態同士の競合が激しくなる中で，①施工技術力の強化，②サービス業の視点からの経営，③後継者，施工技術者の確保，④数値管理による経営，などの視点から，いかに地域顧客から継続的に選ばれるかを考え，独自のサービスコンセプトを確立すること。

■電気工事業はサービス業であることを認識する。顧客満足，サービスの提供過程，内容を徹底的にプロセス化，マニュアル化する。これにより，熟練者の不足に対応しつつ，単価の引下げ（利益の増大）が可能となり，コスト競争力が向上する。

■一般家庭向けにも官公需と同様に，工事内容を見える化するために，施工過程をデジカメなどで撮影，作業報告書を作成し提出するなどのサービスを行うことで，顧客の不安を払拭する。

■一般家庭をターゲットとする場合は，アクセスし易い，明確なサービス，清潔，明朗な料金，丁寧な接客などを前提に「早い」「安い」「安心」「便利」の要素が不可欠。これらが全て80点以上であること。

　電気工事業の戦国時代は，技術・施工管理やコスト管理の過程などから得られたさまざまなデータに基づく技術力，サービス力，ローコスト・オペレーションの確立による企業的経営が不可欠である。そのうえで，地域における電気工事のアンカー，エキスパートとして認識された事業者が勝ち残る。

〔岡本　良彦〕

送電線工事業の
モデル利益計画

I 業界の概要

　電気は，安全で便利なエネルギーとして，さまざまなところで利用され，私たちの暮らしには，欠かせないものである。燃焼を伴わず空気を汚さないことから，クリーンエネルギーとも呼ばれている。

　近年，ガソリン車からハイブリッド車へ，そしてEV（Electric Vehicle）すなわち電気自動車へのシフトが進んでおり，自動車のエネルギー源もガソリンなどの化石燃料から電気に移ってきている。このような変化は，自動車産業に大きな影響をおよぼし，これまで部品を供給してきた事業者の中には，方向転換に向けて大きく舵を取ることを余儀なくされているところも出ている。近年の高齢ドライバーによる悲惨な交通事故を無くすため，自動運転や事故防止のためのAIを活用した制御装置の需要も拡大している。こうした動きは，自動車業界だけでなく，ガソリンスタンドなど関連する産業にも影響をもたらすものと考えられる。

　私たちが利用している電気は，電力会社の発電所で作られ，「送電線」を通って変電所に送られ，そこで電圧が変換されて「配電線」を通して家庭やオフィス，店舗，工場などのユーザーに運ばれている。

　配電線には，6,600ボルトの高圧線と200ボルト又は100ボルトの低圧線があり，高圧線の電気は電柱の柱上変圧器で200ボルト又は100ボルトに下げられて，低圧線に流され，引込線を通って家庭やオフィスに電気が送られている。

　これに対し送電線は，電力会社の発電所と変電所，又は変電所どう

しを結び，大量の電気を安全に高電圧で効率よく送るものである。送電線には，7,000ボルトを超える特別高圧の電流が流されている。

さらに大量の電力を効率よく運ぶために，27万5,000ボルトから50万ボルトの超高電圧で変電所に送っているところもある。変電所では変電を繰り返し，電圧を下げることで発熱による送電ロスを少なくしている。

現在，全国に約24万基の鉄塔と8万 km の送電線が張りめぐらされ，発電所と変電所を繋ぎ，大量の電力を安全で効率よく運ぶことによって電力需要を支えている。

① 送電線工事業とは

送電線工事業とは，ビルや店舗・工場などの施設及び一般住宅などの一般的な電気工事ではなく，電力会社の発電所と変電所，又は変電所どうしの間を結ぶ送電線の配線工事やメンテナンスを行うものである。大量の電気を安全に高電圧で効率よく送るための電線路を建設設置及び点検，保守管理などのメンテナンスなどを行っている。電力というエネルギーを国内全域に運ぶことで，効率よく使えるようにするための重要な社会インフラの建設及び保守管理を行うものである。

発電所の新規建設や点検保守に伴って工事を行い，プロジェクトの一部として電力会社を中心とした関連する多くの企業と連携して工事を進める。

基本的には，高圧電線を支える鉄塔の建設と発電所と変電所を繋ぐ送電線の設置を行う。

② 送電線工事の流れと内容

送電線工事のプロセスとして，まず発電所の建設が計画されると，事前調査として，工事を行う地域の諸条件を的確に把握し，それに基

づき計画を立て，実際に鉄塔建設工事が行われ，送電線を張り，検査に合格した後，発注者に引き渡される。

　送電線の工事は，一般的に次の8つのプロセスを踏んで進められている。

① 　調査設計……地形や地質，気象などの自然条件や社会環境などそれぞれの地域の環境により工事のやり方が違うため，実際に現地を訪れ工事を行うための詳細な条件を把握する。現地における工事や保守の難易度，工事費などを総合的に判断して，送電線ルートを選定する。ルート選定には，地滑り箇所・活断層・軟弱地盤などの地質・地形，気象・景観や貴重な動植物の生息地などの自然条件，道路・鉄道・他の送電線・建造物・国立公園などの社会条件などの情報を踏まえて慎重に行われる。

　　ルート決定後，測量結果から鉄塔高を決定し，鉄塔強度設計など各種設計を行う。

② 　計画書作成……事前調査によって得られた結果に基づいて，その現場に最適な施工計画を作成する。

③ 　架設工事……計画に基づき実際に送電線建設工事を行うためには，工事用地を確保し，建設機器や資材を工事現場まで運ぶための運搬路などを整備することが必要である。特に，山岳地に建設する場合は，運搬用道路を作れない場所に索道を架設するなど，大規模な架設工事が必要になる場合もある。

④ 　基礎工事……施工計画に基づき，検測・掘削・据付け・配筋などの送電線鉄塔を建設するための基礎部分の工事を行う。台風や竜巻，地震などの自然災害にも耐え得る丈夫な鉄塔を建設するためには，強固な基礎を作ることが必要である。地形により数10メートルを超えるような杭を設置する場合もある。

⑤ 　鉄塔組立工事……高圧電線を支える鉄塔の組立てとその他の付属

部品を取り付ける。鉄塔は，等辺山形鋼や鋼管などの金属性材料を使った部材を組み合わせてつくられる。大型の鉄塔には高さが100mを超える巨大なものもあり，地形や鉄塔の規模に応じて大型クレーンなどの機械を使って吊り上げ，人の手で繋いで組立てる。

⑥　架線工事……組み立てられた鉄塔に「がいし」という絶縁装置を取り付け，鉄塔間に電線を張る工事を架線工事という。3～5km程度の間隔を1区間として，まず細いロープ張り，次に太いワイヤロープ，そして電線へと引き替えて取り付ける。最後に決められた張力でがいし装置に取り付ける。

⑦　竣工検査……規定の品質をクリアできているか，引渡し前に検査を行い確認する。

⑧　引渡し……検査結果を確認した後，発注元である電力会社への引渡しを行い，発電所と変電所を繋いで大量の電力を運ぶことができるようになる。

③ 高度な技術と安全管理

　送電線工事は，発電所の建設に合わせて計画されたルートに従い，鉄塔を建設し送電線を張るもので，建設工事と同様，計画に従って安全に進められなければならない。巨大な鉄塔の組立てや送電線の取付けには危険を伴う高所での作業が多い。山間部など，傾斜の厳しい斜面や足場の不安定な場所では，作業環境の整備が必要である。クレーンなどの大型重機を使うため，安全対策・事故防止に努めている。万一の場合に備えて安全装置を装着するなどの対策が取られる。作業前には体操などの準備運動を行うなど，怪我の防止も重要である。また定期的に休憩時間を設けて過度な労働による疲労から守っている。

　さらに労働安全衛生法に基づき，労働基準監督署長に計画を届けている。現場には主任技術者や監理技術者を配置し，労働災害，公衆災

害の防止に努めている。厚生労働省のガイドラインに基づき，安全教育や労働安全衛生マネジメントシステムを導入し，安全衛生責任者を選任するなど管理体制の強化に努めることが必要である。

Ⅱ　送電線工事業を取り巻く環境変化

1　発電構造の変化

1960年代の高度成長期までの日本の発電は，安全で維持コストが低く，CO_2の排出も少ない水力発電が中心であった。しかし，ダム建設に莫大な建設費用がかかるため，発電所建設コストの低い火力発電所が増えた。そして，1975年の第3回国際エネルギー機関閣僚理事会で石油火力発電所の新設禁止が決定され，火力発電の燃料はLNGや石炭が主体となった。

1980年代以降は，CO_2の排出が少なく，発電量の大きいクリーンエネルギーとして，原子力発電所が本格的に稼働するようになり，2000年代には総発電量の3割を占めるようになった。

1997年12月に京都で第3回気候変動枠組条約締約国会議が開かれ，京都議定書によりCO_2の排出目標が定められ，原子力発電の重要性が高まった。

さらに，2015年12月にフランスのパリで開催された国連気候変動枠組条約会議でパリ協定が採択された。これにより自国が決定する貢献案（INDC：intended nationally determined contribution）が策定され，日本のGHG排出は，2030年度に2013年度比マイナス26.0％の水準とすることになった。

2011年3月に東北地方で震度7の大きな地震が発生した。この影響で福島第一原子力発電所で炉心溶融などの事故が発生し，放射性物質が放出されたことにより緊急停止した。

	電気事業者	電気事業者以外	合計	構成比
水力	85,034,545.8	2,191,481.1	87,226,026.9	9.0
火力	726,158,539.9	13,705,169.6	739,863,709.5	76.4
原子力	62,108,933.2	0.0	62,108,933.2	6.4
新エネルギー等発電合計	60,135,821.6	18,686,764.5	78,822,586.1	8.1
風力	5,513,797.2	5,857,661.5	11,371,458.7	14.4
太陽光	54,450,626.3	10,777,667.9	65,228,294.2	82.8
地熱	171,518.8	2,051,441.0	2,222,959.8	2.8
バイオマス	5,262,165.0	14,399,853.1	19,662,018.0	24.9
廃棄物	2,591,581.8	3,894,287.0	6,485,868.8	8.2
合計	933,437,840.5	34,583,415.2	968,021,255.7	100.0

（出展）　資源エネルギー庁ホームページより作成。

　これまでクリーンで経済的と考えられてきた原子力発電に対する信頼が崩壊し，火力発電を中心とした多様な発電に切り替えることを余儀なくされた。同時に，CO_2の排出削減のためにも地熱や太陽光，風力などの再生可能エネルギーを活用した発電への期待が高まっている。その他，バイオマスや廃棄物のエネルギーを利用した発電も行われている。

　資源エネルギー庁の統計資料によると，2018年度における発電実績は，968.02ギガワットアワーであり，その4分の3以上を火力発電が占めており，9.0％を水力発電が賄っている。地熱や太陽光，風力などの自然エネルギーを活用した発電も増えてはいるものの，すべて合わせて全体の約8.1％程度である（図表－1）。また，電力会社以外の卸電気事業者や特定電気事業者，特定規模電気事業者による発電もあるが，現在のところはまだ少ない。

　2016年3月における各電力会社の発電所数と認可出力量をまとめたものが，図表－2である。発電所の数では，東北電力の230が最も多く，中部電力，九州電力と続いている。最大出力では，東京電力の6

●図表－2　発電所認可出力表（平成28年3月）

（単位：1,000kW）

| | | 合計 | | | 水力 | | 火力
計 | | 原子力 | | 新エネルギー等 | | | | | |
| | | | | | | | | | | | 風力 | | 太陽光 | | 地熱 | |
		発電 所数	認　可 最大出力	構成比	発電 所数	認　可 最大出力	発電 所数	認　可 最大出力	発電 所数	認　可 最大出力	発電 所数	認　可 最大出力	発電 所数	認　可 最大出力	発電 所数	認　可 最大出力
一般電気事業者	北海道	71	7,957	3.8	56	1,647	12	4,214	1	2,070	0	0	1	1	1	25
	東　北	230	17,956	8.6	208	2,428	12	12,025	2	3,274	0	0	4	5	4	224
	東　京	196	66,802	31.9	164	9,859	25	44,279	2	12,612	1	18	3	30	1	3
	中　部	211	33,168	15.8	196	5,497	10	24,015	1	3,617	1	22	3	17	0	0
	北　陸	144	8,074	3.9	131	1,921	6	4,400	1	1,746	2	4	4	4	0	0
	関　西	170	36,573	17.5	152	8,225	12	19,408	3	8,928	0	0	3	11	0	0
	中　国	114	11,536	5.5	99	2,909	12	7,801	1	820	0	0	2	6	0	0
	四　国	64	6,617	3.2	58	1,146	4	3,447	1	2,022	0	α	1	2	0	0
	九　州	196	18,701	8.9	143	3,584	43	10,206	2	4,699	2	3	1	3	5	206
	沖　縄	28	2,155	1.0	0	0	23	2,153	0	0	5	α	0	0	0	0
	計	1,424	209,537	100.0	1,207	37,215	159	131,948	14	39,788	11	50	22	78	11	458
卸電気事業者	電源開発	67	16,959		59	8,570	7	8,374	0	0	0	0	0	0	1	15
	日本原電	2	2,260		0	0	0	0	2	2,260	0	0	0	0	0	0
	計	69	19,219		59	8,570	7	8,374	2	2,260	0	0	0	0	1	15
特定電気事業者		6	284		1	1	5	283	0	0	0	0	0	0	0	0
特定規模電気事業者		24	2,444		0	0	14	2,434	0	0	0	0	10	9	0	0
合　　計		1,523	231,484		1,267	45,786	185	143,040	16	42,048	11	50	32	87	12	473

（出展）　資源エネルギー庁ホームページより作成。

万6,802メガワット，関西電力の３万6,573メガワット，中部電力の３万3,168メガワットが大きく，この３社で全体の６割以上を占めている。発電所の数では水力発電が多いものの，最大出力では火力発電所の方が大きく，発電能力が高い。

② 電気事業法改正と電力自由化の動き

電力自由化に向けて，これまでに電気事業法が相次いで改正されてきた。1990年代の規制緩和の世界的な潮流の中で，日本の高コスト構造，内外価格差の是正が課題となり，平成５年の総務省の「エネルギーに関する規制緩和への提言」を契機として，平成７年４月に電気事業法が改正された。

電力会社に電力を供給する事業に独立系発電事業者の参入が可能になり，卸売り料金規制が緩和された。これにより，電力会社が独立系発電事業者等から電気を購入する場合の認可が不要となり，新規事業者が電力会社の送電線を使って他の電力会社に送電する「卸託送」の規制が緩和された。

平成11年の電気事業法改正により，電力会社にしか認められていなかった小売供給が特定電気事業者に認められ，販売が可能になった。対象は，大規模工場やデパートなど，使用規模が原則2,000キロワット以上の大口利用顧客である。参入規制，供給義務及び料金規制などが原則的に廃止された。電力会社の送電ネットワークを利用し，自由化対象の顧客に電気を供給する「特定規模電気事業者」の新規参入が可能となった。同時に新規参入者の送電ネットワーク利用のための公平で公正なルールが整備された。料金改定手続が認可制から届出制に変更され，容易になった。

平成15年の電気事業法改正では，電気の安定供給確保のため，発電設備と送電設備の一体的な整備・運用を維持することとなった。

●図表－3　主要大口需要の業種別伸び率の推移（平成25年から27年）

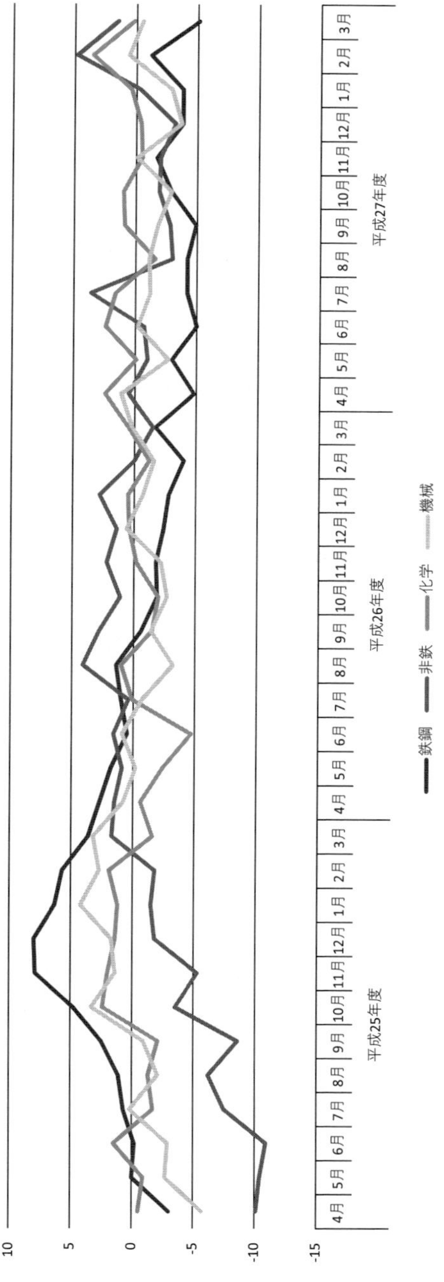

凡例：鉄鋼　非鉄　化学　機械

平成25年度　平成26年度　平成27年度

[16] 送電線工事業のモデル利益計画

電力会社の送電線を新規参入者が利用する上で，その利用条件に一層の公平性と透明性を確保するため，送配電部門が託送業務を通じて知り得た情報の目的外利用の禁止，送配電部門と発電・販売内部との内部相互補助の禁止などが決められ，小売自由化範囲を拡大し50キロワット以上の高圧の顧客に拡大した。

　平成28年4月1日，第2弾の改正電気事業法が施行され，従来は基本的に特別高圧・高圧部門のみ自由化されていた電気の小売業への参入が，低圧部門を含めて全面自由化されることとなった。それに伴い，需要家に対する適切な情報提供や契約に関する説明や文書交付が不可欠となった。今後も電力自由化に向けた対応は求められるものと考えられる。

③ 電力の大口需要の推移

　平成25年4月から28年3月までの電力の大口利用の状況を，化学，鉄鋼，非鉄，機械の業種別に需要の伸び率の推移をグラフにしたものが図表−3である。平成25年6月時点では，全ての業種で前年を下回っており，減少していた。省エネ設備の導入や業務改善に取り組んだ結果と考えられる。今後もこの傾向は続くものと考えられるが，温室効果ガス（GHG）を削減していくためにも，化石燃料を使用する火力発電からクリーンエネルギーに変えていくことが求められる。

　送電線工事の受注実績は平成7年時点で3,628億円であったものが，年々減少し長引く円高傾向を背景とした生産拠点の海外移転や景気後退の影響を受け，我が国の電力需要の減少傾向が続く中，送電線工事の受注実績は平成7年の3,628億円以降年々減少し，平成14年には567億円まで縮小した。その後，平成18年には一時的に回復し，1,600億円を超えたが，1,000億円台の低水準で推移した。平成24年に1,200億円を超え，平成28年は1,750億円を超えるなど徐々に復活している。

一方で，老朽化した鉄塔の再建や修理，及び送電線の架替えなどの潜在的な需要も年々増加しているものと考えられる。

送電線建設工事の受注の季節変動は，年度初めの4月から徐々に増え始め，年度末の3月に最高となるという特性がある。一般的に3月には4月の約10倍の金額となっている。

Ⅲ 送電線工事業 A 社の概要

- 設　立　年　平成13年
- 組 織 形 態　株式会社
- 資　本　金　1,200万円
- 従 業 員 数　165名
- 事 業 内 容　送電線工事に係る調査，設計，建設工事，保守管理など
- 年間売上高　118.5億円

送電線工事業A社は，電力会社の送電線部の責任者を経験したT氏を中心として，これまで電力会社の送電線建設及び設置工事並びに関連する工事を行うB社と関連する事業者5社が合併して設立された企業である。

電力会社と大手電気工事会社の出資を受け平成13年に設立された。主な事業内容は，発電所と変電所を繋ぐ送電線工事に係る調査，設計，建設工事，保守管理など多岐にわたり，それぞれに必要な資格を持った担当者が業務に当たっている。

合併後の事業者は，それぞれ地域の支店として活動し，本社機能を合併前のB社に移管することで，営業活動をはじめ，工事に関するさまざまな活動に専念できるようになった。もともとこの6社は，地

域が違っていたことに加え，得意とする工事の分野が違っていたことから，協力しやすい関係にあった。そのため，合併することで，それぞれの能力をさらに強力に発揮することができるようになった。また，技術面では，6社の人材交流が活発に行えるようになったことから，お互いの技術レベルを結集することができるようになり，技術面でのシナジーも得られた。主な顧客である電力会社からの信頼も厚く，工事の受注に特別な働きかけを行わなくてもコンスタントに得ることができた。

A社では，技術力を重要視するとともに，安全に対する意識も高く事故防止に努めている。そのため，社員どうしがお互いを気づかい，助け合うという文化が根付いている。社長が若い時に親友を事故で亡くすという経験をしていることから，安全には特に厳しく注意を払い，安全衛生教育，パトロール，機械類の点検整備，作業標準の決定，安全作業マニュアル作成などに取り組んでいる。その効果により，事故は少ない状態が続いている。

A社では，主に電力会社と大手電気工事会社からの送電線工事を受注している。A社の強みは，社長のT氏が技術力を重要視していることから，高い技術力を持ったプロフェッショナル集団であることで，特に調査段階から電力会社のプロジェクトに参加するなど，工事に対する信頼性は高い。そのため，特に営業活動を強力に進めなくても発電所新設の計画があれば，安定的に受注することができていた。

また，社員を対象とする勉強会を実施するなど，資格習得に対する支援対策も充実しており，知識や技術を身に付けるための環境は整備されている。さらに，資格を取得した後は，その難易度や重要性に応じて，2,000円から1万5,000円の範囲内で資格手当が支給されるなど，優遇措置が用意されている。

そのため，電気工事に関連する資格を持った社員が多く，自己啓発

に対する関心も高く，学習意欲も高い。社員の持つ具体的な資格と人数は，第一種電気工事士22名，第二種電気工事士43名，第三種電気主任技術者54名，１級電気工事施設管理技士38名，２級電気工事施設管理技士46名，第１種電気主任技術者５名，第２種電気主任技術者12名，監理技術者６名，電気主任技術者５名，建築設備士37名，２級管工事施工管理技士36名，消防設備士乙種４類76名，危険物取扱者乙種４類21名，移動式クレーン運転士12名などである。

　しかし，近年では発電所の新規開発も減少しており，小さな市場をめぐって競争が激化しており，受注量が減っているため業績の低迷が続いている。

Ⅳ　A 社の利益計画と問題点

①　受注件数の減少

　長引く円高傾向を背景とした生産拠点の海外移転や景気後退の影響を受け，我が国の電力需要の減少傾向が続く中，送電線工事の受注実績は平成７年の3,628億円以降年々減少し，平成14年には567億円まで縮小した。その後は，やや回復傾向にあるものの，平成19年以降は1,000億円台で推移している。そのため，限られた送電線建設工事の獲得をめぐって競争が激化している。

　平成23年の東日本大震災の影響により，福島第一原子力発電所の事故が発生したことから安全点検が行われ，全国の原子力発電所が停止した。そのため，これまで停止していた火力発電所の稼働再開によって，不足する電力を確保する取組みが行われた。地熱や太陽光及び風力などの自然エネルギーなどを利用した発電所の新設が増加しているものの発電量は非常に小さく，原子力発電所の穴埋めをするまでには至らない。高圧の電力を運ぶ送電線の需要には結びついていない。

このような環境にあってもＡ社の営業姿勢は，電力会社及び大手電気工事会社からの受注を「待つ」という姿勢を変えることができず，積極的な営業活動に取り組むことができずにいた。発注者からの引き合いを待つだけで，積極的に提案するという前向きなものではなく，新たな市場を探すという取り組みもない。その結果，Ａ社の送電線工事の受注金額は年々減少し，売上げが減少していった。

　一方，Ａ社のライバル企業であるＣ社では，営業力を強化し，業務を外注することで低価格を武器に積極的な営業活動を強力に推し進めており，多くの受注を獲得していた。

②　経費負担増による利益の減少

　Ａ社では，売上げの減少に対して，人件費や設備費などの固定費を抑えることができず，費用が利益を圧迫するようになり，このままでは赤字となる状態となった。そこで全社を挙げてコスト削減に取り組むことを決めた。現状かかっている費用を総点検し，無駄なものを極力排除した。水道光熱費や燃料費などの小さなものにまで及んだ。

　しかし，明確な効果は得られなかった。さらに遊休資産の売却処分や早期退職者を募集するなど，本格的な徹底したリストラに取り組んだ。送電線工事においても，コスト削減のために外注していた工事を極力内部で行うようにし，作業員も社員が工事や作業に携わるようにして，人件費の節約に取り組み，スリム化が図られたが，縮小均衡による対策では改善されず，売上げの減少が続いた。

③　人材及び人手の不足

　Ａ社では，コスト削減のため人員削減に取り組み，従業員の新規採用を見送り，早期退職優遇制度を実施したものの，なかなか成果が表れなかった。実際にこの制度を活用し退職した者はわずかに５名であ

った。

　しかし，この5人が減ったことによるコスト削減効果は少なく，送電線工事の仕事が捗らないというマイナス面の影響が出た。技術者が減少したことで，人材と人手の両方が不足し，工事に遅れが出ることもあった。

Ⅴ　A社の利益計画

1　発電環境の変化への対応

　これまでの発電の変遷は，ダム建設による水力発電から石油や石炭，ガスなどによる火力発電，原子力発電，太陽光・風力発電とさまざまなエネルギー源を活用した発電方式であり，A社ではそれぞれに対応する技術を取り込んできた。

●図表－4　A社のSWOT分析

<table>
<tr><td colspan="2">各視点</td><td>強　み</td><td>弱　み</td></tr>
<tr><td rowspan="4">内部経営環境</td><td>財　務</td><td>・規模が小さく，固定資産負担が小さい。</td><td>・利益率が低い。
・労働分配率が高い。
・自然災害の影響を受けやすい。</td></tr>
<tr><td>労　務</td><td>・専門技術を持つエンジニアを多数有する。
・社員同士の信頼関係がある。</td><td>・教育が進まず，能力面で個人差がある。
・人材が不足している。</td></tr>
<tr><td>営　業</td><td>・電力会社との関係が強い。
・支店間のネットワークがある。</td><td>・送電線工事件数が減少している。
・積極的な営業姿勢に欠ける。</td></tr>
<tr><td>技　術</td><td>・技術水準が高い。
・各種資格を有する社員が多い。
・多様な施工技術が利用できる。</td><td>・優秀な人材が集まりにくい。</td></tr>
<tr><td colspan="2"></td><td>機　会</td><td>脅　威</td></tr>
<tr><td rowspan="3">外部経営環境</td><td>経済環境</td><td>・長引く円高の影響。
・製造業を中心とする顧客の海外移転。</td><td>・電力需要の減少傾向。
・電力自由化の進展。</td></tr>
<tr><td>顧　客</td><td>・風力発電所の新設建設の増加。
・メガソーラーの新設建設の増加。
・携帯電話基地局の需要の増加。</td><td>・送電線設置件数の減少。
・原子力発電所の稼働停滞。</td></tr>
<tr><td>競　合</td><td>・技術力が高く参入障壁となっている。
・さまざまな工事に対応できる。</td><td>・大手事業者との競合の激化。
・異業種からの電力事業への参入。</td></tr>
</table>

●図表−5　Ａ社の改善の方向性（戦略マップ）

経 営 目 標	・年間売上高120億円を目指す ・スリムな経営体質を実現する

⇧

財 務 の 視 点	利益額の増加
	・コスト削減 ・粗利益率の改善

⇧

顧 客 の 視 点	顧客満足度の向上
	・工事品質の向上 ・コンプライアンスの徹底

⇧

業 務 改 革 の 視　　　　　点	工程管理の向上
	・進捗管理のさらなる改善 ・工事技術の向上
	コスト管理
	・遊休資産の処分 ・備品管理の徹底
	受注拡大
	・新たな業界の受注先の開拓 ・積極的な営業活動 ・異業種交流

⇧

学習と成長の 視　　　　　点	工事技術の向上
	・技術者教育 ・社内勉強会の実施 ・資格手当の拡充
	安全対策
	・労働時間管理 ・安全・健康管理

　しかし，電力需要の減少や新たな発電所建設の減少により，その能力を十分発揮することができず，送電線工事の受注は減少傾向が続いていた。

　ライバル企業であるＣ社が，電力会社からの受注について独占禁止法に違反する行為を行ったため，営業停止処分となった。その影響

により，一時的にＡ社の受注が増えるということがあった。

　こうして回ってきた仕事にはさまざまな種類のものがあったが，Ａ社ではこれまで培った技術を駆使して対応することができた。その中には，これまでＡ社が手掛けた工事の改修や補修案件があることが分かった。そこで，新規案件だけでなく，点検保守や老朽化して改修や補修，再建が必要となったと考えられるものをリストアップしたところ，その多くを失注していることが判明した。

　そして作成したリストに基づき，電力会社や大手電気工事会社に対し，改修工事の提案を行った。その結果，これまで取りこぼしてきた案件を受注することができた。

②　新たな分野への進出・売上高の減少への対策

　送電線工事需要が減少する一方で，携帯電話会社がその利用範囲を拡大するために，基地局の増設を積極的に推し進めていった。そのため，基地局を設置する工事業者が不足し，工事が思うように進まなくなってしまった。基地局設置工事を受注していた工事業者が，電力会社の通信部門の知合いを通じて，鉄塔建設と送電線設置の技術を持つＡ社にも携帯電話の基地局設置工事の相談が持ちかけられた。

　数回にわたり打合せを行った結果，Ａ社でもこの工事を引き受けられることが分かり，正式に注文があった。Ａ社にとっては，これまでとは違った通信分野の工事であり，戸惑う場面もあったが，引き受けることとなり，ベテランと若手の組合せによるメンバーが担当をすることとなった。これまでとは違う内容の業務もあったが，豊富な経験を持ったベテラン技術者の活躍もあり，おおむね順調に工事が進められ，無事に完成することができた。これにより，Ａ社には通信分野の業務に関するノウハウが蓄積された。これまで取り組んできたコスト削減効果により，利益確保に繋がった。減少を続けてきた売上げも回

復の兆しが見られ，利益の増加に貢献した。

　この経験を生かして，今後はさらにメガソーラー施設の受注や電気自動車向け充電施設の工事の受注など，幅広い人脈を通じた受注活動に取り組むことが求められる。

③ 人材育成による技術力の向上

　これまでＴ社長が重視してきた高い技術に対する意識が，Ａ社に対する信頼に繋がり，減少していた送電線の改修や補修工事を受注することができた。さらに熱心に安全対策に取り組んできた結果，大き

●図表－6　鉄骨工事業の経営指標（平均値）

	鉄骨工事業平均	単位
総資本経常利益率	4.1	％
完成工事高総利益率	27.8	％
売上高営業利益率	2.0	％
売上高経常利益率	2.4	％
従業員1人当たり年間売上高	19,587	千円
従業員1人当たり人件費	4,163	千円
流動比率	182.8	％
損益分岐点比率	106.5	％

（出展）　日本政策金融公庫　小企業の経営指標より作成。

●図表－7　Ａ社のモデル利益計画

	直前期		今年度	
	実数	構成比	実数	構成比
	（千円）	（％）	（千円）	（％）
売上高	11,500,000	100.0	11,850,000	100.0
売上原価	10,650,000	92.6	10,700,000	90.3
経常利益	900,000	7.8	970,000	8.2
販売管理費	650,000	5.7	690,000	5.8
人件費	550,000	4.8	600,000	5.1
営業利益	250,000	2.2	2,450,000	20.7

な事故を防ぐことができ，同時に社員どうしの信頼関係を育んでいった。そのため，携帯電話の基地局建設という新しい業務にも一致団結して取り組むことができ，業務を成し遂げることができた。これをきっかけに，情報通信分野に必要な工事技術にも積極的に取り組み，Ａ社が単独で受注できる体制が整いつつある。

さらに，積極的な姿勢で営業活動を推し進める一方で，遊休資産の売却や機械を処分し，必要に応じてレンタルで利用することに切り替えたことにより，資産を圧縮することができスリムな体質を実現することができた。それにより，クレーンなどの機械の付帯経費を低く抑えられるようになり，収益性が改善された。

まだ十分とはいえないが，今後も引き続き前向きに取り組み，社会インフラを支えるというＡ社の使命を果たしていくことが望まれる。

〔宮川　公夫〕

17 管工事業のモデル利益計画

Ⅰ 業界の概要

1 管工事業とは

　管工事業は，建設業の中で，配管などの設備の工事を行う専門工事業であり，建設業法に基づく28種類の許可業種のひとつである（28種類を基本として，32種類に区分）（図表－1）。また指定建設業のひとつでもある。

　指定建設業とは，施工技術の総合性や普及状況などを勘案して政令

●図表－1　「許可業種」業種区分

1	一般土木建築工事業	17	金属製屋根工事業
2	土木工事業	18	板金工事業
3	造園工事業	19	塗装工事業
4	水道施設工事業	20	ガラス工事業
5	舗装工事業	21	建具工事業
6	しゅんせつ工事業	22	防水工事業
7	建設工事業	23	内装工事業
8	木造建築工事業	24	はつり・解体工事業
9	大工工事業	25	電気工事業
10	とび・土工・コンクリート工事業	26	電気通信工事業
11	鉄骨工事業	27	管工事業
12	鉄筋工事業	28	さく井工事業
13	石工工事業	29	熱絶縁工事業
14	煉瓦・タイル・ブロック工事業	30	機械器具設置工事業
15	左官工事業	31	消防施設工事業
16	屋根工事業	32	その他の設備工事業

出所：国土交通省「建設工事施工統計調査報告」（平成28年）

で定められた業種で，現在，次の7業種が指定されている。①土木工事業，②建築工事業，③電気工事業，④管工事業，⑤鋼構造物工事業，⑥舗装工事業，⑦造園業。

② 管工事業の内容

管工事業は，戦後しばらくの間は給排水・衛生工事が主流であった。

一般個人向けは，昭和40年代を境とする所得の上昇による国民生活水準の向上により，法人需要は，ビル・工場の建設急増により設備拡充が図られ，これに伴い管工事の内容の多様化・高度化が進み，管工事業が拡大した。

管工事業の拡大に伴い，給排水・衛生関連のほか，空調・換気関連などへとその業務の範囲は拡がった。

国土交通省の告示（昭和47年3月8日第350号）によれば，「冷暖房，空気調和，給排水，衛生等のための設備を設置し，または金属製等の管を使用して水，油，ガス，水蒸気等を送配するための設備を設置する工事」と定義されている。

また，日本標準産業分類（総務省）においては，管工事業（さく井工事業を除く）は，詳細な工事分類がなされている。

●一般工事業

●冷暖房設備事業

●給排水・衛生設備事業

●その他の管工事業

以上，一口に管工事業といっても，その業務の範囲は非常に広い。

昨今では，「民需7割，官需3割」といわれ，ビルの配管や空調装置の取付け・補修工事などが大きな市場となっている（図表－2）。

●図表−2　発注別の推移・元請完成工事高（管工事業）

単位：億円	H24	H25	H26	H27	H28
民間工事	13,718	14,037	13,487	17,124	17,450
公共工事	3,990	4,893	4,889	5,198	4,767
民間比率	77%	74%	73%	77%	79%

出所：国土交通省「建設工事施工統計調査」平成28年度

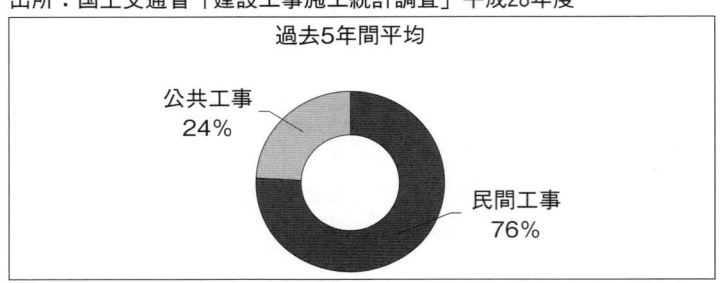

過去5年間平均

公共工事 24%

民間工事 76%

---

3 ● 管工事業の形態

業種の形態としては，①元請けとの関係，②業者の規模，③工事内容，などにより大きく2つに分類される。

●町場型

一般の個人住宅，小規模な木造建築物の管工事を行う事業者であり，給排水・衛生設備工事，浄化槽設備工事等があり，これらは建築業者の下請けとなっている。

しかし，取替工事，補修工事，便所の水洗化等の場合は元請けとなる場合もある。

●野丁場型

中規模以上の構築物の管工事を施工する事業者である。工事の種類も多岐にわたり施工技術も異なるため，空調設備関係業者と給排水・衛生設備業者にそれぞれ専業化している場合が多い。

大手企業の場合は，両者をともに施工する能力を持った総合管工事業者もみられる。

　多くの業者は，元請け，下請けの両面をもっているが，一般的に企業規模が大きくなるにつれて，元請工事のウエイトが高まる。

　野丁場型の元請工事の場合は，新築は施工主より直接受注することも多い。これは建築技術水準の革新，ビルや工事建築等における関連工事の増加に伴い，施工技術が高度化し，施工能力のある業者が建築業者の下請的存在から成長・独立していくためである。

●図表−3　完成工事高・元請比率の推移（管工事業）

単位：億円	H24	H25	H26	H27	H28
元請工事	17,708	18,930	18,377	22,322	22,217
下請工事	26,897	27,744	29,915	30,868	32,545
元請比率	40%	41%	38%	42%	41%

出所：国土交通省「建設工事施工統計調査」平成28年度

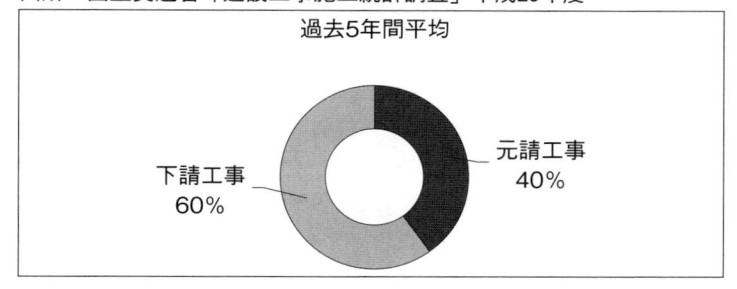

過去5年間平均

下請工事 60%
元請工事 40%

　完成工事高の元請比率の推移を見ると，平成26年度に38％と減少したが，直近5か年では40％超と増加傾向にある（図表−3）。

④　許可業者数の推移

　過去5年間の推移を見ると，建設業全体の業者数は約147万8,000となり，増加傾向が続いている（平成28年度比＋2.2％）。

　その中で，管工事業の業者数は8万3〜4,000で安定しており増減は少ない。そのため，建設業全体に占める割合は，6.0％から5.7％に減少している（図表−4）。

●図表－4　許可業者数の推移

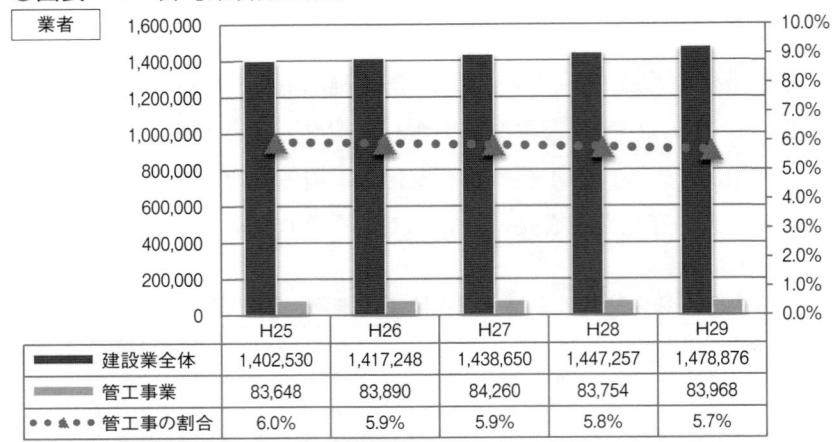

	H25	H26	H27	H28	H29
建設業全体	1,402,530	1,417,248	1,438,650	1,447,257	1,478,876
管工事業	83,648	83,890	84,260	83,754	83,968
管工事の割合	6.0%	5.9%	5.9%	5.8%	5.7%

出所：国土交通省「建設業許可業者数調査の結果について」平成29年5月

　次の図表－5は，許可業者数を資本金階層別に分類したものである。
これを見ると，管工事業は「資本金1,000万円以上5,000万円未満」の
階層が最も多く45％を占めている。また，建設業全体と比較すると，
「個人」は少なく，「1,000万円未満」は多い。

●図表－5　資本金階層別

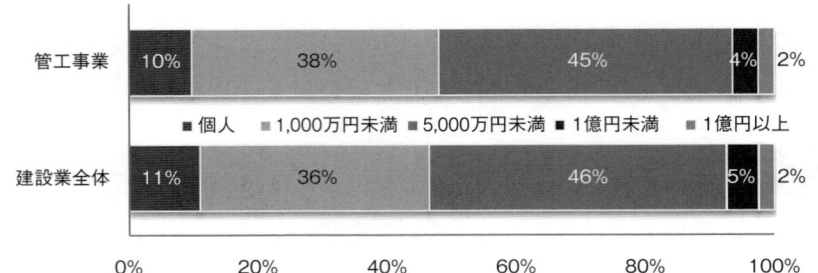

出所：国土交通省「建設業許可業者数調査の結果について」平成29年5月

　次の図表－6は，建設業を営む場合の許可の区分による業者区分を
示したものである。

●図表-6　業者区分

建設業全体	一般建設業者	特定建設業者	計
大臣許可	7,158	5,676	12,834
知事許可	436,174	38,766	474,940
計	443,332	44,442	487,774

管工事業	一般建設業者	特定建設業者	計
大臣許可	1,472	1,892	3,364
知事許可	73,610	694	74,304
計	75,082	2,586	77,668

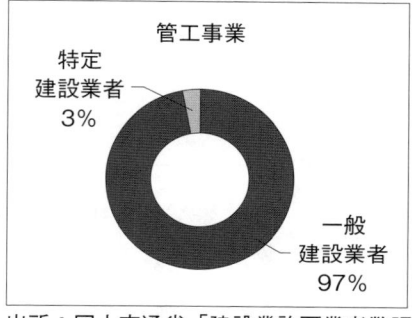

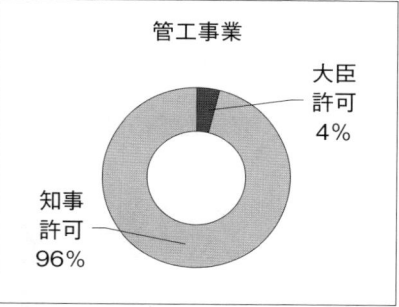

出所：国土交通省「建設業許可業者数調査の結果について」平成29年5月

●特定建設業とは

　発注者から直接請け負った建設工事について，一件あたりの合計金額が3,000万円以上（建築工事業については4,500万円以上）の下請契約を下請負人と締結して施工させる場合に必要な許可。

●一般建設業とは

　下請負人に出す工事の代金の額が3,000万円（建築工事業については4,500万円）に満たない場合に必要な許可。

●知事許可とは

　許可を受けようとする営業所が，同一都道府県内のみの場合に必要な許可。

●国土交通大臣許可とは

　許可を受けようとする営業所が，2つ以上の都道府県にある場合に必要な許可。

　これを見ると，「特定建設業者」については，建設業全体では9％であるのに対して，管工事業は3％と少ない。また，「大臣許可」に

ついては，建設業全体が3％ほどであるのに対して，管工事業は4％と多い。

このことは，建設業全体と比較すると，管工事業は，元請金額が小さく，かつ営業範囲が広い元請業者が多いことを示している。

⑤ 就業者数の推移

●図表－7　就業者数の推移

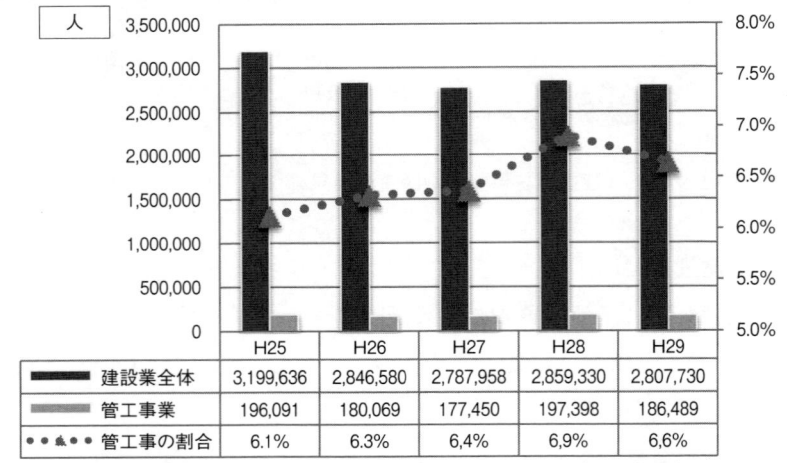

		H25	H26	H27	H28	H29
	建設業全体	3,199,636	2,846,580	2,787,958	2,859,330	2,807,730
	管工事業	196,091	180,069	177,450	197,398	186,489
	管工事の割合	6.1%	6.3%	6.4%	6.9%	6.6%

出所：国土交通省「建設業許可業者数調査の結果について」平成29年5月

過去5年間の推移を見ると，建設業全体では減少傾向が続いている。しかし，平成28年度は約7万2,000人増加したが，平成29年度は約5万2,000人減少した。

一方，管工事業は増加傾向にあるが，平成29年度は約1万1,000人，前年度比4％減少した。しかし，建設業全体に占める割合では，過去5年間増加傾向にあり6％台を維持し7％台に近づいている（図表－7）。

6 完成工事高の推移

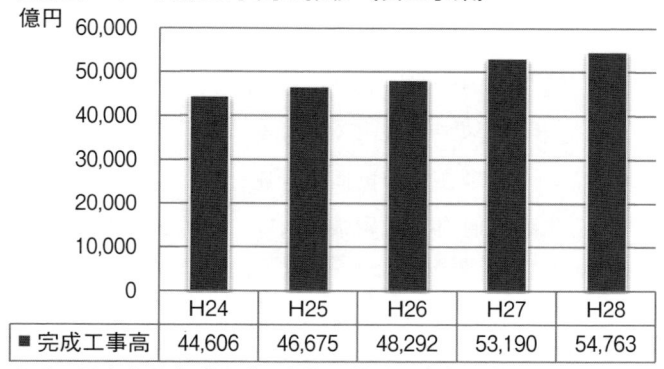

●図表－8 完成工事高の推移（管工事業）

	H24	H25	H26	H27	H28
■ 完成工事高	44,606	46,675	48,292	53,190	54,763

出所：国土交通省「建設工事施工統計調査」平成28年度

図表－8は，管工事業の完成工事高の推移を示したものである。

過去5年間の推移を見ると増加傾向が続いてる。

近年最も完成工事高が高かった平成18年度の5兆8,049億円と比較

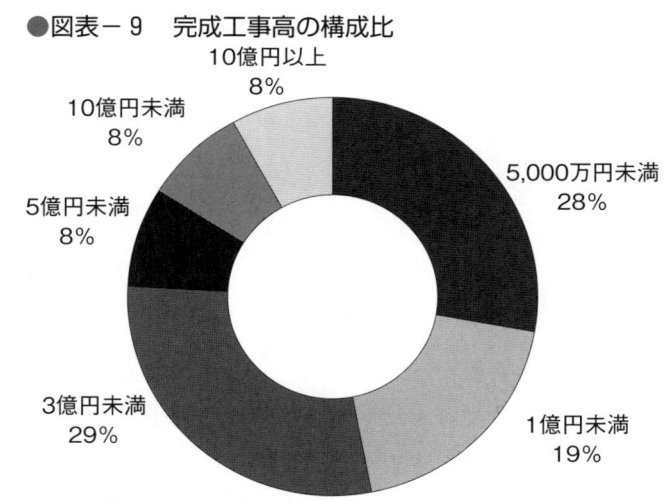

●図表－9 完成工事高の構成比

10億円以上
8%

10億円未満
8%

5億円未満
8%

3億円未満
29%

1億円未満
19%

5,000万円未満
28%

出所：「全管連」平成23年度資料より

すると，平成28年度は5兆4,763億円となり，以前の水準に回復してきている。

図表-9は，「全管連」に所属する企業の直近営業年度における完成工事高別の構成比を見たものであるが，「3億円未満」の企業が29%と最も多いが，「1億円未満」19%，「5,000万円未満」28%と，この両者で47%と約半分近くを占めている。

* 「全管連」は，「全国管工事業協同組合連合会」の略称で，昭和35年に設立，所属団体数610団体，所属業者数17,977社を組織する業界最大の関係団体である。

⑦ 業界動向

管工事業は，建設業界における付帯的工事業者といった側面が強く，自社に特殊技術があり他社との差別化が図れる施工能力を有しているか，または，大手・中堅建設業者やマンション建設業者などの安定化した受注先を確保しているかによって収益が大きく左右される業界である。

その中において，前述の「全管連」では，平成30年度の活動スローガンを次のようにあげている。（出所：全関連ホームページ）

●働き方改革に取り組み，希望にあふれた産業を目指そう

●指定水道工事店の更新制度で市民に安心・安全な命の水を届けよう

●災害時には組織力で迅速な復旧に貢献しよう

⑧ 事業の課題

リーマン・ショック後の民間工事減少や公共事業を圧縮する政策などの影響を受け，建設投資額は平成8年の83兆円をピークに，平成24年には45兆円まで落ち込んできた（図表-10）。

しかし，ここにきて，東日本大震災の復興需要やアベノミクス政策

●図表－10　建設投資額の推移

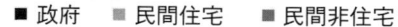

■ 政府　■ 民間住宅　■ 民間非住宅

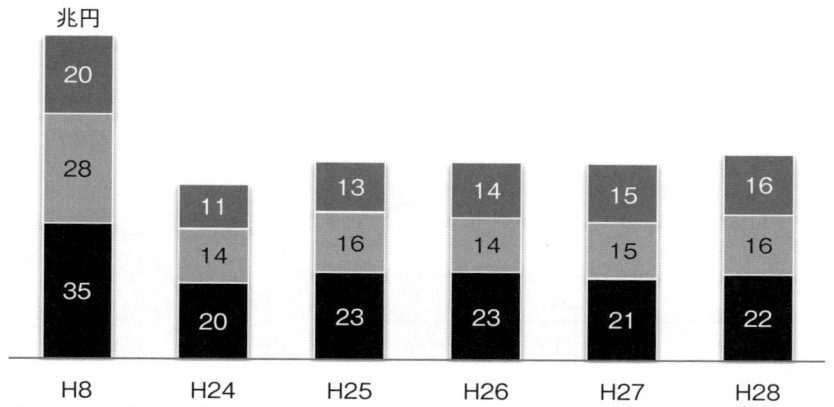

兆円

	H8	H24	H25	H26	H27	H28
民間非住宅	20	11	13	14	15	16
民間住宅	28	14	16	14	15	16
政府	35	20	23	23	21	22

出所：国土交通省「建設投資見通し」平成30年6月

による公共工事の増加などにより，ようやく回復の兆しが見えてきた。

　ところが，縮小を続けてきた建設業界にとっては，急な需要増加が人手不足や労働者人件費や資材高騰などの問題を生じさせている。

　そのため，自治体が示す価格では採算に合わないと判断する元請建設会社が増え，公共工事の入札が成立しない例が相次ぎ発生し，結果的に下請工事業者に仕事が回らないという事態になっている。

　さらに，建設業就業者数を年齢階層別に見ると，若年層の減少が目立っており，相対的に高齢者の割合が高まっている（図表－11）。

　このような高齢化の傾向は，管工事業も例外ではなく，就業者の高齢化は産業活力の維持・強化の点で大きな問題である。また，団塊世代の技術者・熟練技能者の多くが70歳を迎え，最終的にリタイアしつつある中で，建設生産システムの中核をなす技術・技能の承継が当面の大きな課題である。

　さらに大きな問題として，中小企業における経営者の高齢化があり，管工事業界も同様に，今後は後継者難から「廃業」による企業淘汰や，

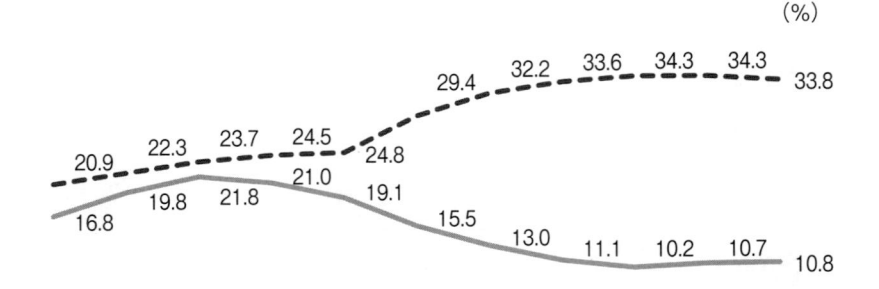

●図表－11　建設業就業者の年齢構成の推移

- - - 55歳以上　―― 29歳以下

(%)

55歳以上: 20.9　22.3　23.7　24.5　24.8　29.4　32.2　33.6　34.3　34.3　33.8

29歳以下: 16.8　19.8　21.8　21.0　19.1　15.5　13.0　11.1　10.2　10.7　10.8

H2　H5　H8　H11　H14　H17　H20　H24　H25　H26　H27

出所：総務省「労働力調査」

「M&A」による業界再編の時代に入る可能性は高い。

⑨ 事業の将来性

　管工事業は，エレクトロニクス，省エネ，環境問題など，成長が見込まれる分野を有する業種である。しかし，収益性の低い分野も多く，工事コスト削減の煽りを受けやすい業種でもある。

　今後は技術革新の進んでいる分野の需要動向を把握し，技術力や企画力，他社との差別化を図れる特殊技術等を有することが不可欠である。

　そのためには，エネルギーの節減と合理的利用を目指したコージェネレーションシステムなどの開発・普及や，地震に備えた設備の耐震性強化など，社会インフラ構築に貢献する余地は大きく，社会性も高く，事業の将来性は広がりを持っている。

Ⅱ　モデル店 A 社の概要

●創業　昭和43年
●組織形態　株式会社
●資本金　3,000万円
●従業員　7人
●事業内容　水道・管工事業
●年間完成工事高　1億円

　A社は，首都圏S県北部のK市に，昭和43年，父親である先代社長が創業した。A社は，地元工務店の下請企業としてスタートしたが，現在では，取引先の信頼を得て業容を拡大し，S県K市を中心に隣接市を含め水道工事（取替・補修）をはじめ給排水・衛生等の設備工事を手掛けている。

　管工事業の形態からすると「町場型」であり，業者区分として，「特定建設業者」として「知事許可」を受けている。

　昨年，先代社長が70歳になったのを機に，長男であるB氏が2代目社長として事業を引き継ぎ，活躍している。

　B氏は，もともと地元ゼネコンに勤務していたが，先代社長が65歳の頃，病気を患ったのをきっかけに地元ゼネコンを退職し，家業のA社に入社した。5年の家業実務を経験し，この間に配管技能士・管工事施工管理技士・給水装置工事主任技術者等の資格を獲得し，社長業に就いた。B氏は，地元ゼネコン時代に，設計業務も経験しており，ITリテラシーも高い。

　一方，相談役に退いた先代社長のA氏は，現在では病気も癒え，実務は2代目社長のB氏に任せ，地元での高い実績や知名度を活か

し，業界の地位向上のための協同組合活動や，地元活性化のための商工会活動に励んでいる。多くの中小企業が後継者難の課題を抱えている現状からすると，A社は事業承継が上手くいっているケースである。

Ⅲ　モデル店の利益計画の現状と課題

① 営 業 形 態

① 「元請け」・「下請け」

　A社の受注形態は，下請け比率が約7割超と圧倒的に多く，「脱下請け」が課題である。

② 「公共工事」・「民間工事」

　元請けである大手ゼネコンや地元ゼネコンの受注内容にもよるが，ここ数年は公共工事の減少もあり，民間工事の比率が高くなり，8割超が民間工事である。

　しかしA社のあるS県では，災害時における水道施設の早期復旧を目的に，S県とS県管工事業協同組合連合会との間で「災害時における水道施設の復旧に関する協定書」を締結したこともあり，災害時に限らず，水道施設関連の耐震化工事等の公共工事の増加を期待できる。

③ 「材料持ち」・「手間請け（材料支給）」

　一般的に大手ゼネコンによる下請工事は材料支給のケースが多く，地元ゼネコンによる下請工事は材料持ちのケースが多い。

　A社の場合は，地元ゼネコンからの下請けが多く，そのため材料持ちが5割超となっている。

④　平均受注単価

　建設投資の冷え込み，入札契約制度の改革の影響等を背景に，施主の安値要求，元請けであるゼネコンによる安値受注競争の激化などから，下請けへのコストダウン要求は一段と厳しく，受注量の減少と受

注単価の下落が続いている。

⑤　「一貫施工」・「外注委託」

　「自社で営業・施工・アフターフォローまで一貫して行うのか，営業中心で施工は外注任せか」など種々の形態があるが，A社の場合は，圧倒的に土木工事を含む「一貫施工」が多く，「外注委託」は手が足りない時の応援依頼に限らず，慢性的に依頼をかけている傾向がある。

⑥　セールスポイント

　「軟弱地盤の工事はA社に頼め」と，地元での評価は高く，難工事や厄介な工事についてはゼネコンや近隣の市の同業者から指名されることが多い。

２　経営資源

①　人材

　業界としての共通の悩みであるが，A社も技能者の高齢化と若手技能者の確保難にある。また，いかにして若手技能者へ技術を伝承し育成していくかが課題である。

②　設備

　管工事業としては，大掛かりな設備は必要としないが，今後の事業展開を考えた場合，高齢化対策としての省力化機器やコスト対策のための高効率化機器の導入・更新が課題である。

③　資金

　現状では下請仕事が圧倒的に多いため，資金繰り等で苦しむことは少ないが，今後「脱下請け」の仕事や材料持ちの仕事が増えた場合には，資金需要が発生するので，今まで以上の資金管理が必要となる。

④　技術力

　厳しい受注競争を勝ち抜くためには，基本となる現場施工力を向上させるとともに，ゼネコン等が開発する新工法への積極的な対応が課

題である。そのためには国家資格を取得するなど，技術者・技能者の能力拡大による提案力・企画力が必要となる。

⑤　情報化

CAD による図面の作成，PC による見積や積算など，効率的な事務作業をするため，IT 技術活用による対応が必須である。

また，施工現場の管理において，複数の施工現場を管理するために，携帯電話による工事日報作成やタブレットによる進捗管理など，「見える化」による全体最適化が必要である。

③ 管工事現場の QCD

①　Quality

管工事の「出来栄え」は，なかなか目にすることが出来ない。土中か壁や柱の中であったり，地下室の天井であったり，一度完成するとやり直しが難しい。問題があれば，それは建築物や設備の基本機能を損なう重大欠陥となる。A 社にはそのような事故がないのが自慢であり，業界の評価になっている。

②　Cost

水道関連工事は，従来，地方自治体が指定した地元の水道工事店による現地施工に限られていた。規制緩和に伴い，一定の資格要件を満たせば地元以外の業者も施工が可能になったため，地元の水道工事店の独断場ではなくなり，受注するためには対抗上，安値単価での入札が常態化している。コストダウンの対象は材料費であるが，ほぼ一定しているので原価低減の余地は少ないと考えられる。但し，仕入方法の合理化（支払条件や物流の見直しによる値引き交渉）や歩留まり率の向上等日常のきめ細かな対応が必要である（図表－12）。

注意を要するのは，工事の手戻りや段取り替え等による人件費等のロスである。工程の打ち合わせを綿密に行うことにより進捗管理を図

●図表－12　A社の工事原価内訳

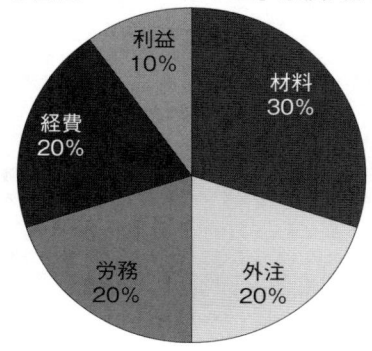

り，これらのミス・ロスの発生を防止することがコストダウンになる。

③　Delivery

　元請けの信頼を勝ち得るのは，設計変更や仕様変更があっても，きちんと工期通りに完成させることである。

　しかし，天候異変や雨天の連続，材料遅れ等により工期遅れが発生し，リカバリーのための残業や安易な外注により，コストアップになっている。

④　A社の問題点

　上記の課題をSWOT分析（図表－13）で整理すると，問題点は以下のようになる。

●受注は，元請依存体質のため，売上低下に歯止めがかからない

●安易な外注委託が少なくなく，コストアップ要因になっている

●営業・運営管理は，先代社長時代のままで，2代目社長の色がでていない

●若手技能者への技術承継が上手くいっていない

●図表－13　Ａ社のSWOT分析

		強み	弱み
内部環境	財務の視点	・大きな設備投資がない ・ほぼ無借金経営	・近年の売上減少で内部留保が減少 ・競争激化で受注単価低下傾向
	顧客・消費者の視点	・地方公共団体からの高い信頼 ・地元ゼネコン・業者間での高評価	・BtoBが多く，BtoCの接点が少ない ・宣伝等の販促活動の経験がない
	業務プロセスの視点	・安定した工事方法 ・永年蓄積されたノウハウ	・若い経営者のネットワークづくり ・安易な外注委託が少なくない
	学習と成長の視点	・先代社長，地元・組合での知名度 ・2代目社長，ITリテラシーが高い	・技術者・技能者の高齢化 ・若年技能者の確保難・技能不足
		機会	脅威
外部環境	政治	・自公政権，衆参ねじれ解消 ・震災復興・国土強靱化計画	
	経済	・オリンピック効果 ・インフレ期待（アベノミクス）	・緩和規制による新規参入の増加 ・消費税導入（2019年）
	社会	・老朽インフラ対策（公共工事の増加） ・災害復旧協定（地方自治体）	・少子高齢化，内向き志向 ・人手不足，後継者難
	技術	・モバイル機器の普及 ・エコ，省エネ，耐震工法	・国内製造業の空洞化，技術流出 ・技能，技術承継の時間切れ

Ⅳ　課題・問題点の改善策

① 成長戦略（図表－14）

① 成長市場を取り込む

　震災復興や国土強靱化計画による公共工事の増加が見込まれるが，加えて笹子トンネル崩落事故（2012年12月）や堺市の水道管破裂事故（2012年7月）などの社会インフラ老朽化に対する整備事業が見込まれる。

　そのためには，Ａ社単独ではなく，県レベルではＳ県管工事業協同組合連合会，市レベルではＫ市管工事業協同組合等での組合活動を通じて組織的・積極的に取り組む必要がある（図表－15）。

●図表－14 成長戦略

	既存場	新市場
既存技術	【民間工事】 水周り・管工事専業 （下請け）	【公共工事】 社会インフラ 整備事業
新技術	【民間工事】 リフォーム エコ・省エネ工事 耐震・免震工事	

●図表－15 社会資本の老朽化の現状

	対象	H25年3月	R3年3月	R13年3月
道路橋	約40万橋	約18％	約43％	約67％
河川管施設	約1万施設	約25％	約43％	約64％
下水道管	約45万km	約2％	約9％	約24％
港湾岸壁	約5千施設	約8％	約32％	約58％

（建設後50年以上経過する社会資本の割合）
＊今後20年間で社会資本の老朽化が加速度的に進展
出所：平成28年度「国土交通白書」

② 住環境ニーズに取り組む

　リフォームといえば，室内の内装関係をイメージするが，台所・洗面所・浴槽・トイレなど「水周り」関連は多い。また，マンションなど大規模修繕工事などでは給排水管の耐用年数に関わる改修ニーズも高い（図表－16）。

●図表－16　国内住宅リフォーム市場

元請金額	H20年度	H21年度	H24年度	H20度比
戸建住宅	5兆2,000億円	5兆1,500億円	5兆2,900億円	101.7%
集合住宅	2兆3,500億円	2兆4,100億円	2兆6,700億円	113.6%
合計	7兆5,500億円	7兆5,600億円	7兆6,600億円	105.4%
リフォーム部位	H20年度	H21年度	H24年度	H20度比
水周り設備	1兆3,502億円	1兆2,834億円	1兆5,060億円	111.5%
水周り以外設備	9,530億円	1兆360億円	1兆2731億円	133.6%
内装	9,416億円	9,343億円	9,443億円	100.3%
外部建具	3,248億円	3,348億円	3,497億円	107.7%
エクステリア	2,886億円	2,795億円	2,831億円	98.1%
外装・屋根	883億円	895億円	940億円	106.5%
合計	3兆9,465億円	3兆9,575億円	4兆4,502億円	112.8%

出所：㈱富士経済「住宅リフォーム市場の現状と将来展望」（2009年版）

②　差別化戦略

①　既存取引先との取引を深耕する

　A社は「軟弱地盤に強い」といわれる技術・工法を積極的に地元ゼネコンに売り込み，社会性の強い水道インフラ整備を取り込む必要がある。

②　新規取引先を開拓する

　「難工事はA社に頼め」といわれる「ノウハウ」をリフォーム業者に売り込み，一般住宅の「水周り」に関するリフォームや集合住宅の給排水管の改修ニーズを取り込むため，他の専門業者との「戦略的連携」をする必要がある。

③　IT活用戦略

①　営業：ホームページを名刺代わりにする

　ゼネコンや同業者から声が掛かるのを「待って」いる元請依存体質

から脱却するために，とりわけ，民間のリフォーム事業をターゲットにするホームページ作成が必須である。技術・工法・価格・過去の実績等をわかりやすくPRする必要がある。

② 運用管理：最新モバイルを利用する

今やスマホやタブレットなどのモバイル端末が安価に提供されており，また通信環境もSkypeなどの多面通信も簡単に利用できる。

これらを活用することで，デジタル情報や画像情報などの収集・配信が「早く・安く・簡単に」なり，情報の処理・伝達能力が大幅にアップする。

④ 人材育成・パートナー戦略

① 内部「技能者」の資格取得を支援する

工事でものをいうのは，最後は個人の「技術力」であり，組織としての「施工力」である。そのためには，「技能者」のレベルアップは不可欠である。関係する国家資格取得に挑戦し，資格を取得することは，業界内での技能者としての評価や自己価値の向上になり，また業務面の遂行においても高いモチベーションを維持・増進する。

② 外部「同業者」と戦略的連携をする

工事現場では予期せぬことが起きる。そこで問われるのは，出来事に対応する「動員力」であり，最後までやり切る「貫通力」である。「地域NO.1」を目指していても限界があり，「地域Only1」の同業者との戦略的連携は不可欠であり，常日頃のコミュニケーションの円滑化による情報交換やネットワークづくりをする。

Ⅴ 改善後の利益計画

戦略フロー（図表−17）に基づく改善策を確実に実行することで，利益計画は実現可能となる（図表−18）。

●図表－17 利益計画改善戦略フロー

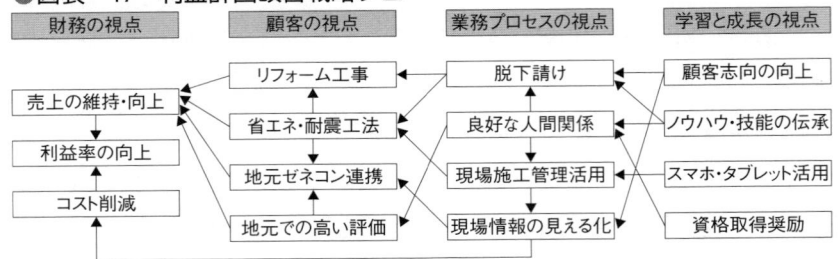

| 財務の視点 | 顧客の視点 | 業務プロセスの視点 | 学習と成長の視点 |

- 売上の維持・向上 ← リフォーム工事 ← 脱下請け ← 顧客志向の向上
- 利益率の向上 ← 省エネ・耐震工法 ← 良好な人間関係 ← ノウハウ・技能の伝承
- コスト削減 ← 地元ゼネコン連携 ← 現場施工管理活用 ← スマホ・タブレット活用
- 地元での高い評価 ← 現場情報の見える化 ← 資格取得奨励

●図表－18 今後の収益改善予想

単位：千円

科目	直近期末		1年目		2年目		3年目	
	金　額	構成比	金　額	構成比	金　額	構成比	金　額	構成比
売上	100,000	100.0%	100,000	100.0%	100,000	100.0%	100,000	100.0%
売上原価	90,000	90.0%	89,900	89.9%	89,877	89.9%	89,929	89.9%
（材料費）	30,000	30.0%	30,900	30.9%	31,827	31.8%	32,782	32.8%
（外注費）	20,000	20.0%	19,000	19.0%	18,050	18.1%	17,148	17.1%
（労務費）	20,000	20.0%	20,000	20.0%	20,000	20.0%	20,000	20.0%
（経費）	20,000	20.0%	20,000	20.0%	20,000	20.0%	20,000	20.0%
売上総利益	10,000	10.0%	10,100	10.1%	10,123	10.1%	10,071	10.1%
販管費	5,000	5.0%	5,000	5.0%	5,000	5.0%	5,000	5.0%
営業利益	5,000	5.0%	5,100	5.1%	5,123	5.1%	5,071	5.1%

（注1）　売上は，増加は望めない（公共工事の単価減等）ので，民間工事のリフォーム工事で補う想定にした。
（注2）　材料費は，リフォーム工事を取り込むことで，前同比＋3％と想定した。
（注3）　外注費は，リフォーム工事は一貫作業を目指し，前同費▲5％を目指す。
（注4）　労務費は，高齢従業員退職と若年従業員採用による入替が発生するが，賃金は同一とした。
（注5）　経費は，固定費とみなし，従前同様とした。
（注6）　販管費は，新規客を開拓するに当たり変化するが，従前同様とした。

　強調したいのは，「経営承継は経営革新の好機」ということである。2代目社長は，「顧客の視点」を基軸に「B to B」から「B to C」にウエイトをかけ，利益計画・経営革新を実行していただきたい。

〔佐藤　節夫〕

18 建設設計業のモデル利益計画

Ⅰ 建設設計業を取り巻く環境

1 建設設計業とは

　建設設計業とは土木工事，建築工事，電気工事，管工事等の建設関連工事の設計業のことをいうが，この中の建築工事設計業（建築設計事務所）を前提に話を進めたい。

　建築設計事務所は建物や都市空間などの設計図を描く事務所だが，設計業務を大きく区分すれば，大まかなデザインや形を検討する意匠設計，工事実施契約に必要なレベルまで図面に落とし込む実施設計，耐震強度や建物の構造や強度計算を行う構造設計，建物の電気，水道等配管周などの付帯設備の設計を行う業務に区分される。これに加えて発注者や施工業者との打ち合わせ，現場に赴いての施工・監理やインスペクション（検査）業務などその業務範囲は非常に幅広いものとなっている（これらの業務を行う建築設計事務所を文中，「設計事務所」と表記。）。

　なお，建築物の設計，工事監理，建築工事契約に関する事務，建築工事の指導監督，建築物に関する調査または鑑定，建築に関する法令または条例に基づく手続きの代理の業務を行う場合には，建築士事務所の登録を受けなければならない。

2 業界の状況

　新設住宅着工数は，最盛期のバブル期には約170万戸あったが，2018年は前年比2.3％減の約94万戸と２年連続で減少した。さらに，人口

減少の影響を受け，新設住宅着工数は2030年には約55万戸まで減少するとの予測もあり，競争が激しさを増すことが予想される。

　また，一戸あたりの床面積もこの20年間減少傾向で推移し，20年前と比較し2割程度減少している。従って，中小規模の設計事務所が，設計業務だけで収益を確保することは，今後，増々困難になるだろう。

　他方，業界では，建築士の高齢化と受験者数の減少で有資格者が減少しており，中小の設計事務所の人手不足も問題となっている。

Ⅱ　建設設計業の業績回復のために何をしたら良いか

1　勝つための経営戦略が不可欠

　専門性を軸にした多角化による業務内容の拡大，または専門特化を進めなければ生き残りは難しく，サービス業の側面があることも理解することが必要である。

　戦略の方向性も最終顧客を見据えたものとする。中小の設計事務所では一部が総合化に動いており，同業の新規参入者にどのように勝っていくかも課題である。

　個々の設計事務所の強みをよく見極めた上で，経営戦略の方向性をアドバイスする。財務諸表の改善のみの視点では，縮小均衡のまま業容も縮小する。ポイントは，①ターゲット（対象とする顧客），②ニーズ，ソリューション（顧客のどのような問題の解決を支援するか），③独自の能力（どのような技術やサービスを提供することができるか）を，まずは明確にすることである。

　加えて，経営戦略の実行性を担保する柔軟なネットワークをつくることも大事である。すなわち，同種または関連する他の事務所（構造・設備・積算・造園等）との協力体制の強化，他分野の専門家（都市計画，インテリア，ディスプレー，工芸等）との連携，他地域の事

務所との協業化などが，経営資源が不足しがちな中小の事務所では必須である。

② ● 強みを生かす経営をアドバイスする

どのような事務所でも強みは必ず存在する。競争が激化し，設計単価の下落，住宅着工件数の減少，粗利益率が低下するなかで，現状維持は衰退を意味する。よって，業態転換にチャレンジすることをアドバイスする。

例えばサービス業の視点では，設計作業は付加価値を生むが，それ以外の時間は基本的に付加価値を生んでいないと考え，時間管理をうまく行い強みに集中する必要がある。無論，クライアントとの事前打ち合わせは，設計の手戻りや変更を防ぐため，重要かつ不可欠なプロセスなので，強みに転化する工夫を行う。肝心なことは時間，工数を意識することである。

なお，最終消費者をターゲットにした場合，新たに集客のための媒体やサービス・商品を開発し強みとする。HP（ホームページ）は勿論のこと，チラシや口コミ，フェイスブックなど最終ユーザーに到達する媒体を活用し，顧客の不安を取り除くことが肝心である。

③ ● 確実に利益を得る仕組みをつくる

売上に直結する設計料は，一般的な戸建住宅の場合，概ね建築費の1割が相場と言われている。実際はこれに届かないことが多いが，これをどう改善していくかが課題となる。単価が低くとも利益を確保する仕組みを構築すれば，事業の柱とすることができる。

適切なコスト計算に基づいた原価管理ができていないため，指値による採算割れの受注等が見受けられる。また，設計内容の変更などがあっても，納期や設計代金の変更が適切になされないこと等もある。

これらに対応するためには，契約条件等について必ず書面に残すとともに，提案力の強化が不可欠である。リスク分散のためにも特定の発注元への依存度を下げる努力も必要であろう。

④ 現状を認識し将来に向けたアクションを起こしてもらう

まずは，設計事務所が立地する市場の将来性を見極めることが不可欠となる。戸建住宅の着工戸数は年間約42万棟あり，サービス付き高齢者向け住宅は約1千棟，分譲マンションでも約7千棟である。これらの市場は建設規模も小さいため設計料は少なくなるが，市場規模は大きい。

前述の戸建住宅等の市場は，地域密着型の設計事務所にとって本来は有利な状況である。しかし，一般家庭への対応に不慣れな事務所は，ハウスメーカーやリフォーム専門業者，建物管理業者などに侵食され受注が伸びていない。この状況をいかに打開するかがポイントである。

経営環境に適応しつつ競争力を強化して，業績を向上するためには一定以上の事務所規模となることが有利である。例えば同業者間で統合化する，最終消費者への直接アプローチが可能な分野への進出などである。競争力強化を図るための方策として次のような検討を行う。

① 他業種企業も含めた多様な連携

・長期的視点に基づく経営方針，経営組織の改革や企業連携等が企業規模の大小を問わず非常に重要であり，競争力の強化のために，多様な連携に積極的に取り組んでいる設計事務所が業績を伸ばしている。

・建設設計業界においても，人材不足や顧客市場など自社に不足する経営資源の相互補完や獲得による，総合設計，施工・監理業への展開による業績拡大に加え，事業承継の問題の解決手段としてもM&Aが注目されている。できればこれも支援メニューに加えたい。

②　強みを生かしたワンストップサービスの提供や専門分野への特化

・従来の設計業の枠にとらわれず，周辺業務も取り込むことによって
　業容の拡大を図り，広範な依頼を一括して受注できるような体制を
　つくることも必要である。

　業容拡大の方策として，次のような周辺業務への参入を検討する。

・一般の施主を含む建築関連のインスペクション（検査），建築全般
　や構造設計に特化したコンサルティング，自治体のまちづくり関連
　業務アドバイス，都市再開発，弁護士事務所との提携による建築訴
　訟・相談支援，耐震診断，省エネ診断，リフォーム，リノベーショ
　ン業務，建物・構築物等の定期報告等調査業務，地域・地区計画の
　各種調査，住宅性能評価業務など

　ワンストップ化ではなく，例えば店舗設計や宿泊施設設計など特定
施設の専門事務所化を図る等，ナンバーワン，オンリーワン戦略も有
効な選択肢である。ポイントは，不安定な下請受注を関連業務への進
出で補完し，収益を向上・安定させられるかということである。

③　人材枯渇への積極的な対応

　少子高齢化，建築士資格取得者の減少などにより，人材枯渇とその
対策は事務所存続のための重要課題である。

　人材採用の方法には，ハローワーク，大学や専門学校への直接訪問，
自社の Web サイトでの求人募集掲載，紹介などがある。Web 上に人
材採用のサイトを作成し，クリックされた回数分，費用を支払うリス
ティング広告（検索連動型）を活用することで，低コストで効果の高
い採用が期待できる。

　採用にかけるコストは粗利（売上－設計にかかる外注費・人件費・
経費の概算額）の 2 ％前後が目安となる。

④　M&A という選択肢を検討する

　M&A には事業の補完関係による相乗効果，リスク分散，技術力や

販売力などの無形ノウハウの入手などのメリットがある。

　事務所の業容を変える，規模を大きくするという戦略を採る場合，他の設計事務所の買収を視野に入れる。この場合，長期計画の下，買収先の探索から始める。建築設計事務所は建築士の有資格者が1人いれば容易に開設できるため零細比率が高く，後継者不在が原因の廃業も多い。このため，スピード感を持って自社の業容を拡大するために，M&Aを行うという選択肢を検討する価値がある。

⑤ 建設設計事務所の業績改善のヒント

■利益を出せる仕組みを構築する

　まず行わなければならないのが，コスト管理である。初めは大雑把でも構わないから，とにかく受注案件ごとの採算計算を行うことが大事である。その上で，適切な管理人員の確保を行い，設計者の間接作業を極力減らし，設計，施工・監理，その他研修などの付加価値を生むための作業時間に振り向ける。

■適切な外注管理を行う

　設計事務所の約8割が外注を活用しており，意匠，構造，設備などそれぞれの専門分野に関する工事監理以外は，外注化する傾向が強い。このため，コスト，スケジュール，設計品質等の適切な外注管理が必須である。

■現場力を高める

　設計，施工・監理を行うなかで，建設現場から得た様々な情報を設計にフィードバックを行い，設計担当者の現場力を高める。

　設計品質は完成物全体の品質に大きく影響するため，企画・提案能力や施工・監理能力を高めていくことが不可欠である。

■ マネジメント，経営戦略面における業績改善のヒント

　改善のための最も根本，かつ重要な視点は，誰に対しどのような技

術やサービスを提供するのか，その目的や本質は何か？を理解することである。

　経営の方向性や戦略が定まったら，戦略の実効性をどのように担保するか考える。具体的なアクションは，中長期の経営計画の策定，実行のためのマニュアルをつくること等だ。

　例えば，顧客の「安全・快適住空間」に焦点を当てるならば耐震，防火，防犯，省エネ，環境対応，保守コストの抑制等を図る設計・施工の提案，アフターサービス等を行うために，どうすればよいかについて，1～3年単位の事務所のカネ・ヒト・モノに関する行動を短・中期経営計画に落し込み策定する。この計画についてPDCAを回し，所長依存の家業型経営から所員参画の企業型経営に転換する。

　新築着工棟数は将来的に確実に減少するが，今後も比較的安定した需要が見込まれるのは，一般住宅，耐震診断，省エネ対応，リフォームやリノベーション（間取りから内装・配管などゼロベースでつくり替え新たな価値を生む改修）である。これらを提供業務に加えて，業績の向上を図る。

❷　マーケティング面における業績改善のヒント

　意匠系の事務所は商圏範囲（業務地域）が限定的で，構造系，設備系になるにつれて業務地域は拡大する傾向にある。従って，マーケティングにあたっては商圏範囲を念頭に，地域の市場規模を見積り，経営計画等の策定を支援する。

　HP（ホームページ）やWeb集客で直接受注が期待できるインスペクション案件等は，デジタルマーケティング手法の導入が不可欠であり，Web上での競合企業も少ないため，ぜひ取組みたい。

　加えて受注単価以外の競争力を獲得する努力が必要である。例えば，設計上の新工法や環境等の新たな課題に対応したもの，省エネに対応していること等である。個人事務所の場合，設計業務と営業のバラン

スを考えることも大切。1人事務所は仕事を確保するのが先決である。営業のウエイトを少し高くすることで，売上高の安定を図る。雇用が困難であれば隙間時間の営業活動で仕事を確保する。

クライアントにとって"設計"は高単価低頻度購入のサービス商品であることを認識してもらう。従って，潜在顧客にアプローチするための集客サービス商品は，反対に低単価高頻度のサービス商品を提供・提案して取引を開始するための障壁を低くし，受注を重ねることで信頼を蓄積する。

❸ オペレーションと人材管理面の業績改善のヒント

職場環境の整備や処遇の改善による生産性の向上，安全・環境等の社会的要請への的確な対応，サービス品質の標準化，品質保持がポイントである。

生産性向上の視点では，建築士でなくてもできる仕事は建築士以外の人材を割当ることで，建築士の業務の時間当たり生産性を高めること。そのために，管理部門の人員は所員8人くらいに1人が必要である。管理部門の人員が不足すると設計者が設計以外の仕事で繁忙となり，受注・納期，設計品質への影響が懸念される。

また，生産性の向上のためには，作業のマニュアル化を行い，直接時間，間接時間の削減と設計品質の向上，熟練度の低下などを防ぐ。

加えて，ベテラン設計者には若手の指導や，製図後の検査の役割を充てるなど，設計品質の確保，ノウハウの共有などで設計作業を高品質かつ効率化する。

さらに，外注を活用することによる外部要因に依存するタスクをうまくコントロールすること。

一つのタスク処理のズレが他に及ぼす影響が大きいため，事前に予測をして進捗管理を適切に行うことで，無駄な時間，コストを減らし余裕時間を捻出する。

●図表−1　Ｄ社クロス SWOT 分析

外部環境　　　　　内部環境	機会（Opportunity）	脅威（Threats）
	・住宅リフォーム，リノベーション市場等の拡大 ・インスペクション等建築資格周辺ビジネスの多様化と拡大 ・商圏内人口の増加 ・建築設計事務所廃業数の増加 ・インターネットの普及による消費者の購買行動の変化	・長期的には新規住宅着工件数の鈍化 ・少子，高齢化等による有資格者の減少による人材採用難 ・リフォーム業者等他業種による建設設計事務所周辺業務への新規参入 ・元請業者の単価の低落からくる設計報酬の低減圧力による収益の減少
強み（Strength） ・下請業務で培った高い設計力 ・地域密着型による継続的な取引の多さ，同業種の他社とのネットワーク ・地域の建設会社，工務店から評価の高い設計力 ・社長の改革意欲，IT スキルの高さ ・営業マインドも併せ持つ事務所所員	強みで事業機会を最大限に生かす ・家業型経営から多角化を前提とした所員全員参画型の企業型経営への転換 ・顧客のコト・ソリューションの観点からの業務プロセス，事業オペレーションの見直し ・監理情報の整備と共有による元請との関係強化 ・監理事業の強化による現場力の向上 ・社員のスキルアップのための外部研修の積極的な活用 ・地域における同業種のネットワークの活用	強みで外部からの脅威を回避する ・経営ベクトルの統一とコンセプトの確立 ・戦略策定と経営資源の強みへの集中 ・短・中長期経営計画の裏打ちによる戦略の実行性担保 ・事業の多角化を可能にする研修による事務所所員の柔軟性の習得 ・蓄積された技術情報に基づく的確な施工監理 ・取引先の新規開拓による仕事量の確保とリスク低減 ・IT ツールの活用による補完ネットワーク強化，サイクルタイムの向上
弱み（Weakness） ・所業依存の家業型経営スタイルであり，成行き管理が基本 ・設計屋意識が強く，企業型経営に脱皮できていない ・明確なルールやマニュアルが存在しない組織運営 ・属人的な技術，ノウハウの保持のため，全体最適な情報共有，教育体制となっていない ・下請企業間の競争激化による収益力の低下	弱みで事業機会を取り逃がさない ・管理部門の新設による間接業務と直接業務の切り分けと，生産性の向上に基づく営業活動の展開 ・地域の新規顧客の開拓による地域密着型営業の強化 ・技術・サービスメニューの開発，見える化による他社との差別化の徹底 ・収益力強化のための M&A の実施による特定部門の補強	弱みと脅威で最悪の事態とならない ・業務プロセス，設計，段取り作業の標準化，マニュアル化の推進による業務改善 ・施工，監理現場の情報をフィードバックし，設計に反映させる ・IT ツール導入によるデータに基づく経営管理の深化 ・住宅リフォームフランチャイズへの加盟などによる周辺業種のノウハウの取得，一般客取り込みのための接客技術向上，調査，コンサルティングサービスの展開

　なお，設計変更はプロジェクトの規模が大きくなるほど頻度，度合いが大きくなる傾向がある。このため，事前の打ち合わせ，打ち合わせ内容の書面化，変更時のルール化は必須である。

❹　財務管理面等からの業績改善のヒント

　自己資本比率（純資産／総資本）の目安を30％程度とし，財務内容の健全化を図る。

　コスト管理能力を高め，自らの価格競争力の強化を図ることが必要である。コスト計算能力，コスト計算に基づいた適切な受注・営業活

動，作業工程を分析しコストを管理する能力など総合的なコスト管理能力の獲得がポイントとなる。

このため，「どの作業に，どれだけの人がどれくらいの時間を費やすのか」は知っておきたい。設計工程を組む＝作業時間を推測して落とし込むのだから，設計担当者のトータル作業時間が算出できることが不可欠である。

基本はオペレーション全体の効率化，オペレーションコストの低減である。効率化で達成した収益増分は，社員に一部還元する。

Ⅲ　モデル企業 D 社の概要

(1)●D 社のプロフィール

創　　業　：1993年
・資 本 金：300万円
・事業内容：戸建住宅設計・監理
・従 業 員：11人（所長兼建築士 1 人，1 級建築士 6 人，2 級建築士 2 人，事務パート 2 人）
・2017年度売上高：約1.2億円
・拠 点 数：1

D 社は，戸建住宅を中心とした意匠系の建築設計事務所である。大都市近郊の私鉄駅徒歩10分程度の場所に立地し，事務所＋倉庫の構成となっている。

創業以来，地元の建設会社，地域工務店の建売，戸建住宅などの設計受託などで順調に業績を伸ばしてきた。一方，発注元のコスト低減要請や同業者間の価格競争が年々厳しさを増し，地域の住宅着工数も

対前年比で横ばい状態が続いている。D社には今のところ大きな影響はないが，将来的なことを考えると受託設計の先細りも懸念される状況である。

② ● D社の現状と課題

　これまで，元請会社からの受注をこなすことで業績を伸ばしてきたD社は，所長の思いとして短期的な売上目標の設定はあるが，経営環境の変化を意識した中・長期的な経営計画は策定していない。

　D社の現状と課題について，①マネジメント・経営戦略面，②マーケティングオペレーションと人材管理面，③財務管理面，の3つの切り口で分析する。

■ マネジメント・経営戦略面の現状と課題等

① 　短期的，成行き管理的な経営に陥っている。戦略的視点に立った計画的な経営が行われる必要がある。

② 　管理を目的とした部門構成はない。仕事はその時の業務の担当状況と能力に応じて所長が建築士と相談して決めており，割当に明確なルールがない。

③ 　数年前から依頼に応じて施工監理の業務を始めた。ただし，いまのところ一定規模以上の継続的な受注を獲得できていない。

④ 　今後の業界の動向や将来に対応した収益の柱が育っていない。このため，長期的な視点からの収益の新たな柱が必要である。

■ マーケティング，オペレーションと人材管理面の現状と課題等

① 　元請からの信頼は厚く，受注した仕事は手堅くこなすことで評判だが，設計屋的な気風が強く，他の設計事務所との差異が不明確である。このため，取引先や一般顧客から視点の，マーケットイン・顧客満足の発想が必要。

② 　受注時にスケジュール表を確認し，設計担当者の割り振りを行っ

ている。元請や他の事務所の下請案件は，設計変更などのたびに作業者のスケジュール変更等を行っている。このため，計画的な作業進捗管理が必要な状況である。

③　採用は退職者が出た都度口コミで採用してきたが，最近では良い人材が取れなくなっている。

④　計画的な教育・研修が行われていないため，設計者の水準がまちまちである。このため，設計作業の工数もばらつきが生じている。

⑤　所内に管理や作業マニュアルの類がない。技術やノウハウが属人

●図表－2　BSC の視点による D 社改善プロセス戦略 MAP イメージ

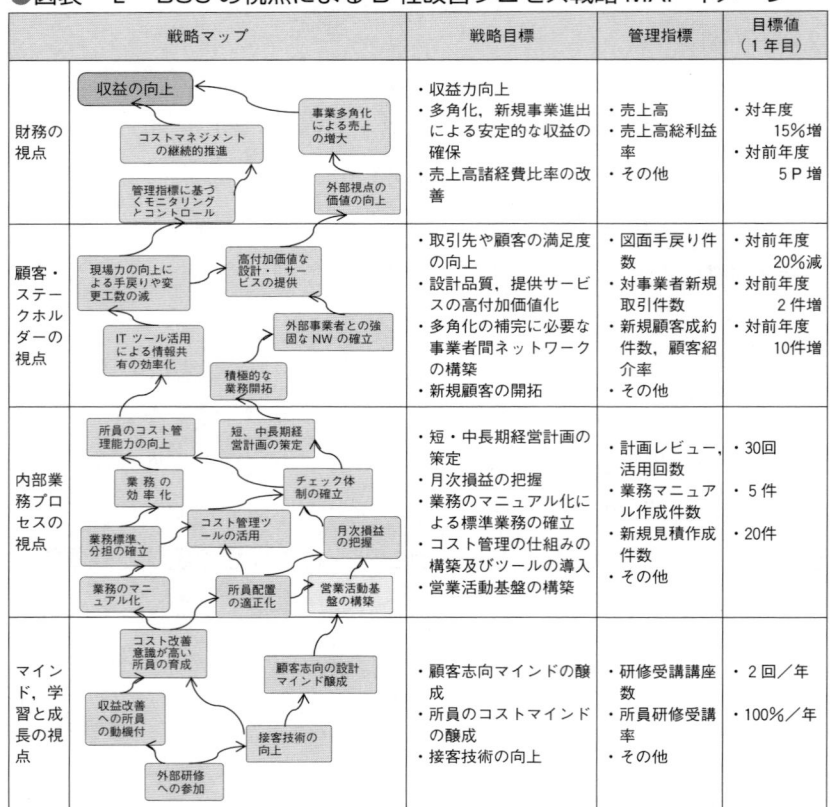

	戦略マップ	戦略目標	管理指標	目標値（1 年目）
財務の視点	収益の向上／コストマネジメントの継続的推進／管理指標に基づくモニタリング・コントロール／事業多角化による売上の増大／外部視点の価値の向上	・収益力向上 ・多角化，新規事業進出による安定的な収益の確保 ・売上高諸経費比率の改善	・売上高 ・売上高総利益率 ・その他	・対年度　15%増 ・対前年度　5 P 増
顧客・ステークホルダーの視点	現場力の向上による手戻りや変更工数の減／高付加価値な設計・サービスの提供／IT ツール活用による情報共有の効率化／外部事業者との強固な NW の確立／積極的な業務開拓	・取引先や顧客の満足度の向上 ・設計品質，提供サービスの高付加価値化 ・多角化の補完に必要な事業者間ネットワークの構築 ・新規顧客の開拓	・図面手戻り件数 ・対事業者新規取引件数 ・新規顧客成約件数，顧客紹介率 ・その他	・対前年度　20%減 ・対前年度　2 件増 ・対前年度　10件増
内部業務プロセスの視点	所員のコスト管理能力の向上／業務の効率化／業務標準，分担の確立／コスト管理ツールの活用／業務のマニュアル化／短，中長期経営計画の策定／チェック体制の確立／月次損益の把握／所員配置の適正化／営業活動基盤の構築	・短・中長期経営計画の策定 ・月次損益の把握 ・業務のマニュアル化による標準業務の確立 ・コスト管理の仕組みの構築及びツールの導入 ・営業活動基盤の構築	・計画レビュー，活用回数 ・業務マニュアル作成件数 ・新規見積作成件数 ・その他	・30回 ・5 件 ・20件
マインド，学習と成長の視点	コスト改善意識が高い所員の育成／収益改善への所員の動機付／顧客志向の設計マインド醸成／接客技術の向上／外部研修への参加	・顧客志向マインドの醸成 ・所員のコストマインドの醸成 ・接客技術の向上	・研修受講講座数 ・所員研修受講率 ・その他	・2 回／年 ・100%／年

的であり組織的に共有されていない。ベテラン作業者が必要に応じてノウハウや技術を伝授している状況であり，改善が必要である。

❸　財務管理面の現状と課題等

①　事務所経費，設計コスト面は留意しているものの，組織的な活動は行っていない。あくまでも個人レベルの取組みに期待しており，取組みレベルの個人差が大きいため，組織的な活動が必要である。

②　受注単価の下落による売上高の低下で，キャッシュ・インや利益水準が低下。当然，所員一人あたりの生産性も低下傾向である。

③　採算計算を正確に行っていないため，元請から指値での受注が多く，赤字受注も多く発生している。

④　元請率が低いため，粗利益率も業界平均と比較し10ポイント程度低い数値である。

⑤　所員１人あたり売上高は，業界水準の８割程度となっており，従業者１人あたり賃金の水準も業界平均をやや下回る。

Ⅳ　Ｄ社のモデル利益計画

① 取組みと成果の概要

❶　マネジメント・経営戦略面

オフィスコンセプトを「頼りになる地域のホームデザイン＆インスペクション」とし，施主，住宅所有者を主ターゲットにインスペクション事業を新たに立ち上げた。経営理念，中・長期（３〜５年）の経営計画の策定および翌期の事業計画の設定を行い社員との共有を図った。一連の計画を策定したことで，目標達成に向けた所員の意識改革，行動の変化を起こすことができた。

組織では総務担当を置いて技術部門との２体制とし，技術者が設計業務や営業活動等に専念できる体制とした。この結果，より多くの時

間を付加価値の高い活動に振向けることが可能となり，生産性が大幅に向上した。

売上げ拡大策としては新市場への進出，多角化の一環として戸建住宅の施主をターゲットにしたホームインスペクション事業に加え，戸建住宅を対象としたリフォーム，リノベーションの設計，施工・監理業務を強化。その際，ダイレクトに需要を取込むため，インターネット上に自社のHPを立ち上げた。

また，施工・監理も積極的に営業活動を行うことで，他社物件も獲得することに成功し受注件数が3倍に増大した。これらを今後，収益の柱としていきたい考えである。

❷　マーケティング，オペレーション面

受注は今のところ数件だが，潜在顧客との取引障壁を低くするため，集客サービス商品として，住宅状況の定期報告や中長期修繕計画の作成サービス，自治体向けの市場調査や近隣施設調査，各種申請代行なども新たに業務品目に加えた。

さらに，クライアントの要望を設計条件に落とし込むことで，設計変更や手戻りを防止することを意識して業務を進めることを徹底した。合わせて施主等のオーダー確認やヒアリングの際の質問・調査項目実施のマニュアル化も図った。

その結果，設計の手戻り工数の低減，クレーム等の減少による生産性の向上が図れた。

また，作業完了時にはチェックリストによるチェックの体制を構築した。これが設計品質の確保や，ベテランと若手の作業についての技術的なコミュニケーションを図る機会となり若手作業者の育成にも役立っている。

この他，施工・監理を行う際に，関係者全員でメーリングリストに登録し，逐一関係者全員にそのメーリングリストで報告し工事の進捗

状況等の情報共有を図った。

　例えば，基礎の打設の途中経過や現場の写真などを関係者全員にメールを配信。これにより現場にいない工事関係者も工事状況の確認が可能となり，工事作業の進行が円滑に進んだ。また，依頼主もメーリングリストに入れることで，リアルタイムに工事状況を把握することが可能となり信頼を獲得。その結果，口コミによる受注を増やすことができた。

❸　人材管理面

　外部のコンサルタントが主催する接客セミナーに所員全員を参加させ，事務所における接遇ノウハウを取得するとともに，一般消費者をターゲットとする勉強会をスタート。

　また，仕事に対する責任感を醸成するため，設計者の顔写真を社内に掲示するとともに，写真入り社員証を作成。客先に出向く際は掲示を義務付けた。

　この結果，最終依頼主を意識した設計作業が行えるようになり，今では，設計品質の向上に加え，設計の所員も積極的に営業を行うまでに成長している。

　また，人材採用の面では，採用のコストは粗利（売上－設計にかかる外注費・人件費・経費の概算額）の２％前後を目安に，自社HP上に人材採用サイトを設けた。これにより，HPからのアクセスによる問い合わせも出始めている。

　事務所管理のルールなど間接業務のマニュアル化を実施した。その結果，設計の直接作業時間の確保，生産性の向上，働き方改革にも貢献した。細かい努力の積み重ねの改善ではあるが，コストマインドの醸成につながっている。

❹　財務管理面

　D社の管理費，人件費，目標利益等から簡単な時間単価（設計レー

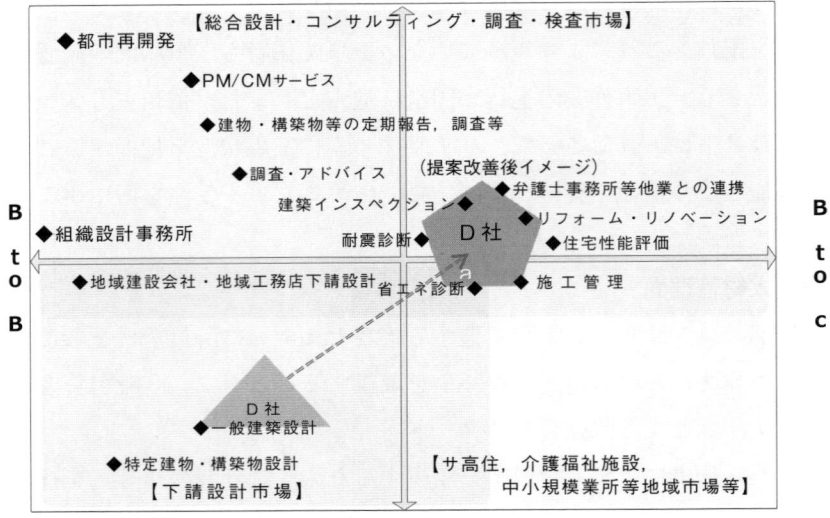

●図表－3　D社ポジショニングイメージ

※BtoB：事業者間取引
　BtoC：事業者対一般消費者間取引

ト）を設定。簡便な原価計算の仕組みを取入れて受注案件ごとのコスト等を把握できるようにし，案件ごとの損益管理を開始した。

　原価計算は，わかりやすい数値による目標管理から着手した。具体的には受注案件ごとの「粗利益管理表」を作成。また，受注案件ごとに集計した月次報告を，社員間で共有することで，社員1人1人が利益とコストの意識をもって業務を行うようになった。

　さらに商圏の市場ボリュームを試算し，そこから自社のシェア及び売り上げ目標を設定し，事務所の中長期の経営計画に落とし込んだ上で，売上高目標値として管理を行った。

Ⅴ　D社の改善成果

　Ⅳであげた取組みをD社の実情に合わせて実行可能なものから

順次段階的に取組んだ。

　定量的な成果は，図表－4のとおりである。

●図表－4　Ｄ社　主要比率の改善前後（20XX 年度，20XX＋3 年度）の比較

区　　　分		20XX 年度	20XX＋3 年度	参　考　値
売　　上　　高　　　（千円）		84,000	117,000	————
売上高総利益率　　　　　（％）		62.4	73.2	71.8
売上高対諸経費比率　　　（％）		23.5	21.0	24.1
従業者1人当たり売上高　（千円）		12,073	13,500	13,838
従業者1人当たり人件費　（千円）		4,600	5,400	4,693

※参考値は日本政策金融公庫小企業経営指標調査（調査年度2017年度（2018年8月掲載）業種別経営指標「建築設計業（建設コンサルタントを除く）」）黒字かつ自己資本プラス企業平均による。

　建設設計事務所の戦国時代は，技術・施工監理やコスト管理の過程などから得られた様々な情報に基づき，設計力，提案力，現場力に裏打ちされた企業的経営を確立した地域のエキスパート・ホームドクターとして認知された事業者が勝ち残る。

〔岡本　良彦〕

19 産業廃棄物処理業の モデル利益計画

I 業界の概要

1 業界の沿革

産業廃棄物処理業とは，排出業者から委託を受けて産業廃棄物を運搬，再生，処分等の処理をする事業である。その事業は，「廃棄物処理及び清掃に関する法律（以下，廃棄物処理法と称す）」により規制されている。

廃棄物処理法は，明治33年に制定された汚物掃除法が元になっており，昭和29年に清掃法に改正された。昭和35年を過ぎると，高度経済成長により，大量消費，大量廃棄によるごみ問題が顕在化し，公害問題も深刻化した。

その結果，清掃法を全面改正し，廃棄物処理法が成立した。廃棄物処理法は，より適正な排出強化並びに処理を目指して，平成2年以降改正がなされ，現在に至っている。

一方，平成5年に日本の環境政策の根幹を定める基本法として環境基本法が制定され，その理念に基づき，資源・廃棄物の全体の資源循環を促進する目的で平成12年に循環型社会形成推進法が施行された。

2 市場の特性

1 廃棄物処理法の仕組み

廃棄物処理法は，生活環境の保全と公衆衛生の向上を図ることを目的とし，廃棄物の排出抑制，廃棄物の適正な分別，保管，収集，運搬，

再生，処分等の処理並びに生活環境の清潔が，規定されている。

　また，国民，事業者，都道府県・市町村及び国の各主体における責務が規定されている。産業廃棄物を排出した事業者は，原則，自らの責任で処理する必要があるが，処理できない場合は，処理業の許可を持っている処理業者に委託することができる。

　その場合，委託基準を順守し，委託契約の締結，産業廃棄物管理票（マニフェスト）の確認等が義務付けられている。処理事業者は，処理業の許可のもと，処理基準に従って適正な処理，産業廃棄物管理票の処置等が義務付けられている。

❷　廃　棄　物

　廃棄物処理法では，廃棄物とは占有者が自ら利用し，又は他人に売却することができないために不要となった，ごみ，汚泥，廃油等の汚物又は不要物で固形状又は液状のものと定められている。廃棄物は，大きく一般廃棄物と産業廃棄物の2つに区分され，それぞれ処理責任の主体が異なる。

　また，産業廃棄物は，事業活動に伴って生じた廃棄物で，法令で定められた20種類の他に爆発性，毒性，感染性等によって，人の健康や生活環境に被害が生じる恐れのあるものを特別管理産業廃棄物と定め，収集から処分に至るまでの全過程において特に厳しく管理することが義務付けられている。

❸　産業廃棄物処理業種類

　産業廃棄物処理業を営むには，業務を行う地域を管轄する都道府県知事（政令市は市長）の許可を得なければならない。許可の種類は図表－1のとおりである。

❹　廃棄物処理と流れ

　廃棄物は，適正処理や再資源化のために排出されるが，発生を少なくする発生抑制や，再度利用する再利用の取組みが行われる。廃棄物

●図表－1　産業廃棄物処理業許可種類

収集運搬業	産業廃棄物収集運搬業	積替保管なし
		積替保管あり
	特別管理産業廃棄物収集運搬業	積替保管なし
		積替保管あり
処分業	産業廃棄物処理業	中間処理業
		最終処分業
	特別管理産業廃棄物処理業	中間処理業
		最終処分業

●図表－2　廃棄物処理の流れと行為

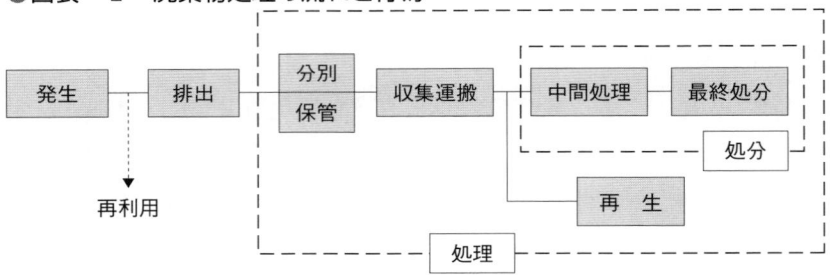

（出典）（公財）日本産業廃棄物処理振興センター HP より抜粋

　の分別，保管，収集運搬，再生，中間処理及び最終処分までの一連の流れの行為が行われるが，廃棄物処理法では，これらの行為を図表－2のとおり，定義している。

❺　産業廃棄物の収集運搬及び処理施設

　収集運搬業は排出元と処分場の両方の区域の許可を取得する必要がある。中間処理施設へ運搬されて破砕，焼却等の処理がなされたり，直接最終処分場へ運搬されたりする。産業廃棄物の処理施設には中間処理施設と最終処分場がある。

③　市 場 規 模

❶　産業廃棄物処理市場規模

●図表－3　産業廃棄物処理ビジネス市場
規模　　　　　　　　（単位：億円）

市場区分	推定市場規模
収集運搬	28,480
中間処理	27,400
最終処分	5,400
再生品製造販売	3,000
仲介・コンサル等	50
IT・システム	10
合計	64,340

（出典）　㈱富士経済「産廃ビジネスの現状と
将来展望」（平成15年）から抜粋

　環境省の平成22年度の産業廃棄物処理業実態調査結果によると全国
の産業廃棄物処理業の市場規模は年間約5.3兆円と推定されている。
また，同結果によると全体の約4％の業者が売上げの50％を占めてい
る。

　一方，株式会社富士経済の平成15年実施調査では，図表－3のとお
り，平成14年の全国の産業廃棄物処理ビジネスの市場規模は，6兆
4,340億円と推定されており，平成18年においては，6兆6,440億円に
なると予想されていた。

２　産業廃棄物処理業者概要

　環境省の産業廃棄物処理業者情報検索システムによると平成30年6
月10日現在の産業廃棄物処理業者は，11万6,443者（内，特別管理産
業廃棄物処理業者は7,108者）である。

　環境省の平成22年度の産業廃棄物処理業実態調査結果によると処理
業者は小規模の業者が多く，経営組織としては会社組織が91.4％にな
っており，資本金1,000万円以上～5,000万円未満が60.1％と一番多く
なっている。さらに産業廃棄物処理業を専業としている業者は少なく，
全体の9.5％である。兼業においても産業廃棄物処理業が主たる事業

になっていない場合が多い。産業廃棄物処理業のみの売上げでは，1事業者平均約1億3,000万円であり，従業者数は1事業者平均10人である。

3 産業廃棄物処理施設・許可状況

環境省の「産業廃棄物処理施設の設置，産業廃棄物処理業の許可等に関する状況（平成27年度実績）」では，平成28年4月1日現在，中間処理施設1万8,726件（対前年64件増），最終処分場数1,803件（対前年24件減）が設置されている。

許可の状況では，産業廃棄物処理業19万8,279件（対前年1,158件減），特別管理産業廃棄物処理業1万9,857件（対前年292件減）となっており，平成21年度を境に業者数の減少傾向が続いている。

Ⅱ 業界の動向

① 産業廃棄物総排出量の推移

平成20年度〜平成28年度の産業廃棄物排出量の推移をみると，平成21年度以降リーマン・ショックによる景気後退や生産拠点の海外移転等により，減少傾向であったが，平成25年度以降はほぼ横ばいになっている。

環境省の「産業廃棄物の排出及び処理状況等（平成28年度実績について）」によると全国の平成28年度産業廃棄物の総排出量は，約3億8,703万トンで前年度に比べ，約415万トン（約1.1%）減少した。業種別排出量では，前年度と同様，電気・ガス・熱供給・水道業，農業・林業，建設業，パルプ・紙・紙加工品製造業，鉄鋼業の上位5業種で総排出量の8割以上を占めている。

また，種類別排出量では，前年度と同様，汚泥，動物のふん尿，がれき類の上位3品目で総排出量の8割以上を占めている。

2 ● 最近の経営指標及び景気動向

　日本政策金融公庫の平成30年8月発表の産業廃棄物処理業の経営指標は図表－4のとおりである。

　一方，（公社）全国産業資源循環連合会によるその直近の「産業廃棄物処理業景況動向調査結果（平成30年10－12月期)」によれば，景気判断は2期連続で改善したが，今後は悪化する見込みとなっている。経営上の問題点としては，「従業員の不足」，「人件費以外の費用の増加」等が挙げられている。

3 ● 海 外 展 開

　国内の産業廃棄物は原則，国内で処理する必要がある。産業廃棄物の輸出入は，有害廃棄物の越境移動の国際的条約であるバーゼル条約と廃棄物処理法の2法により，対応することが必要である。

　一方，環境省は，経済発展により産業廃棄物発生量が急増しているアジア諸国に対し，平成23年度より「我が国循環産業の戦略的国際展開事業」を推進している。

●図表－4　産業廃棄物処理業の経営指標

指標名	経営指標
売上高総利益率	63.6%
売上高営業利益率	−0.8%
総資本回転率	2.3回
一人当り売上高	14,662千円
流動比率	290.8%
自己資本比率	−12.4%
損益分岐点比率	104.4%

（出典）　日本政策金融公庫「小企業の経営指標2017」

④ 行政施策の動向

■ 行 政 処 分

　不法投棄，不適正処理に対して，行政として報告徴収，立入検査，改善命令及び措置命令等の行政処分をとっている。それに関連し，許可の取消処分は毎年実施されている。

② 優良産廃処理業者認定制度

　通常の許可基準よりも厳しい基準をクリアした優良な産廃処理業者を，都道府県／政令市が審査して認定する制度である。認定された産廃処理業者は，遵法性や事業の透明性が高く，財務内容も安定している。

⑤ 産業廃棄物処理業の事業課題と対応

　産業廃棄物処理業の事業課題と対応は図表－5及び図表－6のとおりである。

●図表－5　産業廃棄物処理業の事業課題

- ・人口減少に伴う経済規模の縮小
- ・排出事業者の資源化努力や海外展開による産廃物量の減少
- ・廃棄物の再資源化・エネルギー化対応
- ・ニーズを満たす技術力の不足
- ・人材の確保が困難
- ・大手参入による競争激化
- ・海外展開への対応

●図表－6　産業廃棄物処理業の事業課題への対応

- ・エネルギー・資源産業への変革
- ・リサイクル等の技術開発・レベルの向上
- ・人材の育成
- ・海外展開の検討
- ・取引先の取引深耕・新規取引先開拓
- ・他企業との連携強化
- ・優良産廃処理業者認定等による経営品質の改善

Ⅲ モデル企業 A 社の概要

1 A 社の沿革

- 創業：昭和50年
- 組織形態：株式会社
- 資本金：3,500万円
- 従業員：45人
- 年間売上高：5.5億円

　A社は東京都に隣接する県の中央部に立地する地方都市に本社を構える産業廃棄物処理企業である。昭和50年に資源リサイクル，産業廃棄物処理を目的として資本金500万円にて設立され，昨年創業40周年を迎えた中堅企業である。

　41年前に現社長が創業した時は現在の独立した産業廃棄物収集運搬・処理企業ではなく，社長が以前勤めていたメーカーの産業廃棄物処理装置の稼働を受ける形での立ち上げだった。社長のメーカー勤務時代の同僚3人も新会社に合流した。メーカーの処理施設の実績をもとに，昭和55年に産業廃棄物収集運搬業・処分業の許可を取得し，産業廃棄物の中和処理・コンクリート固形化処理施設を建設し，稼働を開始した。その後，平成2年に積替保管場を廃棄物の減量と資源化を目的として開設した。

　さらに平成12年には，新規事業展開として，精密機械装置等のオーバーホールを目的として洗浄作業を行う工場も取引先の技術指導を受けて開設した。その後，環境経営への取組みを強化するため，平成18年にISO14001の認証を取得した。また，財務体質の強化を目指して，

平成20年に資本金3,500万円に増資した。現在は立地する県において産業廃棄物処理業の一角を占める企業に成長している。

　経済変動等の要因により，取引先の産業廃棄物排出量は低下傾向にあるが，経営努力により，比較的安定した業績は維持しているものの経営課題も山積している。

2 ● A 社の現状

■ A 社の概要

　A社は現在，資本金3,500万円，従業員45名，年商は5.5億円である。事業内容として産業廃棄物収集運搬並びに中間処理である。

　中間処理としては，コンクリート固形化並びに中和処理を行っている。産業廃棄物処理業許可は1県，産業廃棄物収集運搬業許可は15都道府県にて取得している。本社の他，1中間処理施設，1洗浄施設及び1積替保管場を保有する。ISO14001を認証取得済である。

② 売上げ・損益状況

　創業後，経済成長に伴う大量生産，大量消費及び大量廃棄の増加及び公害問題等からの行政による産業廃棄物処理の関係法制の整備もあり，A社の売上げは順調に推移した。しかしながら，平成12年前後から，資源循環，リサイクルの動き及び新規参入企業の増加等の市場変化もあり，経済の低成長も相俟って業績は低迷した。

　さらに平成20年のリーマン・ショックの影響を受け，売上げの減少並びに採算の悪化が生じた。その後，東日本大震災の発生による市場環境の悪化もあったが，さまざまな経営施策の実施により，直近の決算では売上げ5.5億円，営業利益5,000万円（売上高営業利益率9％）にまで業績が回復した。

③ 主 要 事 業

　収集運搬事業は特殊車両を含む車両20台を有し，約60社の取引先の

産業廃棄物を収集運搬している。中間処理では，燃え殻，汚泥，金属，鉱さい等をコンクリート固形化している。併せて特別管理産業廃棄物の中和処理，コンクリート固形化を行い，さらに精密機械等の分解及び洗浄を植物性の洗浄剤を使用して行っている。

４　主要取引先

取引先は約60社であり，化学メーカー，金属メーカー，機械メーカー，化粧品メーカー，薬品メーカー，研究所等の多岐にわたる業界の大手企業が主要取引先になっている。

Ⅳ　A社の利益計画と課題

１　高い処理並びに販売管理コスト

厳しい経営環境の下，堅調な業容の拡大を続けてきており，処理コストの削減努力が継続的になされてきたが，依然として他競合企業に比べても若干高いレベルにあると推定される。販売管理コストも同様な状況になっている。

２　少ない産業廃棄物許可品目

創業以来，安定した顧客基盤をベースに発展してきており，処理対象許可品目も比較的限定されている。競合メーカーは処理対象許可品目の拡充を進めており，顧客の新規ニーズに取り組んでいるが，少ない許可品目のため，顧客の経営動向が業績に与える影響も懸念されることが事業リスクの１つとなっている。

３　販売体制の未整備

主要取引先は大手メーカーであり，顧客基盤としては安定している。しかし，営業地域はまだ限られており，広域な地域への進出及び販売

ネットワークの確立はできていない。長く取引関係を維持している顧客が多いため，顧客ニーズに応えた営業企画・顧客提案力が弱く，営業活動がマンネリになっている。

④ 不十分な処理技術体制

産業廃棄物の処理においては，処理技術の開発，人的処理体制の整備及びISO14001の取得等を通じて，処理技術体制の整備に取り組んできた。しかしながら，処理困難廃棄物の増加や処理コストの低減等の環境変化に対応する処理技術体制が，開発投資及び人材の制約もあり，十分には確立されていない。

⑤ 既存産廃処理市場の飽和

経済の低成長，企業の海外移転，排出企業の削減対応等により，産業廃棄物の排出量は今後も低下傾向が続いていくと思われる。既存市場では，今まで以上に競争の激化が予想され，収益面でも影響が出てくると思われる。

一方，競合する大手及び中堅産廃企業はリサイクル事業並びに海外市場への参入に着手し始めている。A社としても対応を迫られている。

以上の課題を含むA社の現状及び課題をSWOT分析並びにバランススコアカードの視点でまとめたものを図表－7に示す。

Ⅴ A社課題の解決策

① 産業廃棄物許可品目の拡大

今までの処理対象品目は，廃棄試薬，重金属を含む汚泥・鉱さい等であったが，品目の拡大を目指してその調査に取り組んだ。その取組みに当たっては顧客ニーズ及び市場志向を徹底し，社内の営業，技術

●図表－7　バランス・スコアカードを活用した SWOT 分析

機会	外部環境	資源循環ニーズ拡大 公的育成施策の整備 海外市場の拡大	脅威	外部環境	産廃排出量の減少 大手企業の参入 公的事業規制の強化
自社の強み	財務の視点	堅調な業績推移 安定した利益体質	自社の弱み	財務の視点	競合激化による売上減 新規投資負担増
	顧客の視点	安定した顧客基盤 一貫処理工程		顧客の視点	顧客ニーズの多様化 弱い提案能力
	業務プロセスの視点	独自の処理ノウハウ ISO14001システム		業務プロセスの視点	若干高い処理コスト 処理技術力の向上
	学習と成長の視点	人的運営体制の整備 人材育成基盤		学習と成長の視点	社員の市場対応力 新規事業人材の配置

及び処理の部署から人材を集めた社内の横断的プロジェクトチームを発足させた。

　同チームによる市場調査の結果，現在までのＡ社の蓄積した内部資源が生かせ，今後の市場拡大が期待出来る新品目の処理に当たっては，外部資源の活用の観点から，今まで営業面で協力関係にあった他の産廃企業より技術支援を受けると共に当該技術を研究している大学の研究室の支援を得ることで進めた。

　その結果として，新規処理技術を修得し，平成26年度から新品目の処理を開始することができている。

② 処理プロセスの生産性の向上

　Ａ社として特定産廃物の処分をしてきたこともあり，抜本的に生産性の向上並びに処理コスト削減に取り組んだ経緯はなかった。今後の経営環境が一層厳しくなる見通しの中で経営陣のリーダシップの下，全社挙げて取組みを実施した。具体的には生産性の15％改善を目指して，収集運搬及び処理部門においてISO14001に加えて，ISO9001認証取得活動を立ち上げ，処理部門の品質管理システムの基盤を固めた。さらに外部の処理プロセスコンサルタントを招聘し，新しい視点での

生産性向上に向けての技術的指導を受けた。

　この施策の結果，平成26年度には10％の生産性改善を達成することができた。

営業・販売体制の再構築

　A社の主要取引先は大手メーカーであり，長年の取引関係を築いているが，新規顧客開拓は十分にはなされていない。売上げの拡大を目指すには，従前の営業・販売体制の再構築は不可欠との社内の共通認識の下，A社は積極的な営業改革を実施した。社長直轄組織として営業企画組織を新設し，顧客志向の営業戦略の策定に取り組んだ。具体的には既存顧客の深耕と新規顧客開拓に関わる方策の検討である。顧客ニーズが多様化する中で，弱い提案能力の強化もA社にとって大切な課題となっている。

　顧客満足度向上並びに営業生産性の向上も目指し，新たに顧客管理システムを導入し，営業プロセスの可視化を図りつつある。

④ リサイクル・海外市場への参入

　A社としては，国内の産廃処理市場はこれから縮小傾向になるとの見通しから，長期的なA社の継続的発展のためには，新規事業としてリサイクル事業及び海外事業の展開が必要との判断を行った。

　この判断の背景には創業40年を経て社員に対し，新たに挑戦する事業ビジョンを掲げることが必要だとの経営陣の考えもあった。1年前，両プロジェクトのタスクフォースを立ち上げ，リサイクル及び海外での事業経験のある業歴者を採用した。

　事業実現においては，（公財）産業廃棄物処理事業振興財団が提供している助成制度の活用も検討している。すでに市場調査を終え，具体的な事業計画を取りまとめ中である。

●図表－8　A社の戦略マップ

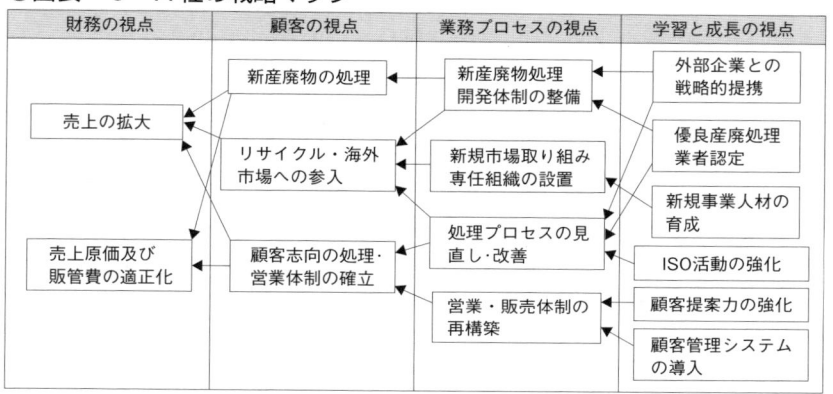

以上の取組みを戦略マップとしてまとめたものが，図表－8である。

Ⅵ　改善後のモデル利益計画

　前述のA社課題の解決策を実施した直近の売上げ・利益実績を改善前の売上げ・利益実績と比較したのが図表－9である。

　売上げは改善前に比べて約10％増加した。この要因としては，新産業廃棄物許可品目の販売が立ち上がってきたこと，営業・販売体制の再構築による既存顧客の深耕と新規顧客開拓による売上げが漸次寄与し始めたことである。

　売上原価率も改善前の37％に対して35％に好転した。これは生産性

●図表－9　A社の利益計画

（単位：億円）

項　目	改善前	現状
売上高	5.9	6.5
売上原価	2.2	2.3
売上総利益	3.7	4.2
販管費	3.5	3.7
営業利益	0.2	0.5

の向上と処理コストの削減に取り組み，品質管理体制を強化した結果であった。これにより，売上高総利益率は改善前の63％から65％に改善し，売上総利益も約13.5％向上した。販管費に関しては，売上高販管費比率は改善前の59％から，57％になったが，販管費は2,000万円増加した。これは不要な経費は削減したものの，新技術の研究開発費用，営業・販売体制の再構築関連費用が発生したためである。

　営業利益は改善前の0.2億円から，0.5億円に好転し，改善前に比し，2.5倍の増加という結果になった。経営体質の向上が図られつつあることから，今後は優良産廃処理業者の認定に向けて，具体的施策を実行していく考えである。

　今後は実施した課題解決策による本格的な効果が期待できることから，堅調な売上げ拡大並びに収益向上の基調が続くものと思われる。特にリサイクル・海外市場での早期事業の立ち上がりによる売上・利益面での大いなる貢献を期待している。

〔味田村　正行〕

著者　プロフィール

【編著者】

長谷川　勇 （はせがわ　いさむ）

中小企業診断士

コンサルティング：中小企業再生支援協議会案件　10社

著書：物流改善（単著），環境調和型ロジスティクス（編著）

中小企業のための経営承継マニュアル（共著）他　共著30冊

研修講師：中小企業大学校，港湾カレッジ，JODC（カンボジア）

【著者】（五十音順）

青木　仁志 （あおき　ひとし）

中小企業診断士，歯科医師，臨床研修指導医，医療経営士

業務分野：創業塾講師，医療機関の経営改善支援，補助金申請書作成支援，経営理念・ストアコンセプト策定支援，経営戦略策定支援等。

大木　俊之 （おおき　としゆき）

中小企業診断士

1987年4月　品川燃料株式会社入社（現シナネンホールディングス株式会社）。

1990年10月　同栄信用金庫入庫（現さわやか信用金庫）。

2006年10月　中小企業診断士登録。

2009年3月〜　東京都中小企業再生支援協議会　支援業務部門　サブマネージャー。

大森　郁夫（おおもり　いくお）

中小企業診断士

石油化学素材メーカー，プラスチック製品加工企業を経て，中央工学校系列中央動物専門学校の「経営マネジメント」講師，経営コンサルタントとして千葉県下の中小企業への「経営革新計画策定支援」及び「管理者研修講師」に従事。

岡本　良彦（おかもと　よしひこ）

中小企業診断士，IT コーディネータ

経営戦略策定，業務改革・改善を前提とした ICT の活用による生産性向上，収益改善及び ICT 導入プロジェクトに実績。著書「経営革新計画で成功する企業」「老舗の強み」（共著　同友館）ほか多数。

栗田　剛志（くりた　たけし）

中小企業診断士

食品の商社にて15年間営業部門に従事し，食品の流通するチャネルすべてで営業を経験。

百貨店内における高級チョコレートショップにて集客・販促策，ディスプレー，接客指導，販売員のマネジメント，ブランド構築のノウハウを学ぶ。2007年，中小企業診断士登録。

佐藤　節夫（さとうせつお）

中小企業診断士・VE リーダー・JGAP 指導員

昭和23年，秋田県出身。早稲田大学法学部卒。大手印刷会社勤務を経て開業独立（SS コンサルティング代表）。現在，協同組合さいたま総合研究所・ものづくり事業部に所属し，事業承継・ものづくり支援（生産管理・品質管理）・農業支援に取り組んでいる。

幡野　康夫（はたの　やすお）
中小企業診断士，事業再生士補（ATP）
ハタノ経営支援サービス代表
中央大学法学部卒業。第二電電㈱（現 KDDI㈱），会計事務所勤務を経て独立。
現在，主として経営計画の作成・運用，経営会議の運営，「数字の見える化」支援等の業務に従事。共著「小さな会社を『企業化』する戦略」（同友館）。

平田　仁志（ひらた　ひとし）
中小企業診断士
都市銀行支店長及び傘下のベンチャーキャピタル役員を経て平成18年6月に独立開業。その後千代田区経営相談員，神奈川県中小企業再生支援協議会サブマネとしての活動を含め，長年にわたって中小企業の経営改善支援に従事。最近では，特に経営改善計画策定支援，事業承継支援及びその前提としての経営の組織化支援に注力。

三嶋　弘幸（みしま　ひろゆき）
中小企業診断士
合同会社エム・アイ・エフ代表社員，経営革新等認定支援機関。
“常識にとらわれず，柔軟な発想での「できる」志向”で，企業再生，経営改善，経営革新等のサポート，震災による被災事業者の復興に向けた支援に従事。

宮川　公夫（みやかわ　きみお）
中小企業診断士　IT コーディネータ
キャンプ用品商社退社後独立。経営コンサルタント。
インテリア業界関連書籍　インテリア企業の機関紙執筆など　著書多数。
日用品メーカー，生活雑貨ショップ，自動車部品製造業等の経営支援を行う。

山辺　俊夫（やまべ　としお）

中小企業診断士，IT ストラテジスト

理工系の大学を卒業後，大手システムインテグレーターに就職し，中小のシステムインテグレーターなどを経て独立。IT コンサルティングや経営革新支援，補助金申請を支援するとともに，プレスリリースの作成支援も行う。また，マンガ作成ソフトにより，企業の会社紹介や，製品，サービスの効果的なプロモーション資料を作成する。

和田　武史（わだ　たけし）

中小企業診断士／MIPS 経営コンサルティング代表

◆学歴：京大電子修士，◆職歴：日立半導体26年，Samsung HQ 3 年弱，日本電産自動車部品子会社 7 年弱（中小サプライヤと海外工場支援），退社後に資格取得＆独立，◆著書：［生産管理の実務と問題解決］アニモ出版他共著 5 冊，◆支援実績：'19／03現在250社超のうち，もの補助事務局等定職200社，◆得意分野：経営革新，事業承継，人事制度，◆得意業種：製造業。

味田村　正行（みたむら　まさゆき）

中小企業診断士，いきいきコンシェルジュ経営オフィス代表

大手総合商社に勤務後，2006年経営コンサルタントとして独立。公的支援機関及び顧問先等に対して幅広い経営指導を行うとともに起業者に対する創業支援を実施。また，医療・介護経営コンサルタントとしても執筆・講演等活動中。

認定支援機関のための　業種別
経営改善計画の作り方　製造・建設業編

令和元年12月20日　第1刷発行
令和3年6月10日　第2刷発行

編著者　長谷川　勇

発　行　株式会社 ぎょうせい

〒136-8575　東京都江東区新木場1-18-11
URL：https://gyosei.jp

フリーコール　0120-953-431

ぎょうせい　お問い合わせ　検索　https://gyosei.jp/inquiry/

〈検印省略〉

印刷・製本　ぎょうせいデジタル㈱　　　　　　　　　　Ⓒ2019　Printed in Japan

＊乱丁・落丁本はおとりかえいたします。

ISBN978-4-324-10685-3

(3100542-01-001)

〔略号：経営改善計画（製造・建設）〕

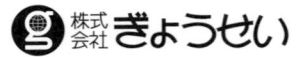